BERNDT · PELOPONNES ERLEBEN

JAHRELANG IST DER GEIST
ÜBER DIE GRIECHISCHEN STEINE GEWANDELT,
UND WOHIN DU AUCH GEHST,
WIRST DU SEINE GÖTTLICHEN SPUREN
WIEDERERKENNEN.

> *NIKOS KAZANTZAKIS*

CARL A. BERNDT

PELOPONNES ERLEBEN

Wanderungen zu Tempeln, Kirchen und Kastellen

OTTO MÜLLER VERLAG SALZBURG

ISBN 3-7013-0722-9

© 1987 Otto Müller Verlag Salzburg
Alle Rechte vorbehalten
Fotos: Margit Ch. Berndt
Satz: Verlag Politisches Archiv, Landshut
Kartographie: Carl A. Berndt und Hans Pfeifenberger
Umschlaggestaltung: Grasedieck und Haefeli, Salzburg
Druck- und Bindearbeiten: Druckhaus Nonntal, Salzburg

INHALT

Vorwort	7
Land und Leute	9
Kunst der Klassik	18
Byzantinische Kirchenkunst	26

WANDERUNGEN DURCH PELOPONNESISCHE
REGIONEN UND STÄDTE 31

1. *Mykénische Burgen, klassische Tempel und byzantinische Kirchen* 31
   - Mykéne, Herrschersitz Agamémnons 50
   - Heraíon, Quell ewiger Jungfräulichkeit .. 60
   - Tíryns, Konkurrenzburg von Mykéne und Árgos 73
   - Árgos – in der Antike, wie heute, Mittelpunkt der Argolís 80
   - Náfplio – Stadt mit venezianischem Charme 88

2. *Unbekannte antike Burgen – bekanntes Asklépios-Heiligtum* 102
   - Epídavros – antiker Kurort mit Theater .. 122

3. *Über das Adhéres-Gebirge* 132
   - Trizín – Geburtsort von Théseus 134

4. *Die Einsamkeit der Kynouría* 149
   - Monemvasía – Stadt der Händler und Seeräuber 176

5. *Durch die Krithína-Berge zum Kap Maléas* .. 192

6. *Byzantinische Kirchen, Schmuckstücke einer steinernen Landschaft* 209

7. Zum Eingang der Unterwelt	254
8. Byzantinische Kirchen, verlassene Klöster, idyllische Strände	269
9. Zu Fuß auf das Dach der Peloponnes	284
10. Die Augen Venedigs	290
Koróni, das linke Auge Venedigs	294
Methóni, das rechte Auge Venedigs	305
Tips für die Praxis	318
Nachwort	324

VORWORT

Dieses Buch ist als Wanderverführer gedacht. Es soll dazu verleiten, die Pelopennés auf einsamen Pfaden, abseits der ausgetretenen Touristikrouten, zu erleben, die kulturhistorisch bedeutenden Stätten der Antike und des Mittelalters und die landschaftlich reizvollsten Gegenden zu erwandern. Natürlich soll es auch die Wanderer zu ihren Zielen führen.

Das Buch ist auch für motorisierte Wanderer interessant. Die meisten Wanderziele sind mit dem Fahrzeug zu erreichen.

Zum besseren Verständnis von Gegenwart und Vergangenheit sollen die Kapitel »Land und Leute« »Klassische Kunst« und »Byzantinische Kunst« beitragen. Es wäre fatal, wenn man nur um des Wanderns willen die Peleponnés aufsuchen würde. Vergangenheit und Gegenwart sind so eng miteinander verknüpft, daß das eine ohne das andere undenkbar erscheint.

Im Buch werden neben unbekannten Gegenden und Sehenswürdigkeiten auch bekannte Attraktionen beschrieben. Man kann schließlich nicht an ihnen vorbeiwandern, ohne sie zur Kenntnis zu nehmen. Lage- und Stadtpläne sind ein Angebot, sich zu orientieren.

Für Wanderungen wurden die reizvollsten Gebiete der Peloponnés ausgesucht. Kartenskizzen und Wegbeschreibungen lenken die Wanderer zu ihrem Ziel. Der historische Hintergrund wird mit dem Heute verknüpft. Praktische Hinweise geben Hilfen für Verkehrsmittel, Unterkünfte und Öffnungszeiten.

Die Wanderungen können als Eintagestouren mit beliebigem Ausgangsort, aber auch als Mehrtagestouren durchgeführt werden. Bei Eintagestouren kehrt man mit öffentlichen Verkehrsmitteln oder mit dem Taxi – das ist in der Regel preisgünstig möglich – zum Ausgangspunkt zurück.

Die Kartenskizzen ersetzen nicht Wanderkarten. Leider sind solche im Handel aber nicht erhältlich. Wege und Pfade in abgelegenen Gegenden sind aber auf den Skizzen recht genau eingezeichnet. Der Verlauf der Asphaltstraßen – für Autofahrer – hingegen ist nur grob skizziert. Die im Handel erhältlichen Autokarten im Maßstab 1:200 000 sind ausreichend brauchbar.

Griechische Ortsnamen sind ein besonderes Problem. Mehrere Namen für ein und denselben Ort sind keine Seltenheit. Pátra beispielsweise wird auch Pátras, Pátre oder Pátrai genannt. Ich habe mich bemüht, den gebräuchlichsten Namen zu verwenden. Diese Namen wurden bewußt so geschrieben, wie sie die Griechen aussprechen. So kann man auch einmal einen Einheimischen nach einem Ort fragen.

Das Buch versucht Hilfen zu geben, die der Verstand braucht. Wer jedoch durch die Peloponnés wandert, muß dies mit dem Herzen tun. Mit dem Herzen erlebt man Land und Leute, nicht mit dem Verstand.

Die Peloponnés erleben, nicht nur sehen, das ist letzlich das Ziel dieses Buches.

Carl A. Berndt

LAND UND LEUTE

Wer auf der Peloponnés wandern will, sollte über Land Leute, über Geschichte und Gegenwart informiert sein. Das Wissen hilft, sich auf das einzustellen, was einen auf Wanderungen – zu Fuß oder mit dem Fahrzeug – erwartet. Es ist auch nützlich, um Wanderungen zu planen und vorzubereiten.

Wissen ist deswegen so wichtig, weil auf der Peloponnés vieles anders als im mitteleuropäischen Raum ist.

Geographische Lage

Die Peloponnés ist nur durch den Isthmós von Korinth mit dem griechischen Festland verbunden. Ringsum umspülen Meere die Halbinsel, die die Form eines Platanenblattes hat. Die Blattadern sind die markanten Gipfelketten.

Die Peloponnés ist Teil eines zusammenhängenden Kalksteinmassivs, das sich über Kreta und Rhodos zum kleinasiatischen Taurus-Gebirge spannt. Erdbewegungen – sie wirken immer noch – rissen es auseinander, Einsturzgräben zergliederten es in meist von Nord nach Süd verlaufende Faltengebirge, die die Halbinsel in Einzelregionen unterteilen. Dies wirft auch heute noch verkehrstechnische Probleme auf.

Da die Bergriesen meist unmittelbar aus dem Meer emporsteigen, wirken sie so unnahbar gewaltig. Zwischen Bergen und Meer und zwischen verkarsteten Hochgebirgszügen sind aber auch liebliche Regionen gebettet. Höchste Erhebung der Peloponnés ist der Profítis Ilías-Berg (2407 Meter) im Taïjetos-Gebirge.

Golfe dringen tief ins peloponnesische Land ein. Man legt oftmals Riesenumwege zurück, um zu Orten zu kommen, die – durch Gebirge oder Meere getrennt – in Luftlinie unmittelbar nebeneinander liegen.

Durchquert man die Halbinsel von Nord nach Süd, so muß man zwischen 130 und 200 Kilometer einkalkulieren. In Ost-West-Richtung sind es von Küste zu Küste 100 bis 180 Kilometer. Kein Ort ist weiter als 60 Kilometer vom Meer entfernt.

Die Kargheit und Würde der Hochgebirge ist den Menschen der Peloponnés ins Gesicht, die Freundlichkeit der fruchtbaren Täler und Küstenstriche ins Herz geschrieben.

Klima und Reisezeit

Die Peloponnés ändert mehrmals im Jahr ihr Gesicht. In den Monaten November bis März ist sie launisch, überschüttet die Menschen mit Regen und Schnee. Das Meer tobt unberechenbar. Auf die Schiffahrt ist kein Verlaß.

Im April und Mai steht die Halbinsel in üppiger Blüte. In den Hochgebirgen taucht aus dem Schnee das Grau der Berge wieder auf.

Ab Juni beginnt die Sonne zu stechen. Sie dörrt das Land aus und verbrennt es. Im Juli und August fressen sich nicht selten Feuerwalzen durch das jetzt fahle, ausgelaugte Land. Wasser wird zur Rarität.

In den Monaten September und Oktober verwöhnen dralle Feigen und pralle Trauben die Wanderer.

In den niederen Lagen sind die Monate Mai und Juni sowie September und Oktober die ideale Wanderzeit. Die Sonne beißt noch nicht oder nicht mehr so unbarmherzig. Die Verkehrsmittel und Unterkünfte sind noch nicht oder nicht mehr überlastet.

Wanderungen in den Hochgebirgen sollte man nicht vor Ende Mai unternehmen. Erst zu diesem Zeitpunkt kann man sicher sein, daß die Sonne den Schnee aufgezehrt hat.

Die Badesaison beginnt – für Abgehärtete – Ende April und endet tief im November.

Die bedeutenden archäologischen Stätten sind in der Hochsaison hoffnungslos überlaufen.

Glaubt man den Statistiken, so lacht die Sonne über Griechenland an 300 Tagen. Verlassen kann man sich auf die Statistik allerdings nur von Mitte Mai bis Mitte Oktober. In dieser Zeit lacht allerdings die Sonne nicht nur über die Peloponnés, sondern sie plagt den Wanderer manchmal ganz schön mit ihren Stichen.

Griechen

Die Peloponnesianer sind ein Gemisch aus vielen Völkern. Bei so vielen fremden Herren konnte eine Vermischung auch gar nicht ausbleiben.

Die Griechen sind neugierig und scheu zugleich. Geburtsland, Beruf, Anzahl der Söhne interessieren sie brennend. Dennoch würden sie Fremde von sich aus nur ungern ansprechen. Es gilt also immer, auf die Griechen zuzugehen, sie zu grüßen, ihnen Fragen zu stellen, zum Beispiel nach dem Weg oder einer Bleibe. Die Griechen sind glücklich, dann helfen zu können. Eine Einladung ist meist unvermeidlich. Man bekommt die Gastfreundschaft der Einheimischen zu spüren. Natürlich ist dabei immer eine Portion Eigennutz mit von der Partie. Wer Gäste hat, erfährt eine Aufwertung in der sozialen Rangordnung.

Für Zeit und Entfernungen haben die Griechen kein Gespür. Wanderzeiten und -entfernungen werden von ihnen viel zu gering geschätzt. Man kann die Angaben der Griechen ruhig mit 2 multiplizieren. Griechen legen grundsätzlich längere Strecken nie zu Fuß zurück. Wenn es gar nicht anders geht, wird der Esel bestiegen. So werden eben Zeit und Entfernung in Eselstunden gemessen.

Frauen stehen – zumindest auf dem Land – in der Hierarchie immer noch weit unter dem Mann. Frauen in Kafenía sind immer Touristinnen. Die Frauen haben aber in letzter Zeit in der sozialen Stellung Boden gut gemacht. Sie sind dabei, dem Esel den zweiten Platz in der sozialen Rangordnung streitig zu machen.

Auf eine griechische Eigenheit sollte man unbedingt achten. Das Wort »Ja« heißt im Griechischen »Ne«. Dieses Ne versteht man gerne als »Nein«. Beim »Nein« (»Óchi«)

werfen die Griechen den Kopf in den Nacken, ziehen die Stirn in Falten. Mitteleuropäer verwechseln diese Mimik gerne mit einem Nicken. Es bedeutet jedoch ein eindeutiges »Nein«.

Die verschiedenen griechischen Dialekte differieren manchmal so stark, daß sich die Griechen gegenseitig nicht verstehen. Dies ist ein Verdienst der geographischen Zergliederung des Landes, aber auch der zahlreichen fremden Herren.

Es ist immer empfehlenswert, die Griechen zu grüßen. Man kommt auf diese Weise mit ihnen ins Gespräch. Am Morgen und tagsüber sagt man »Kaliméra« (»Guten Tag«), am Abend »Kalispéra« (»Guten Abend«), kurz vor dem Schlafengehen »Kalinίchta« (»Gute Nacht«). »Jássas« oder »Chérete« (»Ich grüße Sie«) ist etwas vertrauter, aber nie falsch.

Dem Gruß schließt sich immer ein »Ti kánete« (»Wie geht es ihnen?«) an. Die Antwort ist regelmäßig »Kalá« (»gut«), wenn es einem nicht gerade wirklich schlecht geht. Ist dies der Fall, so drückt man dies durch »Étsikétsi« (»so eben«) aus. Die Folgefragen gelten Herkunft, Beruf und Zahl der Söhne. Wer viele Söhne vorweisen kann, darf sicher sein, daß ihn die Griechen hoch achten werden.

Gastfreundschaft erlebt man in den touristisch abgelegenen Gebieten. In Touristengebieten hingegen muß man vor der Geschäftstüchtigkeit der Griechen auf der Hut sein. Geschäftsleute und vor allem Taxifahrer und Wirte verlangen oftmals unverschämt hohe Preise. Geschäftemachen ist für die Griechen ein Wettkampf, zu dem auch kleine Gaunereien gehören. Wer sich übertölpeln läßt, ist der Verlierer. So kommt es, daß bezahlte Gastfreundschaft oft seltsame Blüten treibt.

Verkehrsmittel

Die Peloponnés ist durch Straßen, Eisenbahn und Schiffslinien recht gut erschlossen. Jährlich kommen einige Straßenkilometer hinzu. Dennoch darf man nicht verwundert sein, wenn plötzlich die auf der Karte als Asphaltstraße ausgewiesene Verbindung abreißt und eine ärmliche Schotterstraße zu einer Slalomfahrt zwischen Schlaglöchern zwingt. Oft sind in die Karte Straßen eingezeichnet, die erst auf dem Reißbrett existieren.

Öffentliche Busse verbinden alle wichtigen Orte der Peloponnés. Die Abfahrtszeiten werden nicht penibel eingehalten. Sicherheitshalber erkundige man sich mehrfach nach der Abfahrt. Auch die in Busbahnhöfen ausgehängten Zeiten stimmen oft nicht.

Bustickets besorgt man sich in Busbahnhöfen möglichst frühzeitig. Dies gibt einem freilich nicht die Gewähr, daß man seinen Sitzplatz sicher hat. Oftmals werden für den gleichen Sitzplatz mehrere Platzkarten ausgegeben. Auch der Busschaffner kann dann keine Abhilfe schaffen.

An Haltestellen zahlt man im Bus. Busse kann man auf freier Strecke durch Handzeichen anhalten. Ob der Bus auch hält, hängt vom guten Willen des Fahrers ab.

Das Gepäck wird bei Überlandbussen im Gepäckraum verstaut. Bei Halten sollte man darauf achten, daß andere Reisende nicht »versehentlich« das eigene Gepäck mit ausladen.

Busfahrt – auch die Eisenbahn setzt übrigens Busse ein – und Eisenbahnfahrt sind etwa gleich billig. Von Athen durchquert eine Bahnlinie die Peloponnés durch Arkadien und Messenien nach Kalamáta. Eine zweite Linie folgt zunächst der Nordküste bis Pátra, dann der Westküste bis Kiparissía und endet schließlich ebenfalls in Kalamáta.

Von Athen aus laufen Flying Dolphins – relativ teuer – die Hafenorte der Ostküste bis Neápoli an. Ein Fährschiff klappert in der Hochsaison zweimal in der Woche auf dem Weg nach Kreta die Städte Monemvasía, Neápoli und Jíthio ab.

Athén und Kalamáta sind durch eine Fluglinie miteinander verbunden.

Ein billiges Verkehrsmittel ist das Taxi. In ländlichen Gebieten wird es Agoréon genannt. Besonders preisgünstig ist es, wenn sich mehrere Reisende vor Antritt der Fahrt zusammentun. Steigt ein Fahrgast während der Fahrt zu – dies ist legitim – so zahlt jeder Benutzer den Preis für seine Strecke. Das Geschäft macht dabei der Taxifahrer.

Fahrpreise sollte man immer – vor allem in Athen – vor Antritt der Fahrt aushandeln. Dies ist auch bei Taxis auf dem Land wichtig, weil sie meist kein Taxameter haben. Man verhindert so, schamlos übers Ohr gehauen zu werden.
Taxipreise: Siehe »Preisbeispiel« (Stand 1986). Seite 323

Unterkünfte

Hotel-, Pensions- und Privatzimmer sind nur in der Hochsaison rar. Einzelzimmer sind immer knapp und teuer. Sie kosten 80% eines Doppelbettzimmers.

An den Komfort sollte man keine hohen Anforderungen stellen. Man muß einfach damit leben, daß der Wasserhahn nur tropft, das Bad so winzig ist, daß man sich auf der Toilette duscht, das Wasser nach einem Bad im Zimmer steht. Man sollte ohnehin glücklich sein, wenn der Wasserhahn überhaupt Wasser führt. Selbst in größeren Städten wie Náfplio wird nachts das Wasser abgestellt.

Auf Zimmersuche sollte man so früh wie möglich gehen. Tips für Privatzimmer bekommt man bei der Touristenpolizei, der normalen Polizei, in Restaurants und an Kiosken.

Es ist möglich, in Vor- und Nachsaison um den Zimmerpreis zu feilschen.

Es ist zu empfehlen, den Zimmerpreis sofort zu entrichten. Man erlebt dann keine preislichen Überraschungen und behält außerdem seinen Ausweis. Bei Hinterlegung wird er hingegen gerne vergessen.

Campingplätze sind in unterschiedlicher Dichte eingerichtet. Wildes Campieren ist zwar untersagt, wird aber meist dort, wo es nicht stört oder die Einnahmen eines offiziellen Campingplatzes nicht schmälert, geduldet. Es ist nie verkehrt, den Eigentümer des Grundstückes um Erlaubnis zu fragen. Oft ergibt sich daraus eine Einladung.

Immer mehr Restaurants gehen dazu über, angrenzendes Gelände Campern – gegen und ohne Entgelt – zur Verfügung zu stellen.

Jugendherbergen haben nur wenige größere Orte.

Wer trotz emsigen Suchens keine Unterkunft findet,

sollte sich nicht scheuen, Griechen zu ersuchen, auf ihrer Dachterasse oder im Garten nächtigen zu dürfen.

Wandern

Auto- und Motorradwanderer sollten sich auf manchmal schlecht fahrbare Straßen einstellen, obwohl die Landkarte eine Asphaltstraße verkündet.

Für Fußwanderer ist es wichtig, die Wanderroute so zu planen, daß sie an Orten mit Übernachtungsmöglichkeiten vorbeiführt. Immer wird dies allerdings nicht möglich sein.

Beste Wanderzeiten sind – falls man aus dem Bett kommt – die frühen Morgen- und die späten Nachmittagsstunden. In der Mittagszeit sollte man möglichst an einem Strand liegen oder unter dem Schatten eines Baumes Siesta halten.

Wasser ist in einsamen Regionen unverzichtbar. Die Wasserflasche und eine längere Leine gehören deshalb zur unabdingbaren Ausrüstung. Die Leine braucht man, um die Wasserflasche in Zisternen hinabsenken zu können.

Wanderzeiten muß man großzügig kalkulieren. Immer treten Verzögerungen durch Rasten, Kartenstudium, Irrwege, Hindernisse und Einladungen ein. Man fährt gut, wenn man die angesetzte Wanderzeit mit 1,5 bis 2 multipliziert. Auch die Hitze fordert eine Verringerung des Wandertempos. Und es ergibt wenig Sinn, das Land im Rekordtempo durchmessen zu wollen.

Bei der Ausrüstung sollte man von dem Grundsatz ausgehen: So wenig wie möglich, so viel wie unbedingt notwendig. Ein schwerer Rucksack kann auch die schönste Wanderung verleiden.

Einzelheiten über die Ausrüstung: Siehe »Ausrüstung«, Seite 320.

Peloponnesische Küche

Die peloponnesische Küche ist in ihrem Kern die Küche der Bauern und Hirten. Sie ist einfach, kennt keine Spitzfindigkeiten. Lange Garzeiten und mannigfache Gewürze lassen die Speisen würzig schmecken.

Hauptgerichte sind Aufläufe; sie werden mehrmals aufgewärmt. Fleischspeisen sind rar und entsprechend teuer. Für Fischgerichte muß man noch mehr Geld auf den Tisch legen, da das Mittelmeer mit seiner Beute geizt. Die Hauptmahlzeit ist das Abendessen. Das Frühstück besteht bei vielen Griechen nur aus einer Tasse Kaffee. Die Hotels haben sich auf ein kontinentales Frühstück eingestellt.

Als Mittagessen reicht oftmals ein Jýros (gegrilltes, geschnetzeltes Fleisch in einer Teigtasche) in die Hand an einem Stehimbiß oder ein Teller Bauernsalat (Choriátiki), zu dem regelmäßig Weißbrot gereicht wird.

Es ist nicht erforderlich, die in griechischer Schrift verfaßte Speisekarte lesen zu können. In einer Vitrine sind die angebotenen Speisen ausgestellt. Ist dies nicht der Fall, können sie in der Küche besichtigt werden, ohne daß dies gegen die guten Sitten verstößt. Man deutet dann einfach auf die Speisen, die man bestellen möchte. Aber Vorsicht! Von jeder angezeigten Speise wird ein voller Teller serviert.

Das griechische Essen wird lauwarm aufgetragen. Wer warmes Essen möchte, muß dies dem Wirt kundtun. Er sollte ihm auch die Reihenfolge der Gänge angeben, wenn er nicht will, daß alle Speisen gleichzeitig auf dem Tisch stehen.

Bier und Wein sind in Griechenland billiger als im deutschsprachigen Raum. Der Wein ist stark und berauscht schnell. Also Vorsicht! Betrunkene Fremde sind den Griechen ein Greuel, auch wenn sie sich dies nicht anmerken lassen.

Griechisches Nationalgetränk ist das Wasser.

Essen kann man in Restaurants und Tavernen. In Kafenía werden nur Getränke und einfache Speisen gereicht. Zum Ouzo werden Griechen immer kleine Appetithäppchen (Mezedhákia) serviert. Bei Fremden vergißt man dies meist.

Bei Kaffee unterscheidet man zwischen Neskaffee – warm und kalt (Frapé) – und griechischem Kaffee. Es ist wichtig, die Geschmacksrichtung anzugeben. »Skéto« bedeutet »ohne Zucker«, »métrio« »mit etwas Zucker«, »varíkliko«, »mit viel Zucker«.

Wer auf der Peloponnés wandert, sollte dessen Küche kennen lernen. Zum Erleben fremder Länder gehört auch das Kennenlernen fremder Küchen.

KUNST DER KLASSIK

Während die Kunstwerke der archaischen Periode (700–480 v. Chr.) Frische und Unkompliziertheit ausstrahlten, strebte die Kunst der Klassik (480–323 v. Chr.) nach Ausgewogenheit und Ebenmaß. Aus der Natur wurden Normen und Regeln abgeleitet und in Gesetze für Vollkommenheit und Harmonie umgesetzt. Letztes Ziel war der Einklang von Geist und schönem Körper. Für individuelles Schaffen war nur im Rahmen der Normen Platz.

Architektur

Alle griechischen Monumentalbauten sind nach dem Prinzip von Stütze und Last errichtet. Als Grundelemente wurden Fundamente, Säulen und Wände (als Stützen) sowie Gebälk (als Last) verwendet. Die Kombination der Grundelemente nach feststehenden Regeln und Maßrelationen – Gesetzen der Natur, die als richtig bewertet wurden – begründete die verschiedenen Ordnungen.

Entwicklung des Tempels
Tempel waren in der griechischen Frühzeit Aufbewahrungsstätten der Kultbilder. Als diese immer größer und prächtiger wurden, mußten die Tempel geräumiger gebaut und aufwendiger ausgestattet werden.

Vorbild des Tempels war das mykenische Megaron, ein rechteckiges Haus mit einem Satteldach, dem eine offene, auf eine oder zwei Säulen gestützte Vorhalle vorgelagert war (Terrakottamodell aus dem Heraíon).

Zunächst waren die Tempel Holzbauten. Ab der archaischen Periode wurden sie aus Stein errichtet.

Das Kultbild wurde im sogenannten Kultraum (Naos oder Cella) aufgestellt. Durch Säulen vor dem Kultraum

ENTWICKLUNG DER TEMPEL

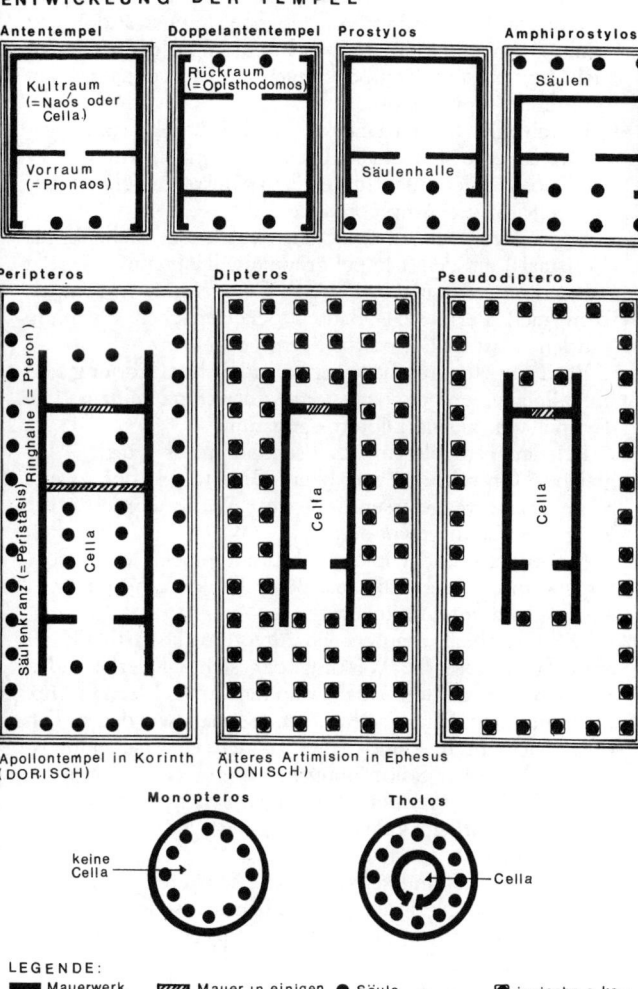

gewann man einen Vorraum (Pronaos). Die Form des Antentempels (Anten = vorgezogene Längswände) war damit erfunden. Beim Doppelantentempel ordnete man auch hinter dem Tempel Säulen an. Es entstand ein Rückraum (Opisthodomos).

Durch eine Säulenreihe vor dem Tempelvorraum gewann man eine Säulenhalle. Die neue Tempelform war der Prostylos. Säulen auch hinter dem Kultraum führten zur Tempelform des Amphiprostylos.

In der weiteren Entwicklung wurde ein Säulenkranz (Peristasis) um den Tempel gruppiert. Rings um die Cella lief nun eine Ringhalle (Pteron). Die gefundene Tempelform hieß Peripteros. Bauten der dorischen Ordnung wurden meist in Peripteros-Form gebaut.

Bei Tempeln ionischer oder korinthischer Ordnung kam im allgemeinen ein zweiter Säulenkranz hinzu. Die Tempelform wurde Dipteros genannt.

Bei der Tempelform des Pseudodipteros wurde – bei gleicher Grundform wie beim Dipteros – der zweite Säulenkranz weggelassen. Auf diese Weise wurde für die Ringhalle Raum gewonnen.

Monopteros und Tholos sind Rundtempel. Der Monopteros kommt ohne Cella aus. Beim Tholos kann die Cella aus zwei Räumen bestehen.

Die Griechen schauten den Ägyptern die Ästhetik der Steinsäulen und die Wirkung der sich wiederholenden Formen und Profile ab. Sie gewannen daraus Ideen für ihre Stilordnungen. Säulen, Profile und Gebälk wurden zu den Grundelementen – und damit zu den Unterscheidungsmerkmalen – der Stilordnungen.

Da die Elemente der Ordnungen fast nie miteinander vermischt wurden, kann man aus wenigen Fundstücken einen Tempel rekonstruieren.

Auf dem Festland setzte sich die schwere, gedrungene dorische Ordnung durch. In den kleinasiatischen Kolonien hingegen war mehr die zierlich-anmutige ionische Ordnung anzutreffen.

Aus der pompösen, fast schon überladen wirkenden korinthischen Ordnung sprechen neugewonnene Freiheit und Lebensfreude.

Dorische Ordnung
Die dorische Ordnung ist die älteste. Ab 600 v. Chr. fand sie vorwiegend auf der Peloponnés Anwendung. Ihre Einfachheit – sie entspricht dem Wesen der Dorier – verlieh ihr eine hohe Beständigkeit.

Dorische Tempel sind nach folgendem Grundmuster gebaut:
– Vor der Cella befindet sich eine Vorhalle mit zwei vorgelagerten Säulen.
– In der Cella stehen die Säulen nahe den Cellawänden.
– Die Cella ist in einen größeren und einen kleineren Raum unterteilt. Den kleineren Raum kann man nur von der Tempelrückseite betreten.
– Die Halle an der Tempelrückseite steht in Symmetrie zur Vorhalle.
– Den Tempel umlaufen an den Längsseiten bis zu 16, an den Breitseiten bis zu sechs Säulen.

Dorische Tempel können an folgenden Merkmalen erkannt werden:
– Die dorische Säule steht unmittelbar auf der Standfläche (Stylobat). Der Stylobat ist die oberste der drei Stufen des Unterbaus (Krepis).
– Der Säulenschaft hat in der Regel 20 Rillen (Kanneluren).
– Das Verhältnis Säulenlänge zu Säulendurchmesser beträgt 5:1 bis 6:1.
– Das Säulenoberteil (Kapitell) besteht aus dem Anuli, dem runden Echinus und dem daraufgesetzten, quadratischen Abacus.
– Auf dem Abacus liegt der Architrav auf.
– Über dem Architrav läuft ein Fries (Triglyphon). Im Fries wechseln sich bemalte oder reliefverzierte, quadratische Platten (Metopen) mit schmäleren, dreigliedrigen Triglyphen ab.
– Über dem Triglyphon springt ein Gesims (Geison) vor.
– Auf der Sima sitzen Akroter (meist Löwen).

Mit fortschreitender Zeit wurden die Säulen immer schlanker, die Kapitelle immer niedriger.

Ältester dorischer Tempel auf der Peloponnés ist der Apóllotempel in Korinth.

Ionische Ordnung
Die ionische Ordnung kannte mehr Varianten als die dorische. Die klare Linienführung wurde aufgegeben, Dekorationen (Blüten und Voluten) wurden aus dem Vorderen Orient übernommen. Auch der ägyptische Einfluß ist nicht zu übersehen.
Ionische Tempel entsprechen folgendem Grundmuster:
− Zwei Säulenreihen umlaufen das Bauwerk.
− Die zuweilen zweiräumige Cella wird durch Säulen in drei Schiffe unterteilt.

Ionische Tempel stechen durch folgende Merkmale hervor:
− Die Säule steht auf einer Basis.
− Unterster Teil der Basis ist eine quadratische Platte (Plinthe), jedoch meist nur in der ostionischen Architektur).
− Auf der Plinthe sitzen die Spira und ein Wulst (Torus).
− Die Säule hat meist 24 Rillen (Kanneluren). Die Kanneluren sind tiefer als bei der dorischen Säule.
− Das Verhältnis Säulenlänge zu Säulendurchmesser beträgt 8:1 bis 10:1.
− Das obere Säulenende wird oft durch einen Perlstab verziert.
− Das Kapitell läßt sich durch zwei seitliche Spiralen (Voluten) eindeutig bestimmen.
− Ein schmaler Abacus leitet zu einem dreibändigen Architrav über. Die Bänder (Fascien) werden nach oben breiter und springen jeweils etwas über.
− Der über dem Architrav liegende Fries ist nicht unterteilt. Dies ermöglicht zusammenhängende Reliefdarstellungen.
− Fehlt ein Relieffries, so schließt sich an den Architrav ein Zahnschnitt (Geisipodes) an.
− Die Sima ist meist mit Palmetten, Lotosblüten oder Akanthusornamenten geschmückt.

Auf der Peloponnés sind keine reinrassigen Tempelbauten in ionischer Ordnung erhalten. Teile des Apollotempels in Vássä entsprechen der ionischen Ordnung.

Korinthische Ordnung
Die Korinthische Ordnung soll von Kallímachos im

ORDNUNGEN

Dorische Ordnung

- Akroter
- Sima
- Schräg-Geison
- Tympanon
- Geison
- Metope } Tri-
- Triglyphe } glyphon
- Architrav
- Abacus
- Echinus } Kapitell
- Anuli
- Kanneluren (20)
- Stylobat } Krepis

Ionische Ordnung

- Sima
- Schräg-Geison
- Tympanon
- Geison
- Geisipodes
- Fries
- Architrav (Fascien)
- Abacus
- Voluten
- Kanalis } Kapitell
- Echinus
- Perlstab
- Kanneluren (24)
- Torus
- Spira
- Plinthe
- Krepis

Korinthische Ordnung

- Geison
- Fries
- Architrav
- Voluten-Bänder
- Akanthus-Blätter

5. Jahrhundert v. Chr. »erfunden« worden sein. Sie prunkt mit Zierrat, wirkt überladen, ist eine übersteigerte Variante der ionischen Ordnung. Voraussetzung für sie war eine baugerechte Technik. Korinthische Halbsäulen wurden gerne zur Ausschmückung von Innenräumen verwendet.

Die korinthische Ordnung unterscheidet sich hauptsächlich durch das Kapitell von der ionischen Ordnung.
Hauptmerkmale des korinthischen Kapitells sind:
- Es hat Kelchform, die allerdings durch die Akanthusblätter verschleiert wird.
- Aus diesen Akanthusblättern ragen vier längere Akanthusblätter heraus.
- An den Ecken rollen sich schmale Bänder zu Voluten auf.
- Den Raum zwischen den Voluten schmücken zwei symmetrische Spiralen. Zwischen ihnen entfaltet sich eine Palmette.

Die korinthische Ordnung setzte sich erst nach einiger Zeit durch, behauptete sich dann aber bis in die Renaissance. Auf der Peloponnés sind Teile des Apollotempels in Vássä in korinthischer Ordnung gehalten.

Theater

Im griechischen Schauspiel wurden menschliche und staatliche Probleme erörtert und aus der Sicht des Autors gelöst. Der geeignete Rahmen dafür war das Theater. Es mußte Platz für die Zuschauer (Cavea), den Chor (Orchestra) und die Kulisse (Skena) bieten. Zur Betonung des Einklangs mit der Natur wurden die Theater im Freien angelegt. Die Cavea wurde halbkreisförmig in Hänge hineingebaut.

In der römischen Zeit entwickelte sich aus dieser Theaterform das Amphitheater.

Plastik

In der Plastik richtete sich alles künstlerische Schaffen nach dem Grundsatz: »Der Mensch ist das Maß aller Dinge«. So mußten auch die Götter menschliche Gestalt annehmen. Verbindliche Normen (Kanon) wurden wie in der Architektur geschaffen. Persönliches wurde in den Hintergrund gedrängt, Übertreibungen wurden vermieden. Ziel war es, das »Wesen« zu erkennen.

Der Mensch wurde entsprechend seinem Lebensalter typisiert. Es gab den Jüngling, den jungen Mann, den durchtrainierten reifen Mann, die anmutige junge Frau und die Matrone. Kinder und Alte paßten nicht in das Menschenbild der Griechen, wurden also auch nicht dargestellt.

In der Blüte der Klassik setzte sich die vollkommene Gesamtplastik aus der Summe der perfekten Details zusammen. Feste Regeln waren vorgegeben. So mußte der Kopf immer ein Siebtel des Gesamtkörpers sein. Die Bewegung war nicht mehr Zustand, sondern Vorgang. Sie wurde gegenstrebig abgebildet: das Standbein wurde vor-, das Spielbein zurückgesetzt. Auch die Schulterbewegungen waren gegenläufig. Jede Plastik mußte den Rythmus des klassischen Kontraposts gerecht werden.

Insgesamt wurde Leben dem bearbeiteten Stein eingehaucht, allerdings nur im Rahmen der geltenden Normen. Freies künstlerisches Schaffen außerhalb dieser Normen fand keine Anerkennung.

BYZANTINISCHE KIRCHENKUNST

Die byzantinische Kunst bezog ihre Anregungen aus dem Hellenismus und dem Christentum. Hinzu kamen orientalische Einflüsse. Es dauerte einige Jahrhunderte, bis sie zu ihrer ersten Blüte (5.–7. Jahrhundert) kam.

Byzantische Kunst ist in ihrem Kern Kirchenkunst. Die Ikonenmalerei wird dabei als ein Teil der Kirchenkunst angesehen. Kirchen wurden nicht nur als Bekenntnis zum Glauben prunkvoll gebaut und aufwendig ausgestattet, sondern sie sollten auch den Siegeszug des Christentums demonstrieren.

Die Peloponnés erlebte die Entwicklung der byzantinischen Kunst in ihrer ganzen Intensität, mußte aber durch Zerstörungen der Avaren, Slawen, Bulgaren, Normannen und Sarazenen immer wieder Rückschläge hinnehmen.

Beim Kirchenbau wurde im 5.–7. Jahrhundert die dreischiffige Basilika mit Vorhalle (Narthex) bevorzugt. Die Böden und Wände wurden in Marmor gehalten oder durch Mosaikwerke ausgeschmückt. Aus dieser ersten Blütezeit der byzantinischen Kunst sind Kirchenbauten nur noch als Ruinen (Grundmauern) vorwiegend auf der Halbinsel Máni erhalten. Zu den Bauten der ersten Blütezeit gehört die fünfschiffige Basilika im antiken Epídhavros (Archéa Epídhavros). Viele frühbyzantinische Gotteshäuser gingen dadurch verloren, daß sie überbaut wurden.

Nach der Aufhebung des Verbots der figürlichen Darstellung im Jahr 843 n. Chr. durch die Synode von Konstantinopel kam es zu einer zweiten Blüte im Kirchenbau. Der Aufschwung ging Hand in Hand mit einer religiösen und geistigen Renaissance in der Literatur (Schriften des Heiligenlebens). Er wurde von den Klöstern getragen. Führende Literaten jener Zeit waren Niketas von Amnia, Joseph der Hymnenschreiber, Basileos, Bischof von Lakonien, Paulos, Bischof von Monemvasía und Arethas aus Pátra.

In der zweiten Blütezeit (10.–12. Jahrhundert) dominierte der Typ der Kreuzkuppelkirche mit den beiden Varianten »Viersäulen«- und »Zweisäulenkirche«.

Kreuzkuppelkirchen haben einen Grundriß, der der Form des griechischen Kreuzes entspricht. Die Seitenarme des Kirchenschiffes sind gleichlang. Ihr Mittelpunkt ist der Kuppelraum.

Bei der Viersäulenkirche ist die auf vier Säulen ruhende Kuppel das beherrschende Bauelement. Erhalten die vier Eckräume eigene Kuppeln, so wird das Gotteshaus zu einer Fünfkuppelkirche.

Bei der Zweisäulenkirche wird die Kuppel von zwei Säulen oder Pfeilern und den beiden ostwärtigen Mauern getragen. Die Zweisäulenkirche ist eine griechische Bauvariante. Sie ist auf der Peloponnés häufig anzutreffen: in Náfplio, in Chónikas in der Argolís, in Jeráki in Lakonien und auf der Halbinsel Máni.

Bei Kreuzkuppelkirchen zeigt die Apsidenseite immer nach Osten.

Seltener ist der Typ der Achtstützenkirche – einer Kreuzkuppelkirche, bei der ein auf acht Pfeilern gestütztes Oktogon die Basis der Kuppel ist – auf der Peloponnés anzutreffen: in Monemvasía die Agía Sofía-Kirche, in Mistrás die Agii Theodóri-Kirche und in Christianón die Metamórfosis tou Sotírou-Kirche.

In die Außenmauern vieler byzantinischer Kirchen sind antike Spolien (=Bauteile antiker Gebäude, meist mit Ornamenten verziert) integriert.

Trotz der verschiedenen Bauvarianten kann man von einer gewissen Einheitlichkeit der Kirchen der zweiten Blütezeit sprechen. So sind die Quadersteine des Mauerwerks immer von roten Ziegeln eingefaßt, die arkadenlosen Fassaden haben scharfe Giebeldreiecke, die Apsiden sind dreiseitig, die Kuppeln achteckig, das Tonnengewölbe ist aus Stein und die Portici sind schlicht gehalten.

Auch in ihrem Inneren sind die Kreuzkuppelkirchen in etwa gleich: Die Wände und Böden bestehen aus Platten oder aus mehrfarbigem Marmor; Gewölbe, Kuppeln und Apsis sind mosaikverziert. In ärmeren Kirchen schmücken Malereien die Wände.

Auch die Wandmalereien unterliegen einer Ordnung. In

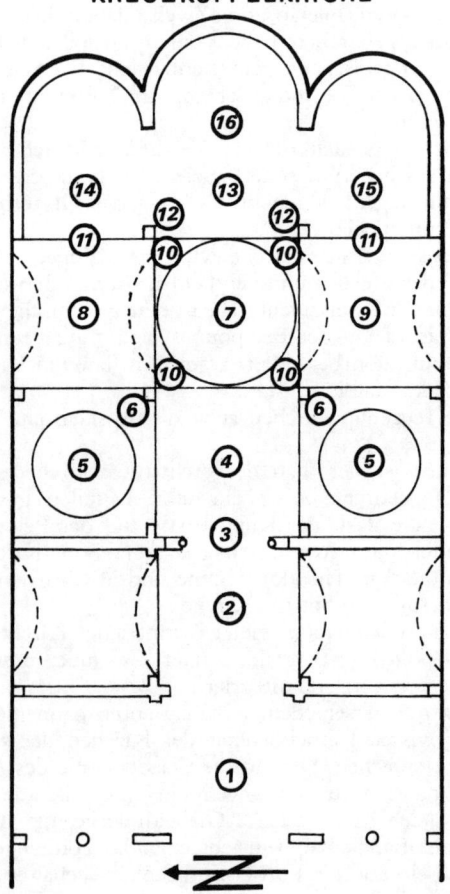

GRUNDRISS EINER KREUZKUPPELKIRCHE

Erklärung:

1 Exonarthex (äußere Vorhalle
2 Narthex (Vorhalle)
3 Trivolen (dreibögiger Eingang, auf zwei Säulen gestützt)

4 Westlicher Kreuzarm mit Tonnengewölbe
5 Eckraum
6 Säulen
7 Kuppelraum
8 Nördlicher Kreuzarm mit Tonnengewölbe
9 Südlicher Kreuzarm mit Tonnengewölbe
10 Pentetif (Überleitung vom Quadrat des Grundrisses zum Kreis der Kuppel *oder* Trompen (viertelkugeliges Tonnengewölbe zwischen Quadrat des Grundrisses und der Kuppel)
11 Chorwand oder Ikonostase (Bilderwand zwischen Altarraum und Gemeinderaum)
12 Pfeiler
13 Altarraum (Allerheiligstes, Bema)
14 Prothesis (Nebenraum am Ende des Seitenschiffes)
15 Diakonikon (Nebenraum am Ende des Seitenschiffes)
16 Apsis (halbrunde Altarnische in der Außenwand)

der Hauptkuppel wird immer der Himmel abgebildet. Christós, der Weltherrscher (Pantokrator), thront zwischen den Propheten des Alten Testaments. Die Malereien in den seitlichen Gewölben erzählen Episoden aus dem Leben Christi. Die Darstellungen entsprechen den zwölf Festen der orthodoxen Kirche.

In der Halbkugel der Apsis wird immer die Panajía (Gottesmutter) von den Erzengeln Michael und Gabriel eingerahmt. Pfeiler und Wände sind Heiligen, Kirchenvätern und Bischöfen vorbehalten.

Die Trennwand zwischen dem Gemeinderaum und dem Allerheiligsten, die Ikonostase, ist in der Regel mit Ikonen geschmückt.

Zu einer vollständigen Ikonostase gehören je zwei große Ikonen beiderseits des Eingangs zum Allerheiligsten, der »Schönen Pforte«. Links der Pforte sind Maria und der Titelheilige oder das Titelfest, rechts Christós und Johannes der Täufer abgebildet. Hinzu kommen zwölf kleine Ikonen (Dhodekaorton) mit den Hauptfesten der orthodoxen Kirche.

Die Ikone des Titelheiligen wird den Gläubigen auf dem Anbetungsständer (Proskinitário) im Vorderteil der Kirche zum Kuß angeboten.

Wer den Namen einer Kirche wissen will, kann ihn aus

der Ikone des Titelheiligen links der schönen Pforte oder aus der Ikone des Proskinitárions erfahren.

Proskinitária heißen übrigens auch Gedenkstätten in Form kleiner Kirchen an den Wegrändern. Sie erinnern an Unfallopfer.

Die letzte byzantinische Blütezeit (spätbyzantische Epoche, 13. und 14. Jahrhundert) fiel in einen Zeitraum, in dem sich Byzantiner, Franken und Venezianer die Peloponnés teilten.

WANDERUNGEN DURCH PELOPONNESISCHE REGIONEN UND STÄDTE

1. Mykenische Burgen, klassische Tempel und byzantinische Kirchen

Überblick

Die Wanderung streift den Südteil des Verwaltungsbezirks (Nomós) Korínth (Korinthía) und führt – vorbei an mykenischen und mittelalterlichen Burgen, klassischen Heiligtümern und mittelbyzantinischen Kirchen – ins Herz der Argolís. Endpunkte sind das Landstädtchen Árgos oder die venezianisch angehauchte, idyllische Stadt Náfplio.

Zu Beginn der Wanderung erinnern Dhervenákia und die Kilokotrónis-Statue an den heldenhaften Freiheitskampf der Griechen zu Beginn des 19. Jahrhundert.

Die Überquerung des kahlen Höhengeländes zwischen Klénia und Chónikas – der Pfad steigt bis zu Höhen von 600 Meter ü.N.N. an – erfordert eine gute körperliche Verfassung. Die kulturelle Ausbeute auf dieser Wegstrecke ist dürftig. In Klénia stößt man nur noch auf unbedeutende Spuren des antiken Tenéa. Die mittelalterlich Burg von Ajionóri imponiert mehr durch ihre landschaftlich reizvolle Lage als durch ihre bauliche Substanz. Die mykenischen Überreste bei Prósymna sagen allenfalls dem archäologischen Fachmann etwas.

Nach Überquerung des Westausläufers des Profítis Ilías-Berges (701 Meter) senkt sich der Wanderweg in die argolische Ebene.

In der Argolís paaren sich mythologische und geschichtliche Stätten und landschaftliche Reize. Fruchtbare Landstriche wechseln sich mit kahlen, vergilbten Kuppen und – im Süden – mit lauschigen Stränden ab.

Für den archäologisch Interessierten ist die Argolís ein Museum unter freiem Himmel mit Schätzen aus der mykenischen, archaischen, klassischen, mittelbyzantinischen und fränkisch-venezianischen Epoche. Mykéne (Mykíne) und Tíryns erinnern an die Glanzzeit der mykenischen Herrscher. Im Heraíon (Iréo) wurde in archaischer und klassischer Zeit die Zeusgattin Héra verehrt. Die byzantinischen Kirchen von Chónikas, Plataníti und Ajía Triás gehören zu den frühesten Zeugnissen des Christentums auf argolischem Boden.

Ein Stadtbummel durch Árgos und Náfplio dürfte nach der mehrtägigen, manchmal doch anstrengenden Wanderung eine gelegene Erholung sein.

Praktische Hinweise

Vorschlag für Fußwanderung
Die Wanderung läßt sich in folgende Tagesetappen unterteilen:

1. *Tag:* Bhf. Neméa – Dhervenákia – Ájios Vasílios (Ágios Vasílios) – Klénia (ca. 14 km).
2. *Tag:* Klénia – Ajionóri – Prósymna (15 km).
3. *Tag:* Prósymna – mykenisches Prósymna – Heraíon (Iréo) – Chónikas (ca. 13 km).
4. *Tag:* Chónikas – Platanίti – Ajía Triás – Néa Tírintha – Tholosgrab westlich von Néa Tírintha – Tíryns – Árgos oder Náfplio (mit dem Bus) (ca. 12 km).

Bei einem Abstecher nach Mykéne (14 km) ist ein weiterer Wandertag hinzuzurechnen.

Fahrstrecke für Autowanderer
Bhf. Neméa – Dhervenákia – Ájios Vasílios – Chiliomódhi – Klénia – Ajionóri – Límnes – Prósymna – Chónikas – Heraion – (Mykéne) – Platanίti – Ajía Triás – Árgos oder Náfplio.

Bahnstationen
Neméa
Ájios Vasílios

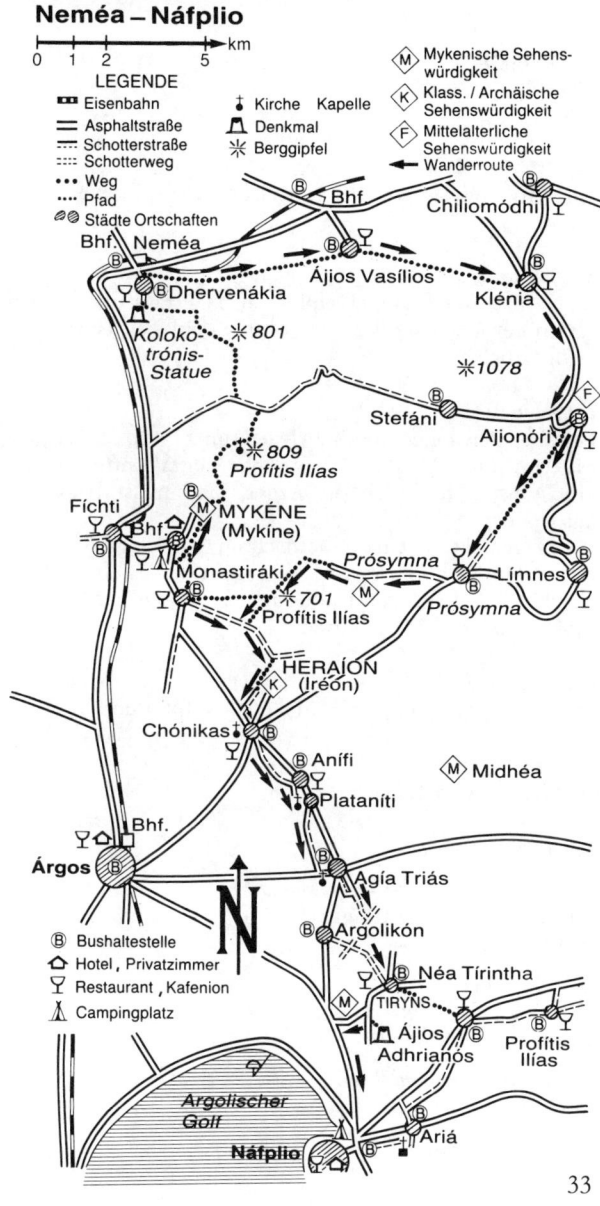

Chiliomódhi
Fíchti
Árgos

Busstationen/-haltestellen
Alle größeren Orte (siehe Einzeichnungen in der Kartenskizze).

Schiffsanschluß
In Náfplio mit Flying Dolphins nach Piräas und zu den Häfen der Ostküste der Peloponnes; zum Teil Umsteigen erforderlich.

Unterkünfte
Hotels, Pensionen und Privatzimmer nur in Árgos, Mykéne und Náfplio. (Vorsicht: Unterkünfte in der Hochsaison, vor allem in Árgos, sind meist frühzeitig ausgebucht).
Wer sich nicht mit einer Übernachtung im Schlafsack unter freiem Himmel oder im Zelt begnügen will, muß per Bus, Taxi oder Anhalter am Ende einer Tagestour nach Árgos, Mykéne oder Náfplio fahren.

Campingplätze
In Iría (bei Náfplio), Míli, Mykéne, Náfplio und Toló.

Jugendherbergen
In Mykéne und Náfplio

Sehenswürdigkeiten

Kolokotrónis-Statue bei Dhervenákia
Öffnungszeiten: ganztägig
Eintritt: frei

Burg Ajionóri
Öffnungszeiten: ganztägig
Eintritt: frei

Mykenische Burg und Tholosgrab bei Prósymna
Öffnungszeiten: ganztägig
Eintritt: frei

Mykéne (Mykíne)
Öffnungszeiten: werktags 8.00–17.00 Uhr
sonn- und feiertags: 9.00–17.00 Uhr
Eintritt: 200 Dra

Heraíon (Iréon)
Öffnungszeiten: werktags 8.45–15.00 Uhr
sonn- und feiertags 9.30–14.30 Uhr
Eintritt: frei

Kímisis tis Theothókou-Kirche in Chónikas
Öffnungszeiten: meist geschlossen
Eintritt: frei

Metamórfosis-Kirche in Plataníti
Öffnungszeiten: ganztägig
Eintritt: frei

Panajía-Kirche in Ajía Triás
Öffnungszeiten: meist geschlossen
Eintritt: frei

Tholos-Grab westlich von Néa Tírintha
Öffnungszeiten: ganztägig
Eintritt: frei

Tíryns
Öffnungszeiten: werktags 8.00–19.00 Uhr
sonn- und feiertags 9.00–19.00 Uhr
Eintritt: 100 Dra

Bahnhof Neméa – Dhervenákia

Die Bahnstation Neméa – sie ist gleichzeitig der Bahnhof von Dhervenákia – ist ein winziges, verlassenes Nest. Dennoch hält hier der Zug von Korínth nach Árgos. Den Schaffner des Busses Korínth – Árgos hingegen muß man ausdrücklich darauf aufmerksam machen, wenn man hier aussteigen möchte. Der Bus braust ansonsten am Bahnhof vorbei.

Gleich nach der Überquerung der schmalspurigen Gleise zweigt nach Osten (links) die löcherige Teerstraße nach Dhervenákia ab. Ein Schild weist den Weg: »Dhervenákia 2 km«.

Linker Hand begleitet zunächst der Schienenstrang die Straße. Ein betagter, arg ramponierter Zug – längst außer Dienst gestellt – steht in vollem Rost. Die Züge, die noch im Dienst stehen, sehen allerdings nur wenig stattlicher aus.

Nördlich der Wanderstraße zerschneidet die vielbefahrene Straße Korínth – Árgos eine fruchtbare Ebene. Gehupe und Folklore-Klänge aus Autoradios stören die Stille der Oliven- und Zitrusplantagen.

Die Straße nach Dhervenákia läuft auf einen Zypressenwald zu. Nach einer großzügigen Rechtsschleife steigt sie die letzten 500 Meter bis zur Ortschaft stetig an. Auf dem Asphalt werben verblichene Schriften für griechische Parteien.

Die marmorweiße Kolokotrónis-Statue über Dhervenákia ist weithin zu sehen. Im Norden grüßen die Burg Akrokorinth (Akrokórinthos) und die Gegenfestung Penteskoufía.

Dhervenákias wenige Häuser ducken sich unter riesigen Zypressen. Rechter Hand der Straße kauert die weißgekalkte Ájios Sózon-Kirche an einem Abhang. Ihre Glocken hängen in einen Glockenstuhl neben der Kirche. Eine Gedenktafel erinnert an Griechen, die für ihr Vaterland den Tod gefunden haben.

Im Restaurant gegenüber der Kirche herrscht nur an Sonn- und Feiertagen Betrieb, wenn die Griechen zu ihrem Nationalhelden Kolokotrónis wallfahren. An Werktagen sind Gäste selten. Einen Namen hat das Restaurant nicht. »Dhervenákia«, meint kopfschüttelnd die kinderreiche Wirtin, »wie die Ortschaft heißt«. Den Namen hat sie vielleicht gerade erfunden.

Reichhaltig ist das Essenangebot an Werktagen nicht. Eine Portion griechischen Salat, frisches Brot und eine Flasche Wein aber hat die Wirtin immer im Hause. Den Schatten für müde Wanderer spenden kostenlos die flächigen Platanen, die sich über den Garten des Restaurants neigen.

Der Weg zum Kolokotrónis-Denkmal ist nicht zu verfehlen. Ein Schild »Zur Statue« (»Pros Ágalma«) gleich am Restaurant weist die Richtung. Nach einer Linksschleife strebt die Straße geradewegs auf die Gedenkstätte zu.

Für die Griechen ist die marmorne Kolokotrónis-Statue das Symbol der Freiheit. Kolokotrónis war die treibende Kraft im Befreiungskrieg gegen die Türken. Der marmorne Kolokotrónis blickt stolz auf den Paß von Dhervenákia. Hier errang der lebende Kolokotrónis seinen größten Sieg. Und der Triumph wäre noch überwältigender ausgefallen, wenn nicht die griechischen Anführer wieder einmal untereinander zerstritten gewesen wären.

Im Jahr 1821 hatten die griechischen Freiheitskämpfer die Türken von der Peloponnés vertrieben. Ein Jahr später nahm Pascha Machmut Dramalis blutige Rache. Plündernd zog er mit 30 000 Soldaten und einer überlegenen Artillerie durch die Halbinsel.

Eilends rekrutierte Kolokotrónis – mehr durch Androhung der Todesstrafe als durch Überzeugung – ein griechisches Heer. Er beabsichtigte, die Pässe des argolischen Beckens zu besetzen und die Türken, deren Versorgungsflotte ausblieb, zunächst auszuhungern, dann vernichtend zu schlagen.

Als die Türken einen Angriff auf Trípoli vortäuschten, warfen ihnen die griechischen Anführer die Masse ihrer Truppen entgegen. Nur Kolokotrónis erkannte die Finte. Er besetzte mit seinen 2 000 Freiheitskämpfern die wichtigsten Pässe der Argolís. Weitere Truppen täuschte er durch »Puppen« und Fahnen vor.

Die Türken versuchten tatsächlich, aus dem argolischen Becken auszubrechen. Kolokotrónis stellte sich ihnen entgegen. Am 7. August 1822 brachte er den Türken am Dhervenákia-Paß blutige Verluste bei. Es gelang diesen nicht, nach Norden durchzubrechen.

Der Erfolg ließ Kolokotrónis zum Oberbefehlshaber des griechischen Heeres aufsteigen. Die Mißgunst der Griechen traf ihn jedoch bald. Sie fürchteten, Kolokotrónis können sich zum griechischen König ausrufen lassen. Er wurde als Oberbefehlshaber abgesetzt und auf der Festung Palamídhi über Náfplio und in Ídra inhaftiert.

Als die Türken ein weiteres Mal die Peloponnés bedrängten, wurde Kolokotrónis erneut mit dem Oberbefehl betraut. Diesmal stand ihm der Kriegsgott nicht zur

Seite. Die Peloponnés wurde jedoch durch die Unentschlossenheit der Türken gerettet.

Für die Griechen ist Kolokotrónis die Idolfigur des Strebens nach Freiheit und Unabhängigkeit. Für mich ist der »Alte von Moréa« das Abbild des Griechens, wie er seit der mykenischen Epoche bis in unsere Zeit hin existiert: heldenhaft bis zur Selbstaufopferung, verschlagen wie ein Kreter, ehrgeizig, selbstsüchtig und starrköpfig bis in den Tod.

Dhervenákia – Ájios Vasílios

Nächstes Wanderziel ist Ájios Vasílios, ein Dorf ohne besondere geschichtliche oder kulturelle Bedeutung. Auf gleichem Weg wird wieder Dhervenákia erreicht. Den westlich des Ortes gelegenen Trétos-Paß – er ist identisch mit dem Dhervenákia-Paß – erwähnte bereits der griechische Geograph Pausanias (2. Jahrhundert n. Chr.) als »zwar beschwerlich, aber für den Wagen passierbar« (Beschreibung Griechenlands, II, 15). Der Heros Herakles erwürgte – glaubt man dem Mythos – in dieser Gegend den nemeischen Löwen, ein unverwundbares Ungetüm, mit bloßen Händen. Die Einheimischen zeigen den Touristen die Trétos-Höhle, in der der Löwe gehaust haben soll.

Freundlich erwidern die Griechen in Dhervenákia mein Abschiedswinken. Es geht wieder die Teerstraße hinunter in Richtung Bahnhof Neméa. Vor der Linkskurve zweigt bei einem Telephonmasten ein Feldweg nach Osten (rechts) ab. Ájios Vasílios ist bereits in der Ferne auszumachen: ein Dorf, das einen Hügel hinaufzukrabbeln scheint.

Der Wanderweg durchquert Obstgärten. Nach etwa zwei Kilometern komme ich an einem verfallenen Haus aus Natursteinen vorbei. Der Bauernhof links des Weges ist für griechische Verhältnisse ein stattliches Gut.

Obstbäume und Weinplantagen säumen weiterhin den Weg. Die Berge im Süden zeigen grüne Tupfen. Ein bescheidenes Kirchlein duckt sich unter Felsen.

Eine sanfte Brise bringt die tiefgrünen Zypressen zum

Wiegen, fächelt den Wanderer den Schweiß von der Stirn. Das Land beschenkt in der schönen Jahreszeit – die Griechen nennen sie »Kalokéri« – mit Orangen, Birnen, Feigen und Weintrauben.

Eine Griechin spricht mich an, fragt mich nach dem Woher und Wohin aus. Dies ist sonst nicht Art der griechischen Frauen. Im Beisein von Männern reden sie nur, wenn sie gefragt werden. Diese Frau aber richtete sogar das Wort an mich. Eine griechische »Emanze«? Ihr Mann pflügt Kartoffeln aus der Erde, ihre Mutter sammelt diese ein. Sie selbst aber sieht der Arbeit wohlgefällig zu. Hat diese Griechin die Rolle des Arbeitstieres der Familie abgestreift?

Am Weg sucht ein Haus Schatten unter einem Nußbaum. Ein Steinbau mit einem Kamin nahe dem Haus stellt sich als Taubenschlag heraus.

Ájios Vasílios rückt immer näher. Der Wanderweg mündet im Ort in eine Teerstraße. Beiderseits der Straße färbt die Sonne Tabak goldgelb.

Ich folge der Asphaltstraße bergauf. Die Griechen in den Kafenia beiderseits der Straße mustern mich neugierig. Ein freundlicher Gruß macht sie gesprächig. Immer wieder werde ich nach dem Woher und dem Wohin ausgeforscht. Auf meine Frage nach dem Weg nach Klénia ziehen die Griechen ihre Stirn in Falten, werfen den Kopf leicht in den Nacken und verdrehen ihre Augen. Nein, außer der Teerstraße über Chiliomódhi gibt es keine Verbindung nach Klénia. Auch für Fußwanderer nicht.

Die Griechen können den Weg gar nicht wissen. Wer von ihnen käme schon auf die absurde Idee, zu Fuß in die nächste Ortschaft zu wandern. Allenfalls mit dem Esel oder dem Muli. Nie aber zu Fuß.

Die Mimik der Einheimischen führt oft zu Mißverständnissen. Das Werfen des Kopfes in den Nacken wird von den Fremden als Zustimmung gedeutet. Tatsächlich ist es ein eindeutiges Nein.

Ich leiste mir in einem Kafenion einen kalten Neskaffee (Frapé). Ich werde neugierig beäugt. Wenn ich die Griechen anspreche, tauen sie sofort auf. Die jungen Leute sitzen stundenlang bei einem Glas Cola, die älteren Griechen schlürfen ihr Täßchen griechischen Kaffees, der eigentlich türkischer Kaffee ist. Auf solche Feinheiten sollte man die Einheimischen allerdings nicht ansprechen.

Frauen sind eine Rarität in Kafenia. Sitzt doch einmal eine inmitten der Männer, so ist sie todsicher eine Touristin.

Ájios Vasilios wird durch die Teerstraße in zwei Hälften unterteilt. Die Kafenia haben sich entlang der Straße aufgereiht. Am Dorfplatz mit der wuchtigen Kirche hingegen nistet kein Kafenion.

Bei meiner Frage nach Privatzimmern stoße ich auf Unverständnis. Auf Fremde sind die Dorfbewohner nicht eingestellt. Wer von den Touristen verläuft sich schon nach Ájios Vasílios? Hier gibt es doch keine Sehenswürdigkeiten!

Die Einheimischen betrachten die mittelalterliche Burg über dem Ort auf dem Dhafnías-Berg nicht als Touristenattraktion. Recht haben sie! Der Aufstieg zur Burg ist allenfalls wegen des Blicks ins fruchtbare Chouráfi-Tal lohnend.

Ájios Vasílios – Klénia

Ich verlasse die Ortschaft nach Südosten, wähle am Ortsende den linken Weg. Ich taste mich durch die Landschaft nach Klénia. Der Ort liegt in fast ostwärtiger Richtung. Die Sonne hilft mir, mich zu orientiren. Ich wandere entlang der Nordseite des Höhenzuges, mal auf Schotterwegen, mal auf kaum sichtbaren Pfaden in südostwärtige Richtung, durch Olivenhaine und Weinparzellen. Nach etwa drei Kilometern stoße ich auf eine Schotterstraße, die nach Osten direkt auf Klénia zustrebt.

Wer sich im Gelände nicht zurecht findet, sollte immer nach Osten wandern, bis er auf eine Teerstraße trifft. Diese führt nach Klénia. Klénias mächtige Kreuzkuppelkirche ist schon von Ferne zu sehen.

Klénia profitiert von der Fruchtbarkeit des Bodens der Umgebung. Die Häuser sind ansehnlich. Das Dorf kann sich mehrere Kafenia und Kolonialwarenläden leisten. Die Kafenia gruppieren sich um die Wegegabel, die gleichzeitig Ortsmitte ist. Hier fährt auch der Bus nach Korínth und nach Ajionóri ab. Die Kolonialwarenläden liegen von der Wegegabel 50−100 Meter entfernt. Sie sind für Wanderer wichtig, die sich mit Verpflegung und Getränken eindecken wollen. An der Gabel zweigt links die Straße nach Ajionóri, rechts nach Stefáni ab.

Ich komme mit dem Kafenionwirt Táchis Mavragánis ins Gespräch. Vom antiken Tenéa, meint er, gäbe es nur noch unbedeutende Reste zu sehen. Sie seien einen Besuch nicht wert.

Tenéas Bedeutung in der Antike lag darin, daß der Ort die Straße Korínth − Árgos − sie wurde Kontoporeía genannt − kontrollierte. Pausanias erwähnt, daß sich die Teneaten für Trojaner hielten. Agamémnon soll ihnen nach ihrer Deportation von der Troja vorgelagerten Insel Tenedos erlaubt haben, sich in Tenéa anzusiedeln (II, 5).

Tenéa soll frühzeitig von den Korinthern zu den Römern abgefallen sein. Der Ort sei deshalb von den Römern bei der Zerstörung von Korinth (146 v. Chr.) geschont worden.

Der griechische Geograph Strábo (63 v. Chr.−20 n. Chr.) berichtet in seinem Buch »Geographica«, daß das Orakel einem asiatischen Flüchtling geraten habe, lieber in Tenéa als in Korínth seßhaft zu werden.

Táchis hat meinen Ausführungen über Tenéa aufmerksam zugehört. Sie müssen auf ihn großen Eindruck gemacht haben. Nun erklärt er den anderen Kafeniongästen, ich sei ein bedeutender Gelehrter, der sich in der griechischen Geschichte gut auskenne. Vielleicht ein Professor! »Bravo, bravo«, rufen mir die Griechen anerkennend zu. Schon steht ein Glas Ouzo auf meinem Tisch.

Meine plötzliche Popularität trägt Früchte. Ein Kafeniongast hat einen Freund, der jeden Tag nach Stefáni mit dem Auto fährt. Mit diesem könne, nein, müsse ich mitfahren. Ajionóri, mein nächstes Ziel liegt auf dem Weg nach Stefáni. Der Freund holt mich wirklich ab. Ich werde in das bäuerliche Fahrzeug hineinkomplimentiert. Mir bleiben sechs Kilometer Wanderung auf einer Asphaltstraße erspart.

Klénia – Ajionóri

Die Fahrt geht durch eine wildromantische Gegend. Die Berge treten so nahe zusammen, daß lediglich Platz für die Asphaltstraße bleibt. Wer diese meiden will, muß dies mit einem mehrstündigen Umweg über die gut 1 000 Meter hohen Berge erkaufen.

Ich frage den Fahrer nach dem Namen der Festungsruine vor uns. »Kenoúrio«, entgegnet er. Ich bin sicher, daß Kenoúrio identisch mit der Burg Ajionóri ist. Der Fahrer stoppt sein Vehikel – Auto wäre wirklich eine Schmeichelei für diesen Klapperkasten – an einer Wegegabel. Hinweisschilder beiderseits eines Proskinitário, einer Gedenkstätte – meist in Form einer Miniaturkirche – an ein Unfallopfer, lassen wissen, daß es links nach Límnes, rechts nach Stefáni geht. Der Fahrer deutet auf die Ortschaft am Hang: »Ajionóri«. Ich bedanke mich für die Mitnahme mit einer Schachtel Zigaretten.

Ich trage immer Zigaretten bei mir, um mich bei den Griechen für freundliche Gesten bedanken zu können. Es ist eine ausländische Marke, die in Griechenland nicht zu kaufen ist. Treffe ich auf Nichtraucher, so erkennen sie wenigstens meinen guten Willen.

Ajionóri ist ein Terrassendorf. Eine häßliche Betonkreuzkuppelkirche – vielleicht ist sie heute bereits blendend weiß gekalkt – markiert den Dorfanfang. Die Ortschaft zieht sich fast bis auf den Burggipfel hinauf. Eine Teerstraße schlängelt sich durch das Dorf.

Zu Füßen von Ajionóri wird fleißig Tabak angebaut. Weiße Schotterstraßen und -wege zergliedern die Landschaft.

Ajionóri heißt zu deutsch »Heiliger Berg«. Den heiligen Berg hält seit Anfang des 18. Jahrhunderts eine gleichnamige Burg besetzt. Auch der Ort hat sich nach dem heiligen Berg benannt.

Die Türken, die Herren der Burg, konnten vom Gipfel das Land im Süden und Norden gut überwachen. In die Schlucht zu Füßen der Festung konnten sie nicht hineinschauen. Da die Anlage zudem nur schwach befestigt war, taugte die Burg lediglich als Wachstation. Zur Sperrung der Straße Korínth – Árgos war sie nicht befähigt.

Dennoch spielte Ajionóri im griechischen Befreiungskrieg eine wichtige Rolle. Nachdem Kolokotrónis den Türken unter Dramalis den Übergang über den Dhervenákia-Paß verwehrt hatte, versuchten diese über Ajionóri aus dem argolischen Becken auszubrechen. Bei Ajionóri stellte sich ihnen jedoch eine griechische Streitmacht unter Ipsilántis und Papaflíssas entgegen. Die schwachen griechischen Kräfte fügten den Türken zwar starke Verluste zu, konnten aber einen Durchbruch des türkischen Hauptheeres nach Korínth nicht verhindern.

Bei Ajionóri vergaben die griechischen Heerführer einmal mehr durch Selbstsucht und Eigensinn die Chance, die Türken vernichtend zu schlagen. Jeder Führer kämpfte mit seiner Truppe für seinen Ruhm. Persönlicher Ehrgeiz wurde wieder einmal über die gemeinsame Sache gestellt.

Mit 1 000 Häusern und 40 Kirchen war Ajionóri im 18. und 19. Jahrhundert eine riesige Siedlung. Eine Mauer schützte den Ort; die Burg überwachte das Gelände ringsum. Heute zählt der Ort vielleicht 60 Häuser.

Die Burg ist eine fünfeckige Anlage (Seitenlänge etwa 20 Meter) mit je einem Wehrturm im Süden und Südwesten. Beide Türme sind noch gut erhalten. Die Zisternen, die bei Belagerungen die Wasserversorgung sicherten, sind mit Steinen zugeschüttet. Im Burginneren erinnert ein Denkmal an die Schlacht von Ajionóri im Jahr 1822.

Von der Burg läßt sich ein Teil des Wanderweges nach Prósymna einsehen. Erstes Anlaufziel ist die südlichste der Kirchen. Sie ist im Gelände gut auszumachen.

Schade, daß die heimelige Kreuzkuppelkirche aus behauenem Naturstein unterhalb der Burg verschlossen ist.

Hohes Alter scheint die Kirchenruine zu haben, von der nur noch eine Apside deutlich wahrzunehmen ist.

Beim Abstieg vom heiligen Berg lege ich an einem Brunnen am Südwestausgang von Ajionóri eine Rast ein. Hierher kommen Einheimische mit Fahrzeugen und Eseln, um ihren Wasservorrat zu ergänzen. Mit Hilfe ihrer Wegweisungen habe ich keine Schwierigkeiten, den Weg nach Prósymna zu finden.

Ajionóri – Prósymna

Etwa 200 Meter südlich der schon angesprochenen Wegegabel mit dem Proskinitário zweigt eine weiße Schotterstraße nach Westen (rechts) ab. Sie trifft nach gut 400 Metern auf eine andere Schotterstraße. Von hier führt ein Weg auf die von der Burg Ajionóri zu sehende Kirche zu. Etwas später wird linker Hand ein an drei Seiten offener Schafskral passiert. Pferde – eine Rarität in Griechenland – suchen die Phrygana nach letztem Grün ab.

Der fast schnurgerade Weg steigt stetig an; er ist nicht zu verfehlen. Wehe dem Wanderer, der sich auf dünnen Schuhsohlen auf Wanderschaft begeben hat.

Die Landschaft geizt mit schattenspendenden Bäumen. So kann die Sonne ungehindert auf die Wanderer einstechen.

Auf dem selben Weg müssen sich 1822 die türkischen Soldaten, demoralisiert durch die Schlappe bei Dhervenákia, beladen mit Sack und Pack, nach Ajionóri gequält haben.

Endlich ist der höchste Punkt des Berges – etwa 600 Meter über dem Meer – erreicht. Der Weg fällt nun ständig ab. In der Ferne ist der Bergeinschnitt zu erkennen, durch den sich die Straße Prósymna – Chónikas schlängelt. Die Ortschaft Prósymna ist noch nicht auszumachen. Rechter Hand begleitet den Wanderer die Dhervasía-Schlucht (Dhervasía Réma). Der Weg ist zu einem kaum mehr wahrzunehmenden Pfad verkümmert. Ich wähle mir einen markanten Zementblock als Anlaufsziel. Ich habe Glück. Ab diesem Zementklotz ist der Weg wieder gut zu sehen. Bald erweitert er sich zu einem Schotterweg, der ständig neben der Dhervasía-Schlucht herläuft. In die Dhervasía-Schlucht mündet – aus nördlicher Richtung kommend – die Taxiárchis-Schlucht (Taxiárchis Rema). Linker Hand wird ein leider verschlossener Brunnen passiert. Mehrere Wege zweigen nach Südosten (links) ab.

Allmählich lösen Tabakfelder die Phryganalandschaft ab. Endlich stehe ich am Nordeingang von Prósymna. Noch vor kurzer Zeit hieß Prósymna Berbáti. Unter diesem Namen hat Homer den Ort erwähnt.

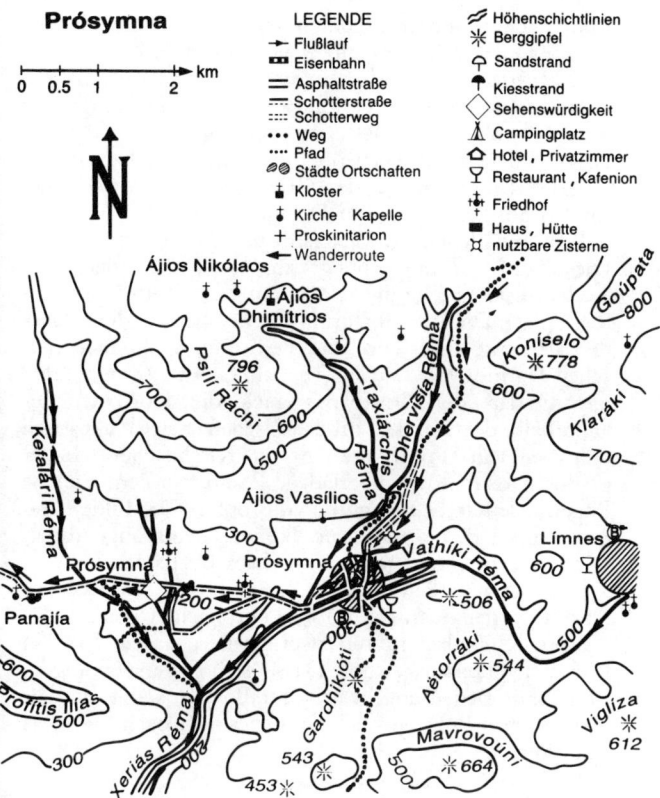

Ich bleibe gleich beim ersten Tabakbauern hängen. Die ganze Familie arbeitet zusammen, um die frischen Tabakblätter auf Schnüre aufzuziehen. Anschließend werden die aufgereihten Tabakblätter zum Trocknen aufgehängt.

Natürlich wird mir sofort Wasser angeboten. Ich lobe das gute Wasser. Die Miene des Bauern wird immer zweifelnder, je mehr Wasser ich trinke. Sicher denkt er, daß es nicht bekömmlich sein kann, so viel Wasser in sich hineinzuschütten. Die Griechen selbst sind eher zurückhaltend in ihren Trinkgewohnheiten. Der Bauer schickt seine

Frau nach gelierten Früchten ins Haus. Diese machen wieder Durst. Ich muß aufs neue trinken.

Die Griechen abseits von den Touristikzentren sind immer noch ein gastfreundliches Volk. Der Gastfreund wird verwöhnt. Das Beste ist gerade gut genug für ihn. Gäste bedeuten Ansehen für die gastgebende Familie. So ist Gastfreundschaft bei den Griechen auch ein wenig ein Buhlen um Prestige in der Dorfgemeinde.

Prósymna lebt vom Tabakanbau. Sicher nicht schlecht. Die Häuser sehen gepflegt aus, sind für griechische Verhältnisse geräumig. Zentrum des Dorfes ist der Kirchplatz. Die Ajía Ekataríni-Kirche überragt die Häuser der Siedlung. Ihre Tür- und Fensterumrahmungen täuschen Marmor vor. Lautsprecher am Glockenturm künden davon, daß der Dorfpapás auch die Dorfbewohner außerhalb der Kirche an liturgischen Feiern akustisch teilhaben läßt. Im Inneren ist die Kirche eher schlicht gestaltet. Es fehlt der überladene Pomp, mit dem manche Popen ihre Kirchen so gerne vollstopfen. Die Bilder sind genau nach dem orthodoxen Ikonenschema angeordnet. Die steinerne Ikonostase ist mit Lack überzogen.

Am Kirchplatz wartet ein Kafenion auf Gäste. Hier fährt auch der Bus nach Límnes und nach Árgos ab.

Vom Kirchplatz führen zwei Straße aus dem Dorf in Richtung Chónikas/Árgos. Da sie sich später vereinigen, ist es ohne Bedeutung, welche Straße man wählt, um zur mykenischen Burg westlich des Ortes oder nach Chónikas zu kommen.

Prósymna – Heraíon

Bei der Tankstelle ELBYN vereinen sich die beiden Straßen. Dort zweigt auch eine Schotterstraße nach Westen ab. Diese passiert einen Friedhof rechter Hand und strebt direkt auf einen markanten Kegelberg zu. Auf diesem thronen die Reste der mykenischen Akropolis. Gut erkennbar sind eigentlich nur noch die Fragmente der Kyklopenmauer.

Bescheiden sind die Relikte der mykenischen Siedlung südlich des Kegelberges. Das Kuppelgrab aus dem 15. oder 16. Jahrhundert v. Chr. ist schwer aufzufinden. Das Grab wurde 1872 von dem griechischen Archäologen Stamatákis freigelegt. Im 10 Meter hohen Tholos wurden drei leider geplünderte Schachtgräber gefunden.

Knapp 100 Meter nordwestlich des Kuppelgrabes kann man noch Spuren eines archaischen Terrassenheiligtums entdecken. Die Terrasse (12.5 x 8.5 Meter) wird von einer acht Meter hohen Mauer gestützt. Eine Inschrift besagt, daß das Heiligtum Hera geweiht war.

Nach Pausanias (II, 1) soll das antike Prósymna »das Land unterhalb des Heraíon gewesen sein. Glaubt man dieser Aussage, so kann die Gegend um den Kegelberg unmöglich das antike Prósymna sein. Denn zwischen Heraíon und Prósymna liegt trennend der Profítis Ilías-Berg.

Ich umrunde den Akropolishügel. Außer der Kyklopenmauer ist nichts Antikes zu identifizieren. Das Tholosgrab nahe der Schotterstraße ist sogar den Einheimischen unbekannt.

Auf dem Weg zurück zur Schotterstraße treffe ich auf einen Bauern, der seinen Esel an einer gefaßten Quelle tränkt.

Die Antike hat in Prósymna wirklich nur geringe Spuren hinterlassen.

Autofahrer kehren über die Schotterstraße in die Ortschaft Prósymna zurück. Bei der ELBYN-Tankstelle biegen sie rechts ab. Sie durchqueren die Xeriás-Schlucht, die auch Klisouría-Schlucht genannt wird. Pausánias benennt diese Schlucht nach dem Astérion-Fluß (II, 17). Die Höhlen in den steilen Felsen beiderseits der Straße dienten, wie Mauern vor den Zugängen zeigen, irgendwann als Wohnstätten.

Wanderer überqueren ein ausgetrocknetes Bachbett auf einer Brücke. Die Schotterstraße – sie verläuft fast pfeilgerade nach Westen – gewinnt allmählich an Höhe, erreicht nach knapp zwei Kilometern die gelbe Panajía-Kirche. Hier kann man seine Wasserflasche für die Überquerung des Profítis Ilías-Berges noch einmal auffüllen.

Der Kirchenvorplatz muß erst in letzter Zeit mit Marmorplatten neu belegt worden sein. Der Stein glänzt frisch geschliffen. Marmor scheint immer noch ein beliebtes Baumaterial zu sein.

Ich frage Einheimische nach dem Weg zum Heraíon (Iréon). Sie schütteln bedenklich den Kopf. »Schwer, schwer«, meinen sie. Der Weg nach Mykéne hingegen sei leicht zu finden.

Die Schotterstaße verengt sich bei der Panajía-Kapelle zu einem Schotterweg. In einer Linksschleife geht es bergauf. Dann steuert der Weg unentwegt nach Westen. Fast schon auf der Paßhöhe biegt ein Schotterweg in eine Senke ab. Im Grund erkenne ich eine Hütte.

Wer diese Abzweigung wählt, gelangt nach gut zwei Kilometern in die Ortschaft Monastiráki. Von diesem Ort erreicht man Mykéne über die Teerstraße oder über einen Pfad.

Wer unmittelbar zum Heraíon wandern will, hält sich an den Weg, der geradeaus auf die Paßhöhe klettert. Auf dem höchsten Punkt trennt sich nach Südwesten der Pfad zum Gipfel des Profítis Ilías-Berges. Geradeaus geht es zur Ortschaft Vrasérika hinunter.

Vrasérika ist eine grüne, friedliche Oase etwas oberhalb der argolischen Ebene. Am Ortseingang stellt sich, inmitten von Feigen-, Maulbeer- und Nußbäumen, die Panajía-Kirche entgegen. Einen Glockenturm kann sich das ziegeldachgedeckte Gotteshaus nicht leisten. So muß die einzige Glocke mit einem Eisengerüst vorliebnehmen. Das Kreuz über dem Kirchenschiff trägt die Inschrift: »Der Tod ist ein Wendepunkt, eine lebensspendende Quelle des ewigen Heiles«.

Die Überquerung des Profítis Ilías-Berges hat mich durstig gemacht. Im Kirchenvorhof – er ist durch überreife Feigen rostbraun gesprenkelt – ist der Brunnen leider versperrt. Auch die Pumpe eines nahen Hauses ist außer Betrieb. So bleibt mir nichts anderes übrig, als in einem der Häuser am Weg um ein Glas Wasser zu bitten.

Fremde scheinen sich selten nach Vrasérika zu verlaufen. Die Familie Kordális bemüht sich rührend um mich. Der Sohn will mich sogar mit seinem Leichtmotorrad zum Heraíon fahren.

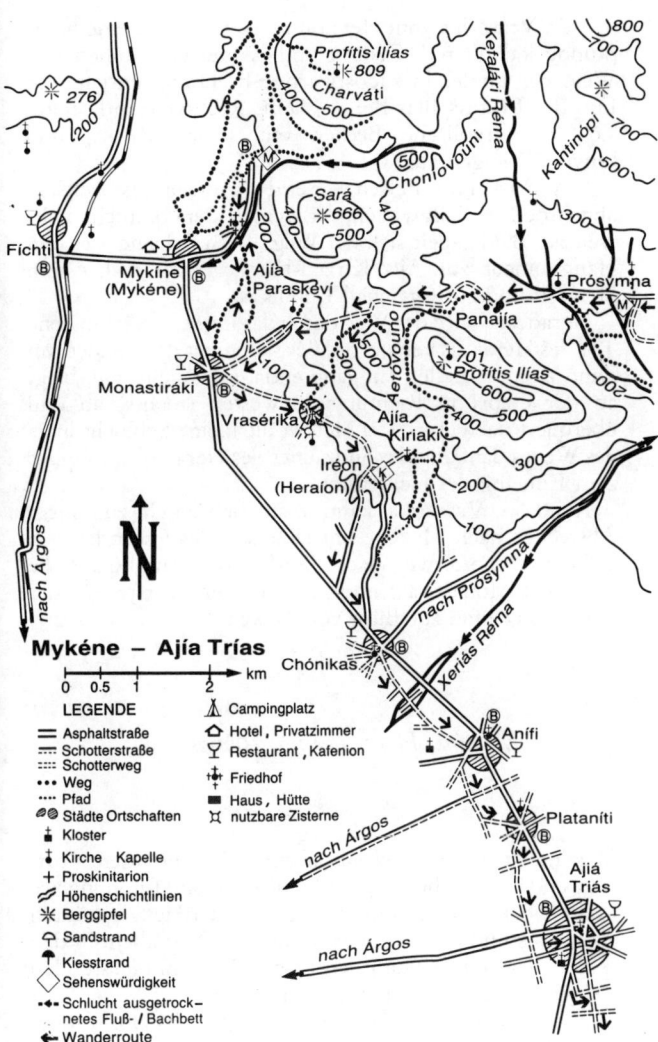

Von Vrasérika zum Heraion muß man etwa eine halbe Stunde kalkulieren. Zedern und Zypressen säumen den Weg, der immer in südostwärtige Richtung, entlang am Fuß des Profítis Ilías-Berges, läuft. Rechter Hand breitet sich das argolische Becken mit seinen Zitrus- und Olivenplantagen aus.

Ein markanter Felsen – seine Nordseite ist seltsam abgebrochen – läßt wissen, daß es zum Heraíon nicht mehr weit ist. Bald gabelt sich der Weg. Nach links geht es den Hang hinauf zur Ajía Kiriakí-Kirche, nach rechts zum Heraíon und zur Ortschaft Chónikas.

Geradeaus wird der Weg durch das immer verschlossene Tor des Heraíons versperrt. Wer sich nicht nach Süden am Zaun zum offiziellen Eingang entlang hangeln will, biegt an der Gabel in Richtung Südwesten (rechts) ab und überquert nach etwa 150 Metern die kleine Schlucht links des Weges. Entlang des Südzaunes des Heraíons gelangt er zum Eingang des Heiligtums.

Auch in Vrasérika kann man sich noch zu einem Abstecher nach Mykene entschließen. Man wendet sich auf dem Schotterweg nach Nordwesten, durchquert die Ortschaft Monastiráki und gelangt über Teerstraße oder Abkürzungspfad zur Burg von Mýkene.

Mykéne, Herrschersitz Agamémnons

Mykéne ist in der Hochsaison wirklich überlaufen. Fortwährend karren klimatisierte Busse foto- und filmhungrige Fremde heran und sammeln sie nach einer Hetzjagd durch Akropolis und Gräberfelder wieder ein. Vor allem in den späten Vormittags- und den frühen Nachmittagsstunden stehen sich die Touristen auf den Füßen.

In den frühen Morgenstunden, gleich nach der Öffnung, ist noch ein beschaulicher Rundgang durch die archäologische Stätte möglich. Frühaufsteher brauchen also nicht auf einen Besuch von Mykéne verzichten.

Die Akrópolis kauert auf einem Felsrücken (278 Meter ü.N.N.). Im Nordosten wacht über sie der Charváti-, im Südosten der Sará-Berg. Kokorétsa-Schlucht im Norden und Chávos-Schlucht im Süden schützen die Burg zusätzlich.

Mykéne liegt strategisch ideal. Ein Bergrücken verbirgt die Burg vor neugierigen Blicken aus dem Ínachostal. Dennoch kann die Festung die Straße Korínth – Árgos und den argolischen Golf gut kontrollieren.

Die Mykener haben die Naturfestung durch eine Kyklopenmauer zusätzlich verstärkt.

Mykéne spielte in der Mythologie eine bedeutende, aber auch tragische Rolle. Auf den Atriden, den Nachkommen des »ersten Peloponnesiers« Pélops lastete der Fluch des Pélopssohnes Thyéstes. Blutschande, Kinds-, Vater-, Mutter- und Gattenmord trafen daraufhin das Geschlecht. Agamémnon, der Führer der Griechen im trojanischen Krieg, war eines der Opfer des Fluches. Die Götter nahmen den Fluch erst von Agamémnons Sohn Oréstes.

Dichter aller Zeiten haben das Atridenschicksal beklagt, Komponisten in Tönen eingefangen: Äschylos (Orestie), Sophokles (Elektra), Euripides (Iphigenie auf Aulis), Goethe und G. Hauptmann (Iphigenie), Gluck (Oper Iphigenie auf Aulis).

Reiche Quellen waren vermutlich die Ursache, daß Mykéne bereits in neolithischer Zeit besiedelt wurde. Um 2000 v. Chr. unterwarfen die mykenischen Acháer die pelasgischen Ureinwohner. Mitte des 2. Jahrtausends war Mykéne die politisch mächtigste und kulturell bedeutendste Stadt der Peloponnés.

Die kriegerischen Mykéner – durch ihre Bronzewaffen ihren Feinden überlegen – waren kulturell Schüler der Minóer. Bald entwickelten sie jedoch eine eigenständige Kultur, wurden zu Lehrmeistern der Minóer. Die mykenische Linear B-Schrift löste die minoische Linear A-Schrift ab.

Die Mykener waren Krieger und Künstler zugleich. Durch Kriege – vielleicht auch durch kriegerische Dienstleistungen, etwa bei den Ägyptern – verdienten sie sich die Mittel (Gold, Elfenbein), aus denen sie ihre Kunstwerke in

Architektur, Fresken- und Vasenmalerei, Keramik und Goldschmiedekunst gestalten konnten.

Das Bild der mykenischen Zeit wird vor allem durch die Funde in den Kuppel- und Schachtgräbern deutlich. Besonders der Deutsche Heinrich Schlieman – er legte 1874–1976 den Gräberkreis A frei – hat daran hohen Anteil.

Im 11. Jahrhundert v. Chr. erloschen urplötzlich die politische Macht und die künstlerische Schaffenskraft der Mykener. Ein Volk mit Eisenwaffen, die Dorier, überrannte die Peloponnés. Naturkatastrophen und vermutlich Kolonialkriege – der trojanische Krieg könnte so ein Kolonialkrieg gewesen sein – schwächten die Acháer zusätzlich. So konnten die Dórier die Macht übernehmen. Das mykenische Reich und damit die mykenische Kultur gingen unter.

Der trojanische Krieg war sicher mehr als der trotzige Versuch der Griechen, einem gehörnten Ehemann (Menélaos) seine entführte Gattin (Hélena) zurückzubringen. Er symbolisiert die Versuche der Griechen, in anderen Ländern Fuß zu fassen. Das Mutterland wurde von Kriegern entblößt. Eroberer hatten ein leichtes Spiel.

In klassischer Zeit wurde Mykéne von Árgos zerstört. Die Argiver neideten den Mykenern den Ruhm, den diese durch ihr tapferes Verhalten in den Schlachten an den Thermopýlen an der Seite der Spartaner und bei Platää errungen hatten.

In der weiteren Geschichte spielte Mykéne keine Rolle mehr. Erst die Archäologen erweckten die Siedlung im 18. und 19. Jahrhundert zu neuem Leben.

Das antike Mykéne kann man grob in drei Bereiche einteilen: die Burganlage mit dem königlichen Palast, die Unterstadt und die Kuppelgräber westlich der Akrópolis.

Die Mauer der Burg besteht größtenteils aus groben Felsblöcken, die ohne Mörtel ineinander gepaßt wurden. Fugen wurden mit kleineren Steinen verstopft.

Am Löwen- und Nordtor wurden regelmäßig behauene Steine säuberlich übereinander geschichtet. Mauerteile mit ausschließlich kleinen Steinen sind jüngsten Datums. Es sind Flickstellen in der Kyklopenmauer, die 468 v. Chr. von den Argivern geschleift worden war.

An der Westseite maß die Mauer in der Antike 17 Meter Höhe und 14 Meter Dicke. Zu den ältesten Mauerteilen (um 1350 v. Chr.) gehört die Nordmauer. Die restliche Mauer wurde um die Zeit des trojanischen Krieges (1200 v. Chr.) verstärkt oder neu gebaut. Die Mauer hat eine Länge von annähernd 1000 Meter.

Durch den Haupteingang, das Löwentor (1), laufen Wagenrillen in das Burginnere.

An den gewaltigen Blöcken des Torrahmens sind die Löcher für Türangeln und Riegel zu erkennen. Vermutlich wurde das Tor mit zwei hölzernen Halbtüren versperrt.

Das Relief im Tympanon über dem Tor ist die älteste Großskulptur auf griechischem Boden (um 1250 v. Chr.). Zwei leider kopflose Löwen legen ihr Pranken auf den Sockel einer minoischen Säule. Die Säule verjüngt sich nach unten. Ihre Basis wird als Altar gedeutet, die Säule als Symbol einer Gottheit angesehen, die Unheil von der Burg fernhalten soll.

Westlich des Löwentores springt eine Bastion vor. Von ihr konnten Feinde, die das Tor bestürmten, an ihrer rechten, schildlosen Seite mit Lanzen und Pfeilen bekämpft werden.

Der Gräberkreis A (3) lag ursprünglich außerhalb der Burgmauer. Beim Bau der Kyklopenmauer wurde der Friedhof in die Burganlage einbezogen. Den Gräberkreis (1600–1500 v. Chr.) schließt ein aus zwei Reihen senkrecht stehender Platten bestehender Ring ein. Vom Plattenring aus verfolgte man in mykenischer Zeit die Kulthandlungen zu Ehren der Toten, die in sechs Schachtgräbern innerhalb des Ringes beigesetzt waren. Fünf der Gräber entdeckte H. Schliemann, ein Grab Stamatákis.

Die Toten waren Mitglieder der königlichen Familie: acht Männer, neun Frauen, zwei Kinder. Die Toten waren in kostbare Gewänder gehüllt. Wertvolle Geschenke (Schmuck, Waffen, Weihegefäße) waren ihnen auf den Weg ins Jenseits mitgegeben worden.

»Ich habe Agamémnon ins Antlitz geschaut«, schrieb Schliemann nach Entdeckung des Toten mit der prächtigsten Goldmaske. Aber es war nicht Agamémnon, sondern einer seiner Ahnen aus dem Geschlecht der Atriden. Die

Sehenswürdigkeiten:

Akropolis
1 Löwentor
2 Getreidespeicher, vielleicht auch Wachhaus
3 Gräberkreis A (Königsgräber)
4 Große Rampe
5 Haus der Kriegervase
6 Haus an der Rampe
7 Südliches Haus
8 Kleine Rampe
9 Heiligtümer
10 Adyton (Allerheiligstes)
11 Tsoúntas-Haus
12 Gebäude des Südostquartiers
13 Propylon (Vorhalle)
14 Nord-Korridor
15 West-Portal
16 Thronsaal?
17 Großes Treppenhaus
18 Großer Palasthof
19 Vorhalle des Megaron
20 Vorraum des Megaron
21 Megaron
22 Badezimmer
23 Raum mit Eckbank
24 Tempel
25 Werkstätten von Künstlern und Handwerkern
26 Haus der Säulen
27 Haus »Delta«
28 Haus »Gamma«
29 Vorburg (Häuser »Alpha« und »Betta«)
30 Unterirdischer Gang zum Brunnen
31 Hintere Tore
32 Vorratsräume?
33 Nord-Tor
34 Vorratsräume
35 Haus »My«
36 Haus »Ny«

Außerhalb der Akropolis
37 Löwengrab
38 Brunnen der Perseia
39 Kuppelgrab des Aigisthos
40 Kuppelgrab der Klytemnestra
41 Gräberkreis B
42 Haus der Schilde
43 Haus des Ölhändlers
44 Haus der Sphinxen
45 Wohnhaus mit Werkstätten
46 Mykenische Häuser
47 Schatzhaus des Atreus
48 Bleihaus
49 Panajia-Kirche
50 Kuppelgrab der Panajitsa
51 Kuppelgrab von Epanó Fournós
52 Kyklopen-Grab
53 Kuppelgrab der Dämonen
54 Kuppelgrab von Káto Fournós
55 Hellen. Terrassenmauer

Maske trägt trotzdem den Namen »Goldmaske des Agamémnon«.

Die Kammern der Schachtgräber sind in den Felsen gehauen. In jedem Grab lagen mehrere Tote. Das Grab wurde nach oben mit einer Steinplatte abgedeckt und mit einer Grabstele markiert. Die Stelen waren reliefverziert. Sie sind im Nationalmuseum in Athen ausgestellt.

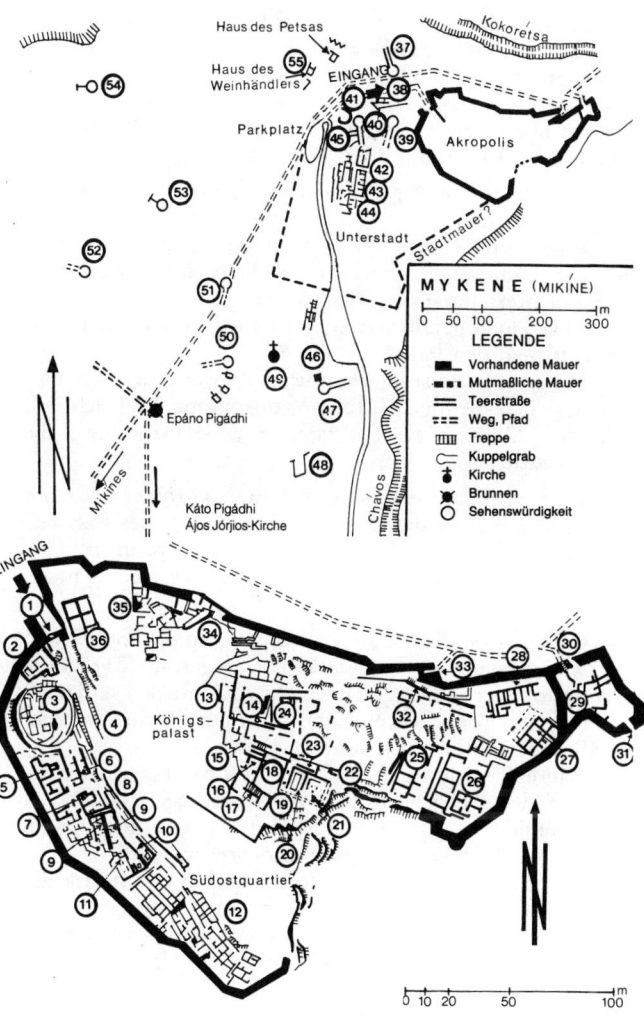

Südlich des Gräberkreises schließt sich zunächst ein Wohn- und Magazinkomplex (5–7), dann der Bezirk der Heiligtümer (9, 10) und das Tsoúntas-Haus (11) an. Das Tsoúntas-Haus ist nach seinem Entdecker benannt. In dem heute überdachten Gebäude wurden tönerne Idolfiguren gefunden. Ein Raum war mit Fresken ausgemalt.

Nach Südosten folgen weitere Gebäude des Südostquartiers (12).

Eine große Rampe (4) läuft auf den königlichen Palast (13–23) zu. Stützmauern ermöglichten eine terrassenförmige Unterteilung der Palastanlage.

Über einen gepflasterten Hof und zwei Vorhallen (13) betritt man den Palast.

In einem Baderaum ermordeten Aigísthos und Klytemnéstra den heimgekehrten Agamémnon. Vielleicht ist Raum (22), der als Badezimmer angesehen wird, die Mordstätte.

Über eine Treppe gelangt man in den großen Palasthof (18), von hier in die Repräsentationsräume des Palastes. Diese sind auch über das große Treppenhaus (17) erreichbar. Raum (16) war möglicherweise der Thronraum.

Ostwärts des Palasthofes schließen sich die königlichen Privatgemächer an. Die Decke des Megarons (21) wurde einst von vier Säulen getragen. Die Säulensockel sind noch erkennbar. Aus Freskenresten kann geschlossen werden, daß dieser Raum reich ausgemalt war.

Raum (21) könnte ebenfalls der Thronsaal gewesen sein.

Auf dem höchsten Punkt des Palasthügels war im 3. Jahrhundert n. Chr. ein dorischer Tempel über einem älteren archaischen Heiligtum errichtet worden.

Ostwärts des Palastes fällt der Hügel in den Bezirk der Künstler und Handwerker (25) ab. Nach Osten schließen sich das Haus der Säulen (26) – auch kleiner Palast genannt – und unmittelbar an der Ostmauer die Häuser »Delta« (27) und »Gamma« (28) an.

Die Vorburg (29) sicherte die Wasserversorgung der Burg. Das Wasser wurde von einer Quelle (Perseía?) ostwärts der Burg unterirdisch in einen Brunnen unter der Burg geleitet. Durch einen unterirdischen Gang (30) kann man zu diesem Brunnen hinabsteigen. Die Vorburg konnte durch zwei Tore (31) verlassen werden.

Auf dem Weg zum Nordtor (33) kommt man an Magazinräumen (32) vorbei. Hier sind riesige Pithi ausgestellt.

Auch das Nordtor (33) war durch eine vorspringende Bastion verstärkt. Anders als beim Löwentor sind hier die Platten des Entlastungsdreiecks nicht reliefverziert.

Auf dem Rückweg zum Löwentor passiert man weitere Magazinräume (34) – die Vorratsräume sind teilweise in die Mauer hineingebaut – und die Häuser »M« und »N« (35, 36).

Vom Nordtor (33) läuft ein Pfad außerhalb der Burgmauer auf das Löwengrab (37) zu.

Das Gelände westlich der Burg war eine mykenische Nekropole. Später wurden über den Gräbern Häuser errichtet.

Der Weg beim Kassenhäuschen läuft direkt auf das Löwengrab (37) zu. Die Kuppel des um 1450 v. Chr. erbauten Grabmales ist eingestürzt. So kann man von oben in das Löwengrab hineinschauen.

Das Gebäude südlich des Kassenhäuschens könnte der von Pausanias beschriebene Brunnen der Perseia (38) sein.

Die beiden Kuppelgräber südlich dieses Gebäudes sind nach den beiden Agamemnonmördern Aígisthos (39) und Klytemnéstra (40) benannt, weil Pausanias berichtet (II, 16), daß diese außerhalb der Akropolismauern bestattet worden seien. Wer tatsächlich hier sein Grab hat, ist nicht bekannt.

Ein Kuppelgrab besteht aus Grabzugang (Drómos) und Grabkuppel (Thólos). Bei der einfachsten Ausführung eines Kuppelgrabes – hierzu gehört das Grab des Aígisthos – wurde ein ungedeckter Drómos in den Felsen geschnitten. Der Türsturz war nicht der Form des Gewölbes angepaßt, der Eingang hatte kein Entlastungsdreieck.

Das Aígisthosgrab zählt zu den ältesten Grabanlagen Mykénes (um 1500–1450 v. Chr.). Die dekorative Fassade, von der noch Reste zu sehen sind, kam in einer späteren Zeit hinzu.

Bei jüngeren Kuppelgräbern (1450–1400 v. Chr.)

wurde der Drómos mit Feldsteinen verkleidet. Für die Fassade wurden sorgfältig behauene Steine verwendet. Über den Türpfosten lag ein Türsturz. An seiner Innenseite war er der Wölbung der Kuppel angepaßt. Ein Entlastungsdreieck verteilt den Druck auf den Türsturz. Das Löwengrab gehört zu dieser Kategorie von Kuppelgräbern.

Zwischen 1400 und 1300 v. Chr. wurden die Kuppelgräber besonders aufwendig gebaut. Für Drómos, Fassade und Thólos wurde sorgfältig gebrochener Stein verarbeitet. Das Entlastungsdreieck fiel besonders groß aus. Die Fassade wurde durch senkrechte Linien aufgegliedert. Zu dieser Gruppe von Gräbern gehört das von Frau Schliemann entdeckte Grab der Klytemnéstra (40). Seine Fassade war mit Halbsäulen und Skulpturen geschmückt. Über dem Grab wurde in der hellenistischen Epoche ein Theater gebaut. Dessen Stufen laufen über das Grabmal.

Der Gräberkreis B (41) wird in das 16. Jahrhundert v. Chr. datiert. Er wurde zufällig entdeckt, als das Grab der Klytemnéstra restauriert wurde. Die 14 Schacht- und 12 Flachgräber bargen jedoch – obwohl ungeplündert – weniger kostbare Funde als die Gräber des Gräberkreises A. Auch im Gräberkreis B waren Angehörige der Königsfamilie beigesetzt.

Die Häuser der Unterstadt (42–45) stammen aus dem 13. Jahrhundert v. Chr.. Die Häuser wurden anhand von Funden benannt. In Haus 45 wurden möglicherweise Salböle hergestellt. Im Haus des Ölhändlers wurden Linear B-Tafeln und Fresken gefunden. Die Unterstadt wurde durch eine Mauer geschützt, die Anschluß an die Kyklopenmauer hatte.

Im Gelände westlich und südwestlich der Burg sind weitere Kuppelgräber verstreut. Das bekannteste und interessanteste von ihnen ist das sogenannte Schatzhaus der Atreus.

Das Kuppelgrab liegt an der Straße ins neuzeitliche Mykéne. Der Name geht auf Pausanias zurück (II, 16). Dieser berichtet, er habe in Mykene ein »unterirdisches Gebäude des Atreus und seiner Söhne mit vielen Geldschätzen« gefunden. Er kann nur das Kuppelgrab gemeint haben. Ein 36 Meter langer und 6 Meter breiter Drómos führt zum Thólos. Die sauber behauenen Bruchsteine sind in regelmäßigen Reihen zusammengefügt. Das Eingangstor ist 5.40 Meter hoch und 2.70 Meter breit, der Eingang 5.20 Meter tief. Die innere Platte des Türsturzes hat die gewaltigen Maße von 5 Meter Tiefe, 8.50 Meter Breite und 1.22 Meter Höhe. Sie soll 120 Tonnen wiegen. Das riesige Entlastungsdreieck ist mit Mustern verziert.

Einst war die Fassade durch Zierrat aufgelockert. An jeder Seite des Eingangs stand eine Halbsäule aus dunkelgrünem Kalkstein. Teile davon stehen im Britischen Museum in London und im Nationalmuseum in Athen.

Der innere Teil des Türsturzes ist der Gewölbeform angepaßt. Die Bruchsteine der Thólos sind akurat behauen und zusammengefügt.

Der »Bienenkorb« hat eine Höhe von 13.50 und einen Durchmesser von 14.50 Meter. Die Kuppelwölbung wird dadurch erzielt, daß jede Steinschicht die darunterliegende etwas überragt. Es entsteht so eine »falsche Kuppel«. An den Nordteil der Thólos grenzt eine rechteckige Grabkammer.

Wer in der Hochsaison inmitten einer in vielen Sprachen schwätzenden Menge in der Thólos steht, kommt sich wie in einem Bienenkorb vor. Und die Fremden flüchten nur allzu gerne in die Thólos, weil es in ihr so herrlich kühl ist.

Es empfiehlt sich, den Weg zum Heraíon über das neuzeitliche Mykéne zu nehmen. Ein alter Pfad läuft vom Parkplatz über das Grab Epáno Fournós (51) zur Quelle Epáno Pigádhi und von da zum Brunnen Káto Pigádhi. In der 150 Meter westlich vom Brunnen gelegenen Ájios Jorjios-Kirche ist Humphrey Payne (1902–1936), der Ausgräber von Perachóra beigesetzt. Von der Kirche strebt der Pfad direkt Neu-Mykéne zu.

Wer seinen Weg über die Chávos-Schlucht wählt, kommt an den Resten einer prähistorischen Brücke und an den Fragmenten eines türkischen Aquädukts vorbei.

Mykénes bekanntestes Hotel ist die »Schöne Helena« (»Belle Helene«). Hier wohnten – wie das Gästebuch ausweist – alle bekannten Archäologen, die in Mykéne gegraben haben. Vor einigen Jahren ist der ursprüngliche Hotelbau abgebrannt.

Vom neuzeitlichen Mykéne ist das Heraíon in 1 1/2 Stunden – ohne Pausen – bequem zu erwandern.

Heraíon, Quell ewiger Jungfräulichkeit

Das Heraion ist von Chónikas mit dem Fahrzeug über eine geteerte Stichstraße (2 Kilometer) zu erreichen. Chónikas ist auch die Haltestelle der öffentlichen Busse. Das Heraíon ist das bedeutendste Heiligtum der »kuhäugigen« (Homer, Ilias, IV, Vers 50) Zeusgattin Héra. Es zog sich nach Pausánias' (Beschreibung Griechenlands, II.17) auf drei Terrassen den Berg Euboías hinauf.

Héra, die Tochter des Zeusvorgängers Krónos und dessen Schwestergattin Rhéa, ist in der Argolís geboren. Deshalb erfuhr sie in dieser Gegend immer eine besondere Verehrung.

Héra ist auf seltsame Weise zu ihrem Gatten gekommen. Als Zeus wieder einmal in seiner Göttergestalt keinen Liebeserfolg hatte, verwandelte er sich in einen zerzausten Kuckuck. Mitleidig drückte Héra das Tier an ihren Busen. Flugs nahm Zeus seine wahre Gestalt an und vergewaltigte Héra. Nun mußte Héra den Göttervater heiraten. Als Göttin der Ehe konnte sie es sich nicht leisten, daß außereheliche Beziehungen von ihr ruchbar wurden.

Ganz treu scheint Héra ihrem Gatten jedoch nicht gewesen zu sein. Der Dädalosneffe Thálos soll der Vater ihres Sohnes Hephástion sein.

Der Berg, auf dem Zeus Héra verführt hatte, heißt noch heute Kuckucksberg (griechisch: Thórax).

Die Vermählung Héras mit Zeus symbolisiert vermutlich die Verschmelzung der prähellenischen mit der hellenischen Religion. Zeus blieb Weltherrscher, die oberste Repräsentantin der pelasgischen Ureinwohner, die »Große Mutter« (=Erde) wurde unter dem Namen Héra in

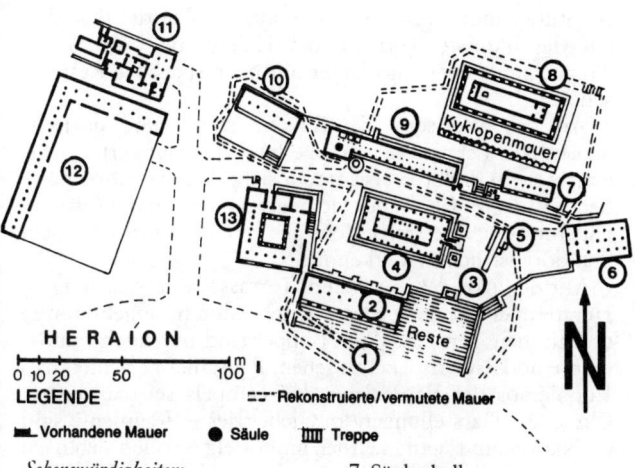

HERAÍON

LEGENDE — Rekonstruierte/vermutete Mauer

▬ Vorhandene Mauer ● Säule ⅢⅢ Treppe

Sehenswürdigkeiten:
1 Treppe
2 Säulenhalle
3 Altar
4 Jüngerer Tempel der Hera
5 Altar
6 Säulensaal
7 Säulenhalle
8 Älterer Tempel der Hera
9 Säulenhalle
10 Säulenhalle
11 Römische Thermen
12 Römisches Gymnasium
13 Festgebäude

den olympischen Götterhimmel aufgenommen. Die Ureinwohner sahen sich in der griechischen Götterwelt repräsentiert.

In Héras Heiligtum – oder in unmittelbarer Nähe – sprudelte in der antiken Zeit die Kánathosquelle. Ein Bad in ihr bescherte Jungfräulichkeit. Héra wußte dies zu nutzen. Sie erneuerte jedes Jahr ihre Jungfernschaft.

Das Heraíon muß bereits in mykenischer Zeit bedeutend gewesen sein. Hier schworen die griechischen Führer ihrem Oberfeldherrn Agamémnon vor der Fahrt nach Troja den Gefolgschaftseid.

Von Árgos zog alljährlich eine Prozession zum Heiligtum, um Héra zu ehren. Bei den Frauen stand dabei sicher der Wunsch Pate, in der Kánathosquelle zu baden und so ihre verlorene Jungfräulichkeit zurückzugewinnen.

Eine breite, majestätische Treppe (1) – sie war gleichzeitig Stützmauer – brachte in der antiken Zeit die Besucher auf die unterste Terrasse des Heiligtums. Von dieser Treppe sind heutzutage leider nur noch spärliche Reste zu sehen.

An der Westseite der Treppe stand eine dorische Säulenhalle (2), wie die Treppe im 5. Jahrhundert v. Chr. errichtet. In der Stoá erwarteten sicherlich die Ehrengäste den Festzug zu Ehren der Héra aus Árgos. An der Ostseite endeten die Treppenstufen an einem Altar (3). Sein Standort ist noch zu erkennen.

Mittelpunkt der untersten Terrasse war der jüngere Heratempel (4). Er ersetzte einen älteren, abgebrannten archaischen Tempel. Vom Tempel sind nur noch Fundamente und Säulensockel zu sehen. Pausanias berichtet, daß Eupólemos der Baumeister des Tempels sei (ca. 420 v. Chr.). Die Darstellungen im Giebelfries – Fragmente sind im Nationalmuseum in Athen ausgestellt – sollen sich nach Pausanias auf der einen Seite auf die Geburt des Zeus und den Kampf der Götter und Giganten, auf der anderen Seite auf den Krieg gegen Troja und die Eroberung von Ilion bezogen haben (II, 17).

Vor dem dorischen Tempel (Ausdehnung: 17 x 37 Meter) standen Statuen der Priesterinnen der Hera, der Heroen und des Oréstes.

Mittelpunkt der Cella war das berühmte Kultbild der Hera aus Gold und Elfenbein von Polyklet. Das Herabild wurde flankiert von der Statue der Hebe, die Naukydes geschaffen haben soll, und einer älteren Statue der Hera aus Birnbaumholz. Die Herastatue war von den Argivern 468 v. Chr. aus Tíryns geraubt worden.

Der Steinsockel ostwärts des Tempels (5) könnte ein Teil des von Pausanias beschriebenen Altars mit dem Relief der Hochzeit der Hebe und des Herakles sein. Pausanias hat diesen Altar noch gesehen.

Von der ostwärts des Altars gelegenen Säulenhalle (6) – sie bestand aus Vorhalle und Hauptsaal – sind nur noch einige Sockel der 3 x 5 Säulen zu entdecken. Vermutlich hat die Stoá Kultzwecken gedient.

Die mittlere, durch eine Kyklopenmauer abgestützte Terrasse erreichte man in antiker Zeit über eine Treppe. Diese lief auf eine Säulenhalle (7) zu. Nach Westen schloß sich eine weitere, 60 Meter lange Stoá (9) an. Beide Hallen werden um 600 v. Chr. datiert. In der westlichen Säulenhalle wurden in späterer Zeit drei Zisternen angelegt.

Auf der obersten, ebenfalls von einer Mauer gestützten Terrasse stand der ältere Heratempel (8). Nach Pausanias sei dieser Tempel aus Unachtsamkeit der Priesterin Chriseis abgebrannt, die eingeschlafen sei und so nicht bemerkt habe, daß Kränze in Brand geraten seien.

Der alte Heratempel war ein Holzbau im Perípterosstil. Er war im dorischen Stil anfangs des 7. Jahrhundert v. Chr. auf Felsengrund errichtet worden. Nur die Cella war aus Stein. Mitte des 7. Jahrhunderts wurde das Dach mit Ziegeln gedeckt. Den Tempel umlief eine Ringhalle mit hölzernen Säulen.

Der Heratempel war einer der ältesten Tempelbauten Griechenlands. Er dürfte dem Terrakottamodell geglichen haben, das im Heraíon gefunden worden ist.

Imposanter als die Ruinen ist zweifelsohne der Blick ins Ínachostal und auf die Gebirgsketten, die sich jenseits der argolischen Ebene auftürmen.

Westlich der Längsstóa (9) erkennt man die Fundamente einer weiteren Säulenhalle (10). Noch weiter westlich war der römische Bezirk: Thermen (11) mit einem sehenswerten Mosaikfußboden und ein Gymnasium, dessen Nord- und Westseite Säulen begrenzten.

Auf dem Rückweg zum Eingang kommt man an einem quadratischen Gebäude im dorischen Stil (13) vorbei. Der etwas tiefer als der jüngere Heratempel gelegene Bau war vermutlich ein Festgebäude aus dem 6. Jahrhundert v. Chr.. Den quadratischen Innenhof umliefen in zwei Reihen Säulen.

Reiche Bronzefunde im Heraíon bestätigen, daß Árgos in der geometrischen und archäischen Periode in der Bronzeverarbeitung führend war.

Oberhalb des älteren Heratempels sollen in der mykenischen Zeit Häuser gestanden haben.

Vielleicht ist der Besucher enttäuscht von seiner archäologischen Ausbeute. Zu sehen sind nur noch Terrassenreste, Fundamente, Zyklopenmauern, Säulensokkel und einige antike Trümmer. Auch die Quelle des

Kánathos sprudelt nicht mehr. Der betörende Blick in die argolische Landschaft entschädigt jedoch für entgangene archäologische Attraktionen.

Ich genieße den Schatten der fünf Pinien am Eingang. Der Wärter mir gegenüber schneidet sich gerade den Mittagssalat in seinen Teller. Ab und zu nimmt er einen Schluck aus einer riesigen Flasche. Bei Fremden hätte ich Zweifel am Inhalt der Flasche. Aber Griechen sind leidenschaftliche Wassertrinker.

Friede liegt über dem Heraíon. Nur eine vielleicht vierzigjährige, klapperdürre Frau stakelt durch das Heiligtum, taucht mal hier, mal dort auf. Jede Brise bläht ihr farbenarmes Kleid auf, täuscht Rundungen vor, wo nur Knochen sind. Die Dürre baut sich vor dem Wärter auf, will wissen, wo die Kánathosquelle ist. Der Wärter wirft mir einen Blick zu. »Den échi edhó, íne stin Ariá, stin ajía Moní«. »Sie ist nicht hier; sie ist in Aría, im heiligen Kloster«. Ich verstehe: Die Dürre sucht die Quelle der ewigen Jungfernschaft. Warum nur? Sie hätte eher eine Quelle ewiger Jugend nötig.

Das Wissen, wo die Kánathosquelle sprudelt, ist mit der Zeit verloren gegangen. So kommt es, daß viele Frauen das Heiligtum der Héra enttäuscht verlassen.

Heraíon – Chónikas

Héra hat sich für ihr Heiligtum einen wahrhaft idyllischen Platz ausgesucht. Der Streit mit dem Meeresgott Poseídon hat sich gelohnt. Dieser hatte aus Rache zwar Héra das Wasser verweigert, das argolische Becken – so Homer – zu einer »durstigen« Region werden lassen, aber die Argiver hatten sich zu helfen gewußt. Sie hatten tiefe Brunnen gegraben und so die Argolís – wieder nach Homer – zu einem »rosseernährenden« Gebiet gemacht.

Heutzutage trocknet der Ínachos-Fluß in der heißen Jahreszeit ebenso wie in der Antike aus. Aber uralte Zisternen und moderne, durch Windräder getriebene Brunnen ringen Poseídon das kostbare Wasser ab. So ist die Argolís eine fruchtbare Oase, in der sich Aprikosen-,

Zitrus- und Maulbeerbaumhaine abwechseln. An den Rändern des Beckens dörren, auf Schnüren gereiht oder auf Eisenpfählen gespießt, goldgelbe Tabakblätter.

Nächstes Wanderziel sind drei mittelbyzantinische Kirchen im Herzen der Argolís. Ich gebe den Schatten der Pinien auf, suche mir einen Pfad durch das Gelände südlich des Heraíons, überwinde die kleine, schon bekannte Schlucht. Auf einem Schotterweg geht es, begleitet von der Schlucht, in südwestliche Richtung. Eine Teerstraße kommt von Nordwesten, macht meinen Schotterweg zur Asphaltstraße. Der Wanderweg mündet bald in die Teerstraße Mykéne – Chónikas. Nur gut, daß diese Straße selten befahren wird. Nach zehn Minuten stehe ich am Orteingang von Chónikas.

Chónikas ist eines der reichsten Dörfer der Argolís. Sauber und geräumig fallen die Häuser aus, gepflegt und farbenprächtig sind die Gärten.

Zur Kirche »Kímisis tis Theotókou« folgt man zunächst der Ausschilderung nach Náfplio. Bei der Hinweistafel »Byzantino« biegt man nach rechts ab. Am Ende der Straße ist die byzantinische Kirche bereits sichtbar.

Der Kirchenvorplatz ist das Zentrum des Dorfes. Ein Maulbeerbaum beschattet die Stühle eines Kafenions und den Eingang der Kolonialwarenhandlung des »Kritikós«, des »Kreters«. Wenn der Eigentümer wirklich ein Kreter ist – schon der Heilige Paulus hielt die Kreter für »Lügner, böse Tiere und faule Bäuche« – sollte man bei einem Geschäft mit ihm auf der Hut sein. Ich trinke im Schatten des Maulbeerbaumes meinen Eiskaffee, verfolge im Gelände noch einmal meinen Wanderweg über den Profítis Ilías-Berg. Ich habe Muße, die Kímisis tis Theotókou-Kirche auf mich wirken zu lassen.

Viele Kirchen Griechenlands sind der Himmelfahrt Marias (Kímisis tis Theotokou) geweiht. Die byzantinische Kirche aus dem 12. Jahrhundert in Chónikas gehört zu ihnen.

Die Kirche beherrscht den Platz. Das Gotteshaus thront, wie antike Tempel, auf einem dreistufigen, marmornen Unterbau. Zu sehen ist allerdings nur noch die oberste Stufe. Antikes Baumaterial – vermutlich aus dem

Heraíon – wurde, wie an einigen Stellen erkennbar ist, für den Kirchenbau verwendet.

Der Reiz des Gotteshaus liegt in seinem Äußeren. Das Kircheninnere wurde im 19. und 20. Jahrhundert neu gestaltet und ist wenig sehenswert. Die etwa 9 x 15 Meter messende Kirche ist aus gelbem, heute teilweise schon recht verwittertem Kalkstein gemauert. Dunkelrote Ziegelbänder trennen die Quadersteine horizontal und vertikal voneinander (Choisonné-Technik). Kirchenkanten und Türfassungen sind durch wuchtige Marmorblöcke verstärkt. Zahnleisten untergliedern den Bau horizontal. Übermannsgroße Marmorkreuze flankieren die Kircheneingänge.

Über den Türen spannen sich, wie es bei orthodoxen Kirchen üblich ist, dreifache Ziegelbänder. Die verzierten Rechtecke neben den Portalen – vermutlich sind die Verzierungen stilisierte, arabische Schriftzeichen – haben offensichtlich nur dekorativen Zweck.

Drei kantige Apsiden stützen den Altarraum optisch von außen ab. Eine Seltenheit ist die marmorne Täfelung der Apsidenseite. Das mehrfach untergliederte Dach wird von einem achteckigen, 2.20 Meter hohen Tambour überragt. Der Glockenturm an der Westseite ist in der Mitte unseres Jahrtausends hinzugebaut worden.

Die Kirche ist meist verschlossen. Dies ist kein Malheur. Die Kirche ist innen wenig sehenswert. Das ursprüngliche Innenleben wurde hinwegrestauriert.

Die Maria Himmelfahrts-Kirche ist das Schmuckstück von Chónikas, ohne protzig aus dem Dorfrahmen zu fallen.

Einkehren kann man in Chónikas nur in einfachen Kafenia. Eines davon ist gleich gegenüber der Kímisis tis Theotókou-Kirche.

Chónikas – Plataníti

Von Chónikas nach Plataníti (3 Kilometer) kann man die Teerstraße gut meiden. Am Südausgang des Ortes zweigt eine Schotterstraße nach Süden ab. Zwischen Maulbeer- und Zitrusbäumen wandert man parallel zur geteerten Hauptstraße –, durchquert das Bett des Xeriás-Baches.

Die mittelbyzantinische Kirche »Kímisis tis Theotókou« in Chónikas

Die Ortschaft Anífi kann man umgehen. Wer allerdings seinen Wanderdurst löschen möchte, muß einen Abstecher in den Ortskern machen. Dort warten zwei Kafenia auf ihn. Ich gebe dem Kafenion »I Sinántisis« den Vorzug, weil hier eine Überdachung für Schatten sorgt.

Von Anífi nach Plataníti (1 Kilometer) kann man wiederum eine Schotterstraße benutzen.

Die unscheinbare Metamórfosis-Kirche versteckt sich am Nordeingang von Plataníti – ostwärts der Durchgangsstraße – unter einem Maulbeerbaum. Ihr Blickfang ist die wuchtige Trommel. Das Gotteshaus ist nicht verschlossen. An den Fresken nagt die Fäulnis. Die Motive sind kaum noch zu erkennen. Die Ikonostase dürfte aus Marmor sein.

Unkundige Hände haben unnatürlich nachmaseriert.
Die prunkvolle Goldumrahmung der Metamorfosisikone empfinde ich als Stilbruch.
Die Metamórfosis-Kirche ist so gut versteckt, daß Autowanderer sie leicht übersehen können.

Plataníti – Ajía Triás

Eigentlich lohnt es nicht, für das kurze Wegstück von Plataníti nach Ajía Triás einen Umweg über die Schotterstraße zu machen. An der Teerstraße liegen auch Kafenia und die Taverne »Farída« des Tásos Koutrás, in der man ein bescheidenes Mahl erhält, wenn die Ehefrau des Tásos nicht gerade ihren Mittagsschlaf hält.

Die Schotterstraße umgeht den Kern von Ajía Triás. Sie erreicht den Ort erst in seinem Südteil.

Die Panajía-Kirche liegt am Südausgang des Dorfes, rechts der Straße nach Nafplio, inmitten eines Friedhofes.

Agías Triás hieß noch vor wenigen Jahren Mervaka. Der alte Name soll sich von Wilhelm van Moerbeke, einem fränkischen Bischof aus Korinth, ableiten. Agías Triás gehört zu den größeren Dörfern der Argolís. Zur Panajía-Kirche – angeblich der schönsten Kirche der Argolís – verirren sich schon des öfteren Fremde.

Die große, aufwendig, jedoch nicht aufdringlich gebaute Viersäulenkirche stammt aus der zweiten Hälfte des 12. Jahrhunderts. Das Kircheninnere wurde im 16. Jahrhundert neu gestaltet; ein Glockenturm wurde hinzugebaut. Wie die Kirche in Chónikas steht die Panajía-Kirche auf einem dreistufigen Unterbau. An der Nordostseite sind die drei Stufen noch gut zu erkennen.

Auch bei dieser Kirche wurde antikes Material aus dem Heraíon verbaut. Die Götter der Griechen sind gestorben, aber das Baumaterial ihrer Tempel gereicht neuen Göttern zur Ehre.

Ein mannshoher Sockel umläuft das Kirchenschiff. In die Steine sind – zum Beispiel links neben der Tür des Nordeingangs – altgriechische Schriftzeichen geritzt. Sie haben Jahrtausende ohne Schaden überstanden. Die sauber behauenen Kalksteine unterschiedlichen Formats sind zum Teil schon recht verwittert.

Die mittelbyzantinische Kirche »Metamórfosis« in Plataníti

Die Kirche hat dieselben Maße wie der Bau in Chónikas, wirkt aber schlanker. Dazu tragen wohl die acht schmalen Säulen am Tambour bei.

Das feingegliedrige Gotteshaus ist verschwenderisch verziert. Zahnleisten und Mäanderbänder lockern die Architektur auf. In einzelne Kalksteine sind Reliefs (Weinranken, Fische, Muscheln) gemeißelt.

Links neben der Tür der Südseite zieren die schmalen Ziegelsteinbänder – oft kaum wahrnehmbar – Perlschnüre, Rankenwellen und geometrische Zeichen. Die Fayenceschalen im Ziegelwerk der Giebelfenster funkeln im Sonnenlicht.

An der Südseite ist links oben eine byzantinische Uhr, rechts oben ein antikes Grabrelief ins Mauerwerk integriert. Zwei ähnliche Grabreliefs sind auch an der Nordseite zu sehen.
Der Bau wirkt geschlossen und ausgewogen. Architektur und Material ergänzen sich harmonisch.
Die Kirche ist meist verschlossen.
Das Kircheninnere ist in Dunkelheit getaucht. Vielleicht ist das auch gut so. Sehenswert sind ohnehin nur die korinthischen Kapitelle der Kuppelsäulen. Sie sind nicht antiker Herkunft, sondern byzantinische Nachbildungen.

Ein Bus entläßt seine Menschenladung in den Friedhof. Zwischen den weißen Marmorgedenkstätten kämpfen Touristen um die besten Foto- und Filmstandorte.

Ajía Triás – Tíryns

Auf den nächsten Kilometern muß der Wanderer auf Kafeniabesuche verzichten. Der Weg streift keine Ortschaft. Aber diese vier Kilometer sind sicher auch ohne Einkehr zu schaffen.
Gegenüber vom Friedhof läuft eine Schotterstraße auf einen markanten Berg (Profítis Ilías, 133 Meter, mit Kirche auf dem Gipfel) zu. Im Nahbereich sind zwei Silos (rot und weiß; rotes Silo trägt die Aufschrift TITAN) der nächste Anlaufpunkt. An den Silos biegt ein Schotterweg nach Osten (links) ab. Dieser passiert Schilf, Feigenbäume und unappetitliche Müllhalden. Der Abfall verleidet mir die rostroten, überreifen Früchte. Nach 300 Meter trifft der »Müllweg« auf eine löcherige Asphaltstraße. Auf dieser wandert man, durch Zitrushaine, nach Süden. Bald wird der Asphalt durch Schotter abgelöst. Eine große Halle links des Weges und eine kleine Furt künden, daß der Wanderer auf dem richtigen Weg ist.
Nach einer weiteren Mulde (Furt) biegt man nach Südwesten (halbrechts) ab. 300 Meter hinter der Abzweigung muß man sich entscheiden, ob man das Tholos-Grab am Westhang des Profítis Ilías-Berges direkt angehen – man wählt dann den südwestwärts zielenden Weg –

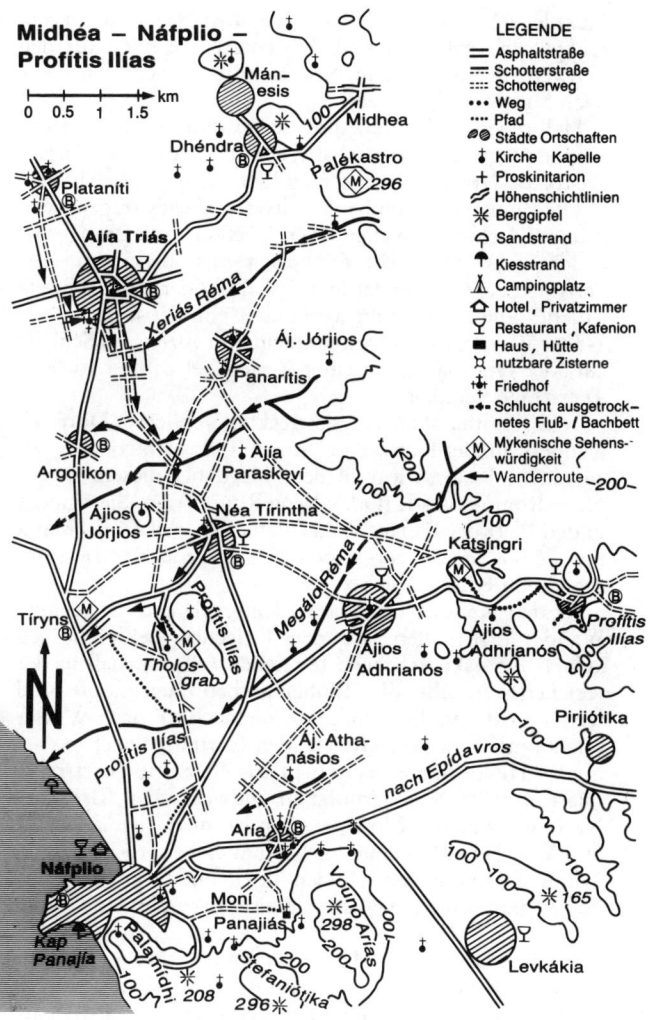

(geradeaus) – oder auf dem Umweg über Néa Tírintha zum Kuppelgrab gelangen will. Ich entscheide mich für den Umweg, der Kafenia in Néa Tírintha wegen. Ich biege nach Südosten (links) ab.

Halbrechts hält die Ájios Jórjios-Kirche eine flache Kuppe besetzt. Der schattige Ort wäre ein idealer Rastplatz. Notfalls könnte man hier sogar übernachten.

Die Orangenbäume beiderseits des Weges tragen noch grüne Früchte. Zuweilen aber leuchtet eine orangerote Frucht aus den Blättern hervor. Ist dies nun eine vertrocknete Orange der letzten Ernte oder eine frühreife Frucht? Die Einzäunung verhindert eine Kostprobe.

Der Wanderweg schwingt in einer großzügigen Schleife auf Néa Tírintha zu. An einer Wegegabel wird er zu einer Teerstraße veredelt.

Néa Tírintha ist ein langgestrecktes, gepflegtes Dorf. Ich wandere auf der Kotsonáras-Straße (Odós Kotsonáras) bis zu einem Kolonialwarenladen, biege bei diesem in die Néou Roïnou-Straße (Odós Néou Roïnou) ein. Sie mündet in den Platz der Panajía Zóni (Platía Panajías Zónis/Maria mit dem Gürtel), der seinen Namen von der riesigen, modernen Kirche ableitet.

In den Kafenia des Platzes kann ich endlich meinen Wanderdurst stillen. Zu den Griechen bekomme ich keinen Kontakt. Ich habe feststellen müssen, daß in der »reichen« Argolís die Einheimischen zugeknöpft und wenig gastfreundlich sind. Auf meine Bitte nach Wasser reichte mir heute ein Grieche den Gartenschlauch.

Das Tholosgrab erreicht man nur über eine Teerstraße. Diese verläßt Néa Tírintha in südwestlicher Richtung. Nach gut einem Kilometer wendet man sich an einer Straßengabel – dort steht auch der Wegweiser »To Tholos Tomb of Tiryns« – nach Süden (links) und biegt nach etwa 300 Meter in einen in gleicher Weise ausgeschilderten Weg ein.

Nach weiteren 300 Metern zeigt ein rechtwinklig nach links abgehender Pfad direkt auf das Tholosgrab.

Das Grab liegt in einem neu gepflanzten Orangengarten. Im 13 Meter langen Drómos aus behauenem Stein haben zwei Feigenbäume Wurzeln geschlagen. Ein Wasserrohr überquert den Grabzugang.

Die Thólos aus ebenfalls behauenem Stein hat eine Höhe und einen Durchmesser von je 7.50 Meter. Die Kuppel endet in einem röhrenartigen Gebilde, das nach oben durch eine Platte verschlossen ist.

Die Bedeutung des mächtigen Felsblocks rechts vom Tholoseingang gibt mir Rätsel auf. In die Tholossteine sind Namen und Zeichen eingeritzt. Sicher stammen sie nicht aus mykenischer Zeit. Ich traue es den Griechen schon zu, daß sie sogar an diesem Totenort ihre Wahlreklame anbringen. Aus dem Fehlen eines Entlastungsdreiecks über dem Türsturz schließe ich, daß das Thólosgrab zum Typ der ältesten Kuppelgrabanlagen gehört.

Zur Burg von Tíryns wandert man zurück zur Gabel der Teerstraßen mit dem Hinweisschild. Von hier geht es etwa 1.2 Kilometer auf Asphalt in südwestliche Richtung. Die Straße säumen eingezäunte Zitrusplantagen. Man scheint den Touristen, die Tíryns besuchen, nicht zu trauen und schützt seine Gärten durch Zäune.

Die wuchtige Burg von Tíryns wirkt aus der Ferne wie eine Barriere, die sich vor die Wanderstraße legt.

Tíryns, Konkurrenzburg von Mykéne und Árgos

Tíryns ist nach Mykéne die bedeutendste mykenische Burg. Die Akropolis sitzt auf einer schmächtigen Hügelfalte (Paläokastro, 26 Meter hoch) inmitten des üppigen Ínachosbeckens. Zum Meer hin sind es nur etwa zwei Kilometer. Die Burganlage liegt unmittelbar an der Straße Árgos – Náfplio. Die Kyklopenmauern sind von dieser Straße gut zu sehen.

Der Name Tíryns läßt sich mit »Stadt der Türme« übersetzen. Pausanias meint allerdings, daß Ort und Burg nach dem Heros Tíryns, einem Sohn des Zeussprößlings Árgos, benannt sei.

Mythologischer Gründer von Tíryns ist der Danaide Proítos, ein Zwillingsbruder des argivischen Königs

Akrísios. Proítos ließ sich von lykischen Riesen die Kyklopenmauer der Akropolis bauen.

An seinen Töchtern hatte Proítos wenig Freude. Sie brüsteten sich, schöner als Héra zu sein. Die Zeusgattin verwandelte sie kurzer Hand in Kühe und ließ sie durch die Peloponnes irren.

Perseus, Sproß einer Liebschaft des Göttervaters mit der Akrísiostochter Danae, tauschte Tíryns gegen Ágros ein. Eurýstheus, ein Nachkomme des Pérseus, schnappte dem Held Hérakles mit Hilfe der rachesüchtigen Héra sein rechtmäßiges Erbe Tíryns und dazu noch die Argolís weg. Herakles mußte zudem als Sühne für die Ermordung einiger Söhne und Neffen für Eurýstheus zwölf schwere Arbeiten verrichten. Seine Nachkommen wurden von Eurýstheus aus der Peloponnés vertrieben.

Vier Generationen später holten sich die Herakliden die Peloponnés zurück. Témenos wurde Herrscher über die Argolís.

Die Rückkehr der Heraklíden symbolisiert die Eroberung der Peloponnés durch die Dórier. Diese sahen sich folgerichtig als die rechtmäßigen Herren der Peloponnés an.

Es ist historisch belegt, daß Tíryns bereits in neolithischer Zeit besiedelt war.

Aus der frühhelladischen Epoche stammt der Mauerrest eines Rundgebäudes (Durchmesser: 28 Meter), der unter dem Königspalast entdeckt wurde.

Tíryns ist zweifelsohne älter als Mykéne. Darauf deuten auch die Aussagen der Mythologie hin.

Um 1425 v. Chr. wurde der Tírynshügel mit einer Burg befestigt. Aus dieser Zeit stammen die Bauwerke, die aus relativ kleinen, horizontal sauber geschichteten Steinen errichtet wurden. Im wesentlichen sind dies die Bauten der südlichen Oberburg.

In der zweiten Bauphase (um 1350 v. Chr.) kamen die Bauwerke der Mittelburg hinzu. Das Mauerwerk besteht aus größeren Steinen, die nicht mehr sauber horizontal geschichtet sind.

Zwischen 1300 und 1230 v. Chr. wurden die Unterburg, die Galerien im Osten (7) und Süden (10) und die

Westbastion (29) mit der Westpforte hinzugebaut. Zum Mauerbau wurden große, grobbehauene Blöcke verwendet. Zwischen den Kyklopensteinen wurden Füllsteine eingefügt.

Der Palast ist der letzten Bauphase zuzuordnen.

Nach der Zerstörung der Burg um 1200 v. Chr. – vermutlich durch Brand oder ein Erdbeben – blieb die Gegend um Tíryns weiterhin bewohnt. Um 700 v. Chr. wurde innerhalb der Burganlage ein Hera-Tempel erbaut. Aus diesem Tempel raubten die Argiver im Jahr 468 v. Chr. das Kultbild der Hera und stellten es im Heraíon wieder auf. Die Stadt selbst wurde zerstört. Die Einwohner von Tíryns wanderten daraufhin aus und gründeten in der Nähe des heutigen Portochéli die neue Stadt Halieis.

Als Pausanias Tíryns besuchte (2. Jahrhundert n. Chr.), war die Stadt unbewohnt. Es standen lediglich noch die Mauern der mykenischen Burg. Pausanias hielt sie für das Werk von Kyklopen. Jeder Stein war so groß, daß seiner Meinung nach ein Gespann von Maultieren nicht in der Lage war, ihn von der Stelle zu bringen (II, 25).

Seit 1831 wird Tíryns freigelegt. 1884 und 1885 gruben H. Schliemann und W. Dörpfeld in Tíryns.

Die Höhenlage bot der Akropolis keinen wirksamen natürlichen Schutz. So mußte die Burg durch mächtige Mauern gesichert werden. Da in antiker Zeit der argolische Golf bis fast an den Burghügel reichte, war Tíryns auch von der Seeseite bedroht.

Die Burg ist intimer, aber auch übersichtlicher als Mykéne. Sie ist eine Terrassenanlage, die durch eine 700 Meter lange und bis zu 17 Meter dicke Kyklopenmauer geschützt wird. Über die 50 Meter lange, sogar für Wagengespanne nutzbare Rampe (1) – der Angreifer bietet auf ihr seine ungeschützte Schwertseite dem Verteidiger dar – gelangt man zum in nachmykenischer Zeit verengten Haupteingang (2), von da ins Burginnere. Man kann sich nun zur Unterburg wenden oder durch einen Gang (3) zum Haupttor gelangen. Das Tor konnte in mykenischer Zeit mit zwei Flügeltüren geschlossen werden. Zwei weitere Tore (5) – sie sind heute nicht mehr zu sehen – waren eine zusätzliche Sicherung der Burg.

Sehenswürdigkeiten

1 Rampe
2 Haupteingang
3 Schmaler Gang zum Haupttor
4 Haupttor
5 Tore (nicht mehr vorhanden)
6 Vorhof
7 Ostgalerie
8 Großes Propylon (Vorhalle)
9 Äußerer Palasthof
10 Südgalerie
11 Turm mit zwei Räumen
12 Gewinkelter Gang
13 Kleines Propylon
14 Wachhäuser oder Archivräume
15 Innerer Palasthof
16 Megaron des Königs
17 Vorraum des Megarons
18 Wohnräume
19 Baderäume
20 Gang zum Ostflügel
21 Hof
22 Kleines Megaron (fälschlicherweise Megaron der Königin genannt)
23 Wohnräume
24 Vermutlich Wohnhäuser
25 Plattenweg
26 Turm
27 Westtreppe
28 Westpforte
29 Westbastion
30 Kleine Pforte
31 Galerien (Kasematten?)
32 Apsidenhaus aus frühhelladischer Zeit
33 Gebäude der Unterburg
34 Unterirdischer Gang
35 Pforte mit Wächterkammer

Den Vorhof (6) begrenzten im Osten und Süden Säulenhallen. Im Osten sind noch einige Säulensockel zu erkennen. Über eine Treppe geht es hinunter in die Ostgalerie (7). Sie diente, wie auch die anderen Galerien, vermutlich Verteidigungszwecken, vielleicht auch der Vorratshaltung. In späterer Zeit wurden in der Galerie Schafe oder Ziegen gehalten, wie die von Fellen abgeschliffenen Wände vermuten lassen.

Durch das große Propylon (8) betritt man den äußeren Palasthof (9), den vermutlich ebenfalls Säulenhallen umliefen.

Über einen Pfad und eine überwölbte Treppe erreicht man die fünfkammerige Südgalerie (10). Die Westseite sichert ein zweiräumiger Turm (11).

Durch das kleine Propylon (13) tritt man – vorbei an einem Wachhäuschen oder einem Archivraum (14) – in den Inneren Palasthof (15). Säulensockel lassen vermuten, daß dieser an drei Seiten von Säulenhallen umgeben war.

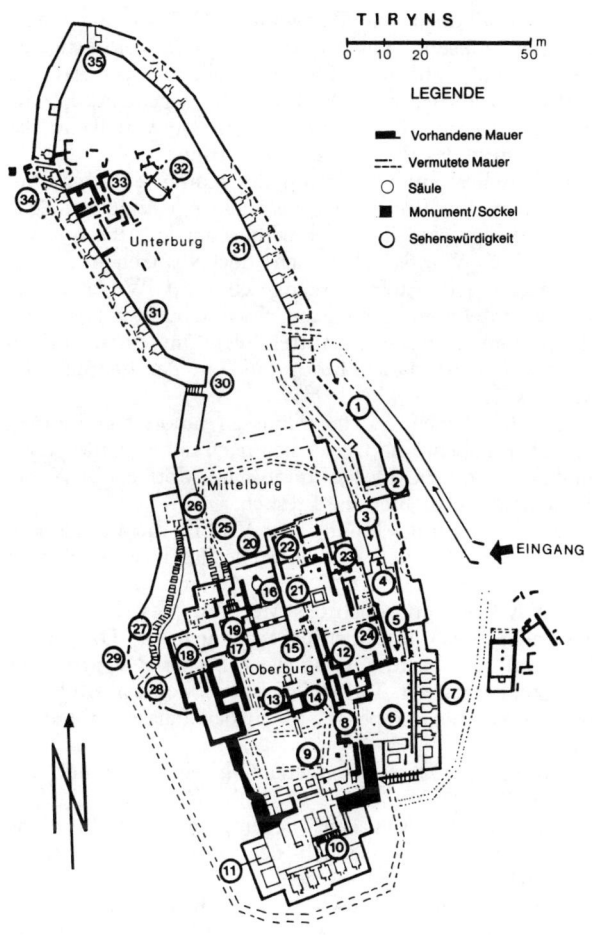

Fast in der Mitte des Hofes steht ein mykenischer Rundaltar.

An die Nordseite des Inneren Palasthofes grenzen die königlich Gemächer (17–19).

Der Fußboden des Baderaumes (19) ist aus einem einzigen Kalksteinblock gefertigt. Er mußte vor Fertigstellung der Palastanlage an Ort und Stelle transportiert und dort bearbeitet werden. Der Boden ist so geneigt, daß das Wasser in eine Ablaufrinne sickern und von da in das Kanalsystem des Palastes abfließen kann.

Das mehrräumige Megaron des Königs (16) war mit einem bemalten Bodenbelag aus Kalkstein ausgelegt. Teile dieses Belags sind im Nationalmuseum in Athen ausgestellt. Die Wände über den Sockelbänken mit den Alabasterreliefs waren freskengeschmückt (Wildeberjagd, Frauenprozession, Frauen auf Wagen bei der Jagd). Im Hauptraum waren vier Mittelsäulen um einen runden Herd gruppiert. Der Thron stand an der Ostseite des Raumes.

Die königlichen Gemächer müssen minoischen Räumen geglichen haben: minoische, sich nach unten verjüngende Säulen trugen die Decke, minoische Motive (Delphine, Tintenfische) belebten die Fresken.

Das Megaron des Königs war Vorbild für die späteren griechischen Tempel. An die Stelle des Herdes trat das Kultbild.

Ein Korridor nördlich des Megarons des Königs (20) verbindet West- und Ostflügel miteinander. Das kleine Megaron (22) wird fälschlicherweise als Megaron der Königin bezeichnet. Tatsächlich ist das Megaron ein Raum aus der zweiten Bauphase, der in den Palast einbezogen wurde.

Im Raum (22) standen ebenfalls ein Herd und ein Thron.

Ostwärts des Megarons liegen weitere Wohnräume (23). Die Gebäude südlich der Wohnräume könnten Wohnhäuser (24) gewesen sein.

Der Plattenweg (25) – er besteht heute teilweise nur noch aus getretenem Boden – verbindet den Westflügel mit der Mittelburg. Er endet am Turm (26). Dieser sicherte die geschwungene, enge Westtreppe (27), über die man die Westpforte (28) erreichen konnte.

Die Mauer der Westbastion (29) war besonders stark gehalten worden, um möglichst viele Verteidiger auf der Mauer postieren zu können. Von der Mauerkrone konnte auch die Westtreppe (27) gut kontrolliert werden, die ohnehin immer nur von zwei Angreifern im vordersten Glied erstürmt werden konnte.

Nichts läßt darauf schließen, daß die Westpforte durch eine Tür verschlossen werden konnte. So wird man sie wohl zugemauert haben, wenn Krieg zu befürchten war.

Die Unterburg kann man vom Haupteingang (2) betreten. Zugang ist auch über zwei eigene Tore (30, 35) möglich. Die Besiedelung der Unterburg seit frühelladischer Zeit beweisen die Bauten (32) und (33).

Die Galerien (31) haben sich wohl für Verteidigungszwecke nicht bewährt. Sie wurden wieder zugemauert.

Zu Wasserreservoirs führten zwei unterirdische Gänge (34).

Häuser südlich der Kasse und westlich der Kyklopenmauer belegen, daß das Territorium um die Akropolis spätestens in spätmykenischer Zeit bebaut worden war.

Die Kyklopenquader für die Burgmauer wurden in den Steinbrüchen des Profítis Ilías-Berges – ein Kilometer ostwärts der Akropolis – gewonnen.

Mit der Besichtigung der Akrópolis endet die Wanderung durch den Südteil des Nomós Korinthía und durch die Argolís. Nach vier bis fünf Wandertagen wird eine Erholungsphase in Árgos oder in Náfplio vielleicht ganz gelegen kommen.

Der öffentliche Bus in beide Städte fährt jede halbe Stunde vom Kafenion des Kritsdhíla Stávros an der Straße Árgos – Náfplio ab. Die Wartezeit läßt sich mit einer Erfrischung verkürzen.

Wer auf einen Besuch von Árgos oder Náfplio verzichten will, kann von Tíryns nach Ájios Adhrianós weiterwandern und dort Anschluß an die Wanderung Náfplio – Epídhavros gewinnen.

Árgos – in der Antike, wie heute, Mittelpunkt der Argolís

Überblick

»Die Stadt der Argiver (d. h. Árgos) liegt... größtenteils in einer Ebene, hat eine Burgfeste namens Lárissa, einen mäßig befestigten Hügel,... Nahe bei ihr fließt der Ínachos, ein reißender Bergstrom, der seine Quellen auf dem (Berg) Lýrkeus hat«.

Strabos Beschreibung der Stadt Árgos (VIII, 6) trifft noch heute zu. In der heißen Jahreszeit trocknet der Ínachos allerdings, wie die anderen Flüsse der Argolís, aus. Im Winter hingegen stürzt er brüllend dem Meer entgegen.

Árgos ist mit etwa 20 000 Einwohnern der größte Ort des Nomós Argolís. Hier kreuzen sich zahlreiche Buslinien. Auch an das Eisenbahnnetz ist der Ort angeschlossen.

Als Stadt hat Árgos wenig Reize. Da ist ein Bummel durch das benachbarte Náfplio schon reizvoller. So hat Náfplio bei den Touristen Árgos den Rang abgelaufen.

Die Häuser des ländlichen Ortes sind flach, wohl zum Schutz gegen Erdbeben, die die Stadt schon einige Male, wie Korínth, dem Erdboden gleichgemacht haben. Die Gassen im Kern sind eng und meist verkehrsüberladen.

Das Herz des Ortes ist der Ájios Pétros-Platz (Platía Ajíou Pétrou) mit der gleichnamigen, riesigen Kirche. Platz und Kirche sind nach einem Bischof von Árgos benannt. Den Platz säumen Hotels, Kafenia und Geschäfte. In unmittelbarer Nähe, in der Straße des Königs Georg (Odós Vas. Jorjíou/Odós Vas. Georgíou) fahren die Busse ab.

Auf dem Platz nördlich des Ájios Pétros-Platzes, dem Platz der Demokratie (Platía Dimokratías), wird täglich Markt gehalten. In der Verbindungsstraße zwischen Haupt- und Marktplatz, der Vas. Olga-Straße (Odós Vas. Olgás) versteckt sich das archäologische Museum.

Über die Stadt und die Argolís wacht die Ruine der Lárissa-Burg (289 m). Die Argiver nennen die Burg »Kástro«, die Festung.

Von der Lárissa zieht sich ein Kamm zum Ájios Ilías-Berg, der in der Antike Aspís hieß und ebenfalls mit einer Burg bewehrt war.

Glaubt man dem Mythos, so hieß Árgos in prähistorischer Zeit nach seinem Gründer Phoronéus, einem Sohn des Flußgottes Ínachos, Phorónikon. Die Söhne von Phoronéus, Pélasgos, Jáson und Ágenor, teilten die Peloponnés unter sich auf.

Seinen jetzigen Namen leitet der Ort von dem hundertäugigen Riesen Árgos her, einem Sohn von Zeus und der Niobe. Der Riese mußte die von der eifer- und rachesüchtigen Hera in eine weiße Kuh verwandelte und an einen Ölbaum gefesselte Zeusgeliebte Io bewachen. Der Götterbote Hermes überlistete ihn jedoch und befreite die Kuh. Hera ließ diese nun von einer Steckmücke durch die ganze Welt hetzen. Die Nachkommen dieser Stechmücke jagen in unseren Tagen die Touristen.

Aus Arabien flüchtete Dánaos mit seinen 50 Töchtern nach Árgos. Sein Verfolger Aígyptos, Herrscher von Ägypten, verfolgte Dánaos bis nach Árgos, um seine 50 Söhne mit den Danaostöchtern zu verheiraten. Auf Geheiß ihres Vaters töteten diese jedoch ihre Freier in der Hochzeitsnacht durch Nadelstiche ins Herz. Die Danaostöchter wurden daraufhin von den Richtern des Totenreiches dazu verurteilt, auf ewige Zeiten Wasser in ein Faß ohne Boden zu schöpfen.

Hintergrund des Danaosmythos könnte die Unterwerfung der pelasgischen Ureinwohner durch arabische Siedler sein. Die tödlichen Nadelstiche könnten dabei die Todesart der argivischen Könige am Ende ihrer Regentschaft symbolisieren.

Aus Árgos stammt Diomédes, einer der tapfersten Führer der Griechen im trojanischen Krieg.

Reste der Kyklopenmauer und frühhelladische Gräber weisen Árgos als eine der ältesten Städte Griechenlands aus. Erste Siedler waren 2000 v. Chr. die Pelasger.

In der mykenischen Epoche wurde der Lárissa-Berg mit einer Akropolis befestigt. Die Herrscher von Árgos standen in ständigem Konkurrenzkampf mit Mykéne und Tíryns.

Während in der dorischen Zeit Mykéne und Tíryns untergingen, blieb Árgos ein politisches und kulturelles Zentrum der Peloponnés. Die Siedlungen in der Argolís wurden unterworfen. Náfplio wurde der Hafen von Árgos. Pflanzstädte sorgten für den Wohlstand der Stadt. Pheidon, ein argivischer Herrscher, stieß mit seinem Heer bis zum Álphios-Fluß in Élis vor. Er gilt als der Erneuerer der olympischen Spiele.

Im Kampf um die politische Vorherrschaft über die Peloponnés blieb Árgos im 6. und 5. Jahrhundert v. Chr. gegen Spárta meist nur zweiter Sieger. Kulturell aber behauptete sich die Stadt als Mittelpunkt der Halbinsel. Hier war die Bildhauerschule des Polyklet ansässig, hier focht die Dichterin Telésilla nicht nur mit Worten, sondern sie verteidigte, zusammen mit anderen argivischen Frauen, Árgos auch gegen die anstürmenden Spartaner mit der Waffe in der Hand (495 v. Chr.).

Als Gegnerin von Spárta stand die Stadt im Peloponnesischen Krieg auf der Verliererseite, wurde in der Schlacht von Mantinéa (418 v. Chr.) entscheidend geschlagen. Vor Árgos fand Pyrrhos II. 272 v. Chr. den Tod, getroffen vom Dachziegel einer Argiverin. Streitsüchtig waren die Frauen von Árgos wohl schon immer.

Unter den Römern blühte Árgos auf. Die Goten zerstörten 395 n. Chr. den Ort. Zwar wurde Árgos wieder aufgebaut. Aber es blieb fortan politisch und kulturell bedeutungslos.

Im griechischen Befreiungskrieg hielt die Lárissa-Burg 1822 den Türken stand. Zur Strafe dafür wurde Árgos 1825 von Ibrahim Pascha eingeäschert.

Im antiken Theater von Árgos trat 1821 die griechische Nationalversammlung zu ihrer konstituierenden Sitzung zusammen. 1829 wurde Kapodhistrians in Árgos zum ersten griechischen Minsterpräsidenten gewählt.

Praktische Hinweise

Bahnverbindungen
Nach: Athen über Mykéne (Korínth umsteigen)
    Kalamáta über Trípoli
    Olympía über Pátra (Korínth umsteigen)

Busverbindungen
Nach: Anífi
    Ajía Triás
    Athen über Korinth (Korinthos)
    Leonídhi über Ástros
    Límnes über Chónikas und Prósymna
    Mykéne (Mikíne)
    Náfplio
    Néa Kíos
    Spárti (Spárta) über Trípoli

Unterkünfte
Wenige Hotels (meist ausgebucht) und Privatzimmer

Sehenswürdigkeiten

Archäologisches Museum
Öffnungszeiten: werktags 8.30–12.30 und 16.00–18.00 Uhr
    sonn- und feiertags 9.00–15.00 Uhr
Eintritt: 100 Dra

Agora, Theater, Odeon
Öffnungszeiten: werktags 8.45–15.00 Uhr
    sonn- und feiertags 9.30–14.30 Uhr
Eintritt: frei

Stadtrundgang

Árgos' antike Stätten liegen am West- und Südwestrand der Stadt, beiderseits der Straße nach Trípoli: die Agorá, die römischen Thermen, das Odéon und das Theater.

Außerhalb der offiziellen Öffnungszeiten kann man die umzäunten archäologischen Stätten dennoch besuchen.

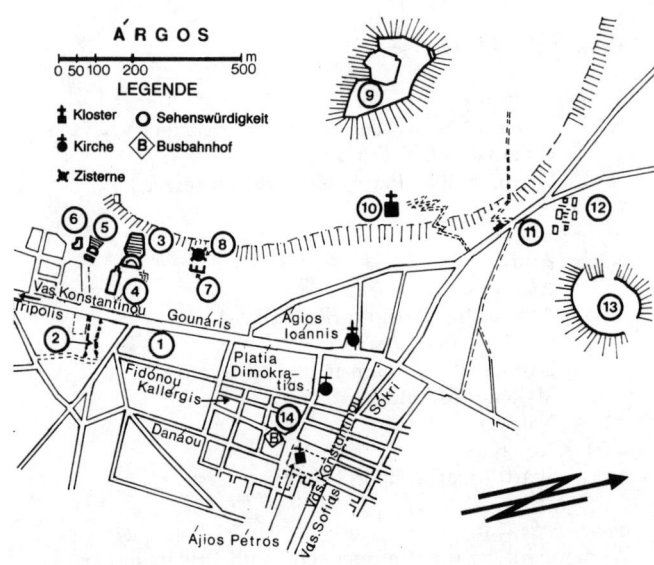

Sehenswürdigkeiten

1. Haus der Mosaiken
2. Agorá
3. Theater
4. Römische Thermen
5. Römisches Odeon
6. Tempel der Aphrodite
7. Kriterion (Gerichtsplatz)
8. Nymphäon, Zisternen
9. Lárissa-Burg (Kastro)
10. Kloster Panajía tou Vráchou
11. Nekropole aus der mykenischen Epoche
12. Heiligtum des Apollo Pythios und der Athena Oxyderkes
13. Aspís
14. Archäologisches Museum

Die Wirte der umliegenden Kafenia und die griechischen Kafeniongäste verraten einen Trick, wie man in das Innere der Umzäunung gelangen kann.

Aus dem Haus der Mosaiken in einer Seitengasse der Gounárisstraße (Odós Gounáris) (1) stammen die Mosaiken mit den Monatsdarstellungen, die eines der Prunkstücke des archäologischen Museums von Árgos sind.

Südlich des nur noch spärlich tröpfelnden Brunnens in der Gounárisstraße grenzt die Agorá an die Straße nach Trípoli. Beim Kafenion des Kaliátsis kann man sich entlang der Südeinzäunung in die Agorá schummeln.

Bis fast an die Straße reichen die Fundamente eines quadratischen Gebäudes aus der klassischen Epoche. Gut zu erkennen sind die Basen, die einst ionische Innensäulen getragen haben. Vielleicht war dieser Bau das Rathaus (Bouleuterion).

Nach Osten schließt sich eine gut 80 Meter lange Säulenhalle an. Diese wird im Osten durch eine kleinere Halle begrenzt, die nach Südwesten ausgerichtet ist. Sicherlich stand an der Nordwestecke der »langen Säulenhalle« eine ähnliche Querhalle. Die durch die Hallen gebildete U-Form ließ Platz für eine Palástra.

Im 4. Jahrhundert v. Chr. wurde die Agorá umgebaut. In einer neuen Säulenhalle kamen Kaufläden hinzu.

Der Rundtempel nördlich der Nordwesthalle wurde im 2. Jahrhundert n. Chr. hinzugebaut.

Die französische Schule von Athen unter Leitung von Thalmann-Piérart hat 1986 in der Agorá ein Brunnenhaus und mehrere Gebäude freigelegt, deren Bedeutung noch nicht eindeutig feststeht.

Als Pausánias Árgos besuchte, hatten viele Götter auf der Agorá ihre Tempel. Zwischen den Heiligtümern und in ihnen standen zahlreiche Statuen.

Vom Kafenion des Nikolítas – gegenüber der Agorá – hat man einen guten Überblick über die antike Stätte.

Gegenüber der Agorá ist der offizielle Eingang der Thermen, des Odeons und des Theaters. Der Schleichweg beginnt 50 Meter nördlich des Brunnens bei einem Sportcenter (Aufschrift: Kung-Fu Akademy).

Das aus der Wende vom 4. zum 3. Jahrhundert v. Chr. stammende Theater (3) faßte etwa 20 000 Zuschauer. Die Szena wurde in späterer Zeit umgebaut, um auch nautische Spiele veranstalten zu können. Wasser wurde über ein später noch zu sehendes Aquädukt aus dem Erásinos-Fluß hergeleitet. Bei Theateraufführungen saß das Volk auf den 81 Stufen, die Ehrengäste auf den Sesseln mit den Rundlehnen in der ersten Reihe.

Die römischen Thermen (4) stammen aus dem 2. Jahrhundert n. Chr.. Nach dem Goteneinfall (395 n. Chr.) wurden sie restauriert. Die Thermen heben sich durch ihre Ziegelmauern gut von den griechischen Bauten ab.

Der Eingang liegt an der Stelle, wo die Mauer ihre

größte Höhe hat (Bergseite). Das von Westen nach Osten verlaufende Bad besteht aus Eingangshalle, Umkleideräumen, Kaltbad, Warmbad und zwei weiteren Kaltbädern.

In der Krypta unter der Eingangshalle stehen drei Sarkophage.

Das römische Odéon (5) – in antiker Zeit eine Art Konzertsaal – liegt südwestlich des Theaters. Das Aquädukt, das auf das Odéon zuläuft, versorgte Thermen und Theater mit Wasser. Das Odéon wurde im 1. Jahrhundert n. Chr. erbaut, im 3. Jahrhundert n. Chr. erneuert. Die Hälfte der Sitzreihen ist heute noch zu sehen (14 Stufen). Der Thron in der vordersten Sitzreihe blieb dem Ehrengast vorbehalten.

Das Odéon ist über einem Bauwerk aus dem 4. Jahrhundert v. Chr. errichtet, in dem die Argiver vermutlich ihre Volksversammlung abhielten. Die gerade verlaufenden Sitzreihen oberhalb des Odéons sind ein Teil des alten Baus. Die Sitzreihen des Odéons hingegen haben Halbkreisform.

Von dem ins 5. Jahrhundert v. Chr. datierten Aphrodite-Tempel – er steht unmittelbar neben dem Odeon – ist nur noch der dreistufige Unterbau erhalten. In diesem Heiligtum soll nach Pausanias die Stele der Dichterin Telésilla gestanden haben.

Etwa 250 Meter südwestlich des Aphrodite-Tempels wurde eine Nekropole freigelegt, die bis in die römische Epoche benutzt wurde. Funde aus den Gräbern (Rüstungen, Vasen) sind im Museum von Árgos ausgestellt.

250 Meter nördlich des Theaters stützt eine polygonale Mauer eine Terrasse (7) ab. Diese Terrasse war der Gerichtsplatz der Argiver. Der Name »Kriterion« ist von Pausanias (II, 20) überliefert. Von der Terrasse und dem westlich davon gelegenen Nymphäon (8) sind nur noch spärliche Reste zu sehen.

Wer noch mehr vom »geschichtlichen« Árgos mitbekommen will, der kann vom Kritérion zum Lárissa-Hügel emporsteigen und anschließend über den Sattel den Aspís-Hügel aufsuchen. Lárissa und Aspís sind durch eine für Fahrzeuge fahrbare Straße miteinander verbunden.

Auf dem Weg zur Lárissa-Burg kommt man an einem in den Felsen geschlagenen Relief vorbei, das einen Reiter mit einer Schlange darstellt. Man passiert das unterhalb der Festungsmauer gelegene Ajía Marína-Kloster.

An die Epoche der Mykener erinnern die Reste der Kyklopenmauer.

In der archaischen Zeit standen ein Zeus Larísaios- und ein Athéna Poliás-Tempel auf dem Hügel. Reste der Burgmauern dieser Zeit sind im Südwestteil des Hügels zu sehen.

Die Burg in ihrer heutigen Form ist ein Werk der Byzantiner (10. Jahrhundert). Zum Mauerbau wurde auch antikes Material verwendet. Im 13. und 14. Jahrhundert wurde die Burg durch Wehrtürme verstärkt. Ein zweiter, äußerer Mauerring kam hinzu. Im 14. und 15. Jahrhundert bauten die Venezianer im Süden eine rechteckige Bastion an. Türken und nochmals die Venezianer (Rundbastion im Westen und Nordbastion mit 7 Türmen) fügten weitere Festungsbauten hinzu.

Die Burg beherrscht die Stadt Árgos und die argolische Ebene. Es wird klar, welche strategische Bedeutung die Akropolis über Jahrtausende gehabt haben muß. Wer über die Argolis herrschen wollte, mußte Herr der Lárissa-Burg sein.

Auf dem Abstieg entlang des Deirás-Sattels kommt man am Panajía tou Vráchou-Kloster (10) vorbei. Das Kloster soll über einem Hera-Tempel stehen. So einfach ist es. Man wechselt den Glauben und schwenkt von Hera auf die Panajía, die Gottesmutter, über.

Auf dem Deirás-Sattel wurde eine mykenische Nekropole (Schacht- und Kammergräber aus dem 14. und 13. Jahrhundert v. Chr.)(11) festgestellt. 200 Meter nördlich dieses Friedhofes wurden die Fundamente einer terrassenförmigen Anlage aus dem 5. Jahrhundert v. Chr. (12) freigelegt. Unterhalb der markanten, 23 Meter breiten Treppe ist ein Altar aus dem Felsen gehauen. Auch die Treppenstufen sind in den Felsen geschlagen.

Oberhalb der Treppe stand wohl der Tempel des Apóllo Pýthios. Von ihm sind keine Spuren erhalten geblieben. Dafür aber sind die Reste einer frühchristlichen Basilika aus dem 5. Jahrhundert n. Chr. zu erkennen.

Der Rundbau im Osten dürfte das Heiligtum der Athéna Oxýderkes gewesen sein.

Der Aspís-Gipfel (13) – er wird heute Ájios Ilías-Berg genannt – ist auf einem Schotterweg bequem zu erreichen. Der Berg ist knapp 90 Meter hoch. Aspís heißt zu deutsch »Schild«. Der Name erklärt bereits, wie wichtig der Hügel für die Verteidigung von Árgos war.

Bereits in mittelhelladischer Zeit war die Bergkuppe besiedelt. Die Mykener setzten auf den Gipfel eine Akropolis. Teile der mykenischen Kyklopenmauer sind noch auszumachen. Aus archaischer Zeit stammen die Reste der später durch zwei Türme verstärkten polygonalen Mauer, die um die Ájios Ilías-Kapelle läuft, und die Relikte eines Tempels. Byzantiner und Venezianer befestigten den Aspíshügel durch Bollwerke.

Zurück ins Zentrum gelangt man am einfachsten über die Sókristrasse.

Das Museum (14) in der Vas. Olgastraße (Odós Vas. Olgás) ist nur wenige Schritte von der Bushaltestelle entfernt. Es zeigt Funde aus der Umgebung von der prähistorischen (Lerní) bis in die hellenistische Epoche. Vermutlich wertvollstes Stück ist eine Rüstung aus dem 7. Jahrhundert v. Chr..

Den Abend kann man in den Kafenía am Ájios Pétros-Platz durchaus lauschig ausklingen lassen.

Náfplio – Stadt mit venezianischem Charme

Überblick

Náfplio ist der Puls des Nomós Argolís. Knapp 10 000 Menschen – ohne die Touristen – leben in dieser wohl idyllischsten Stadt der Peloponnés.

Náfplio besticht durch den Charme seines Stadtbildes und durch den landschaftlichen Reiz seiner Umgebung. Die Stadt schiebt sich auf einer Landzunge in den argolischen Golf hinein. Die Festungsinsel Boúrtsi sichert die Hafeneinfahrt. Die Festungen Akronáfplio und Palamídhi sind die ewigen Wächter Náfplios.

Um die Stadt herum liegen mykenische und klassische archäologische Stätten, mit öffentlichen Bussen leicht zu erreichen. Da kann es nicht verwundern, daß Náfplio eine von Fremden überlaufene Stadt – zumindestens in der Hochsaison – ist. Tagsüber machen die Fremden auf Kultur, abends überschwemmen sie die Restaurants und Tavernen.

Schade, daß die Stadt Badefreunden nur ein Strandschwimmbad mit einem Betonstrand bieten kann. Aber zum Sandstrand von Karáthona (4 Kilometer südlich von Náfplio) und nach Toló (10 Kilometer) ist es nicht allzuweit.

In der Mythologie spielt Náfplio keine herausragende Rolle. Der Ort soll eine Gründung von Naúplios, einem Sproß des Meeresgottes Poseídon und der Danaidin Amymóne, sein. Naúplios verdanken die Nauplianer angeblich ihre führende Rolle als Seemacht.

Der hochtalentierte Naúpliossohn Palamédes – ihm wird die Erfindung von Teilen der griechischen Schrift, der Maße, Gewichte und des Leuchtturmes, des Sportartikels Diskus und des Brettspiels zugeschrieben – wurde ein Opfer des nicht nur listenreichen, sondern auch hinterlistigen Odysseus. Dieser konnte ihm nicht verzeihen, daß er ihm die Teilnahme am trojanischen Krieg eingebrockt hatte und ihn auch im Beutemachen übertraf. Odysseus bezichtigte Palamédes des Verrats, legte gefälschte Beweise vor. Palamédes wurde daraufhin vom griechischen Heer gesteinigt.

Naúplios rächte den Tod seines Sohnes grausam. Er ließ den Ehefrauen der Mörder seines Sohnes die Botschaft zukommen, ihre Ehemänner beabsichtigten, trojanische Frauen als Königinnen nach Hause mitzubringen. Einige Ehefrauen begingen daraufhin Selbstmord, andere (Klytemnéstra, Medéa) ermordeten ihre Männer nach deren Rückkehr.

Als die griechische Flotte von Troja zurücksegelte, ließ Naúplios auf dem euböischen Berg Kaphareus »falsche« Leuchtfeuer entfachen. Viele griechische Schiffe kenterten daraufhin am Vorgebirge Euböas.

Nach Palamédes ist die Festung über Náfplio (Palamídhi) benannt. Damit genug der Mythologie.

Der Name Náfplio bedeutet »Schifferstadt«. Dies läßt vermuten, daß die Stadt immer mit dem Meer verbunden war. Pausanias glaubt, daß die Ägypter die Gründer der Siedlung waren (II.38). Wahrscheinlicher ist jedoch, daß der Ort auf die Phönizier zurückgeht. Nachweisbar ist, daß Náfplio bereits in mykenischer Zeit besiedelt war, ohne herausragende Bedeutung zu haben. Im 2. Messenischen Krieg (628 v. Chr.) eroberten die Argiver den Ort, vertrieben die Einwohner – diese wurden daraufhin von den Spartanern in Mothóne, dem heutigen Methóni, angesiedelt – und nutzten Náfplio als Hafen von Árgos.

Als Pausanias im 2. Jahrhundert n. Chr. durch Griechenland reiste, lag die Stadt in Trümmern. Lediglich ein Poseidonheiligtum, den Hafen und die Kánathosquelle fand Pausanias erwähnenswert (II.38).

Unter Byzanz stieg Náfplios Bedeutung. Vor dem Ort wurden die Avaren (589 n. Chr.) und die Slawen (746 n. Chr.) geschlagen. Im 12. Jahrhundert baute Byzanz die Befestigungsanlagen aus. Die Stadt war wehrhaft genug, unter Leo Sgouros dem Angriff der Kreuzfahrer des 4. Kreuzzuges standzuhalten. 1210 fiel Náfplio an die Franken, wurde aber bald von diesen an Otto de la Roche, den Herzog von Athen und Böotien, abgetreten. 1389 kam Náfplio durch Heirat an Venedig. Der Ort wurde in Napoli di Romania umgetauft.

Mehrere Male (1396, 1463, 1500–1502, 1537) wehrten die Venezianer Angriffe der Türken ab. 1540 mußten sie die Stadt an die Moslems abtreten. 1686 eroberte Francesco Morosini den Ort zurück. Náfplio blühte nun auf, bis die Türken dem Höhenflug 1715 ein Ende bereiteten.

Bis zum griechischen Befreiungskrieg blieb Anapli – so hieß die Stadt nun – türkisch. Heute ist Náfplio zumindest in der Hochsaison fest in der Hand der Touristen.

Praktische Hinweise

Bahnverbindungen
Keine; nächste Bahnstation: Árgos

Busverbindungen
Nach: Ájios Dhimítrios (Ágios Dhimítrios)

Árgos (halbstündlich)
Athen über Korinth (Kórinthos)
Chónikas
Galatás
Paléa Epídhavros
Néa Epídhavros
Theater von Epídhavros (Asklipiío)
Kranídhi
Ligoúrio
Mykene (Mykine)
Néa Kíos
Toló

Schiffsverbindungen
Mit Flying Dolphins nach Piräas und zu den Häfen der Ostküste der Peloponnés; zum Teil Umsteigen erforderlich.

Unterkünfte
Hotels und Pensionen in großer, Privatzimmer in geringer Anzahl vorhanden.

Campingplatz
»Náfplio«, an der Straße nach Argos, zwischen BP- und Esso-Tankstelle.

Jugendherberge
Odós Synikismós Néon Byzantínon

Sehenswürdigkeiten

Archäologisches Museum
Öffnungszeiten: werktags 8.45–15.00 Uhr
sonn- und feiertags 9.30–14.30 Uhr
Eintritt: 100 Dra

Volkskundemuseum
Öffnungszeiten: Oktober–April 9.00–14.00 Uhr
Mai–September 9.00–13.00 und 17.00–19.00 Uhr
Dienstag und Freitag geschlossen
Eintritt: frei

Festung Palamídhi
Öffnungszeiten: werktags 10.00−16.30 Uhr
sonn- und feiertags 10.00−15.00 Uhr
Eintritt: 100 Dra

Sehenswürdigkeiten

1 Reiterstatue von Theódoros Kolokotrónis; Führer der griechischen Freiheitskämpfer.
2 Büste von Joánnis Kapodhístrias; erster griechischer Ministerpräsident (1828−1831), ermordet von Mitgliedern der Familie Mavromichalis.
3 Erstes griechisches Gymnasium nach der Befreiung; 1823 im neoklassizistischen Stil erbaut.
4 Erste griechische Kadettenschule (1829−1831)
5 Volkskundemuseum
6 Ájios Nikólaos-Kirche; 1713 von A. Sagredo erbaut; Glockenturm und Fassade stammen aus späterer Zeit.
7 Festungsinsel Boúrtsi; 1473 mit Turm, Ende 17. Jahrhundert mit Festung verstärkt.
8 Panajía-Kirche; dreischiffige Basilika, im 17. und 18. Jahrhundert erbaut.
9 Archäologisches Museum; 1713 durch Sagredo erbaut als Marinekaserne; später Zeughaus.
10 Moschee; später Sitz des griechischen Parlaments (Vouléftiko).
11 Moschee (heute Kino)
12 Ájios Spíridon Kirche; 1702 erbaut; an der Kirche wurde Kapodhístrias erschossen.
13 Ajía Sofía-Kirche (Phrangoklissía)
14 Akronáfplio; Burganlage mit Wehrbauten der Hellenen, Franken, Byzantiner, Venezianer und Türken.
15 Uhrturm
16 Ájios Jórjios-Kirche; Bischofskirche, im 16. Jahrhundert von den Venezianern erbaut.
17 Ájios Äjianákis-Kirche
18 Panajítsa-Kiche
19 Palamídhi
20 Bollwerk Robert
21 Bollwerk Andréas mit Ájios Andréas-Kirche
22 Bollwerk Leónidas
23 Bollwerk Miltíades
24 Bollwerk Themístokles
25 Bollwerk Achílles
26 Bollwerk Phókion (18. Jahrhundert)

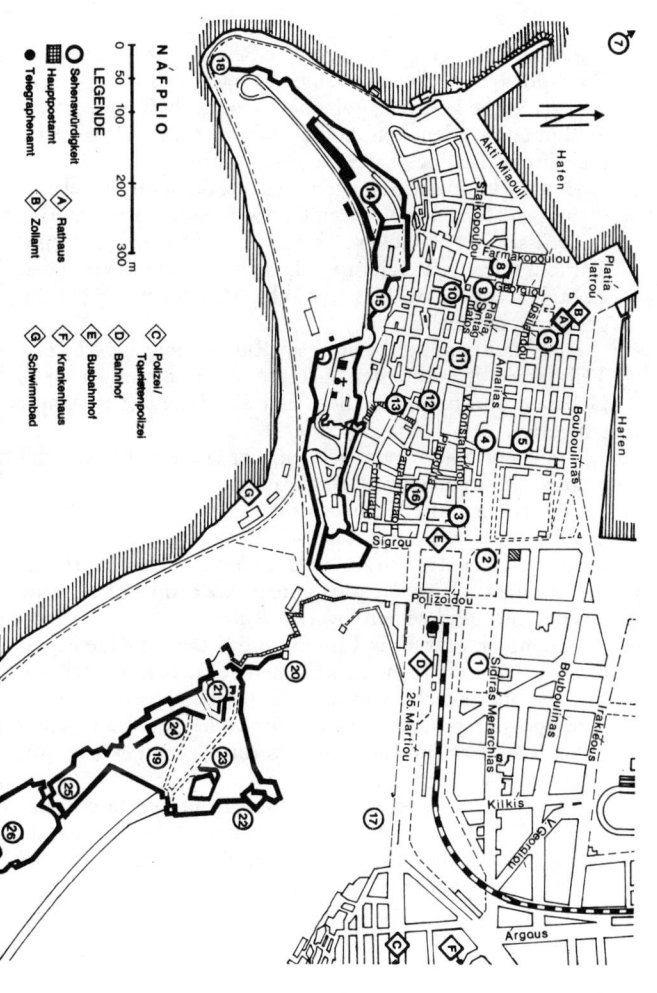

Stadtrundgang

Náfplio kennt keine überragenden Sehenswürdigkeiten. In der Stadt bezaubern die kleinen Dinge: winklige Gassen, venezianische Balkone, verträumte Hinterhöfe, prachtvolle Blumenfassaden. Náfplio wirkt durch seine Atmosphäre und durch die Poesie der kleinen Dinge.

Das Stadtbild spiegelt wider, daß die Stadt im Mittelalter oft seinen Herren gewechselt hat. So wundert es nicht, daß Zeugnisse der Franken, Byzantiner, Venezianer und Türken auf engem Raum konkurrieren und die Griechen zusätzlich noch neoklassizistische Bauten ins Stadtbild geschmuggelt haben.

Der Stadtbummel beginnt am Busbahnhof (E). Dieser Teil der Stadt wirkt eher nüchtern. Hier entstanden neue Gebäude und breite Straßen. Der alte Bahnhof ist längst stillgelegt.

Vielleicht gönnt man sich zunächst in den Kafenia der Sidirás Merarchíasstraße eine Pause.

Die Reiterstatue Kolokotrónis (1) im schattigen Kolokotrónispark wirkt stolz, herrisch, kämpferisch. So war der »Alte von Moréa« auch zu seinen Lebzeiten. Er kämpfte für die Freiheit Griechenlands, mehr aber noch für seine eigene Ehre und seinen eigenen Ruhm.

Machtgier, Starrsinn, Ehrgeiz und Bauernschläue ließen Kolokotrónis die Höhen und Tiefen des Lebens verspüren, mal als Oberbefehlshaber des griechischen Heeres, mal als Gefängnisinsasse auf der Insel Ídra oder auf der Festung Palamídhi. Er war zum Tode verurteilt und wurde mit hohen Ehren begnadigt.

Eltern weisen Kinder ehrfurchtsvoll auf Roß und Reiter hin. Auf die Kleinen aber machen diese wenig Eindruck. Die Kanonen, die rund um das Standbild stehen, sind viel interessanter. Sie sind ein treffliches Spielzeug.

Nicht weit vom Kolokotrónis-Denkmal erinnert eine weißmarmorne Büste (2) auf dem Kapodhístriasplatz an Griechlands ersten gewählten Ministerpräsidenten. Die Staatskleidung weist Kapodhístrias als Politiker aus.

Kolokotrónis und Kapodhístrias Leben machen deutlich, daß oft bei Griechen der persönliche Ruhm vor der gemeinsamen Sache steht. Dies war in der Antike so, dies ist auch heute nicht anders.

Auf dem Gang in die Herzen der Stadt, den Sýntagmaplatz und den Hafen, wirft man vielleicht noch einen Blick auf das »Maurerhaus«, an der Ecke Sigrós-/Plapoútastraße. Professor Maurer begleitete den designierten König Otto nach Griechenland und organisierte als dessen Berater das griechische Recht nach deutschem Vorbild.

In der Konsthantínosstraße steht das erste nach dem Befreiungskrieg erbaute griechische Gymnasium (3). Es wurde 1823 im neoklassischen Stil errichtet.

Auf dem gegenüberliegenden Platz der Admiräle (Platia Navárchon) ist ein weiterer Großer des griechischen Freiheitskampfes verewigt: Dhimítrios Ypsilántis. Er war der Präsident der gesetzgebenden Versammlung. Er verteidigte 1822 die Laríssa-Festung heldenhaft gegen eine türkische Übermacht unter Dramális.

Folgt man der Amalíastraße, so kommt man – an der Mündung der Ángelos Terzákisstraße – an der von Kapodhístrias gegründeten Kadettenschule(4) vorbei.

In der Ál. Ipsilántisstraße wartet das Volkskundemuseum (5) auf Gäste. Im schattigen Vorhof kann man unter einer Palme die Hektik des Tourismus hinter sich lassen. Das Museum bietet einen guten Überblick über Trachten, Handarbeiten, Mobiliar, landwirtschaftliches Gerät und Waffen der Peloponnés.

Der Stadtteil um das Volkskundemuseum hat typisch venezianischen Charakter. Blumenüberladene Balkone ragen in enge rechtwinkelige Gassen hinein. Weinranken verketten die Häuser miteinander. Grün und Blumenpracht vertuschen den abgeblätterten Putz.

Die enge Vas. Aléxandrosstraße läuft nach Westen direkt auf die Ájios Nikólaos-Kirche (6) zu. Das Gotteshaus des Schutzheiligen der Seefahrer wurde im Jahr 1713 vollendet.

Von der Kirche sind es nur wenige Schritte zum Joánnis N. Iatrós-Platz (Platía Joánni N. Iatroú). Hier ist ein Denkmal den Franzosen gewidmet, die unter General Maison im griechischen Befreiungskrieg ihr Leben gelassen haben.

Entlang des Aktí Miaoúli spielt sich die Vólta ab. Hier

warten Tag und Nacht Restaurants und Kafenia auf Gäste.

Die dem Hafen vorgelagerte Insel Boúrtsi (7) wurde durch die Venezianer befestigt. Zwischen Stadt und Insel wurde eine Kette gespannt. Nun konnte kein Schiff mehr unkontrolliert in den Hafen einlaufen. Der Kette verdankt Náfplio seinen Beinamen »Porto Catena«. Der Damm, der auf die »Kastell Pasqualigo« genannte Boúrtsi-Insel zuführt, ist türkischer Herkunft.

Auf dem Weg zum Sýntagmaplatz passiert man in der Farmakópoulosstraße die Panajía-Kirche (8). An dem Olivenbaum neben der Kirche erlitt der heilige Anastásios den Märtyrertod. Ein Gedenkstein verkündet dies.

Die düstere, geschmackvoll eingerichtete dreischiffige Basilika wird von acht korinthischen Säulen gestützt. Die silbernen Ikonen heben sich gut von der goldenen Ikonostase ab.

Der platanenbeschattete Syntagmaplatz ist der prächtigste, aber auch der überlaufendste Platz der Stadt. Abends ist kein Stuhl an den Tischen der Lokale, die sich rings um den Platz gruppiert haben, mehr frei.

Der Platz wird im Westen durch das Archäologische Museum (9), im Südwesten – etwas abgesetzt – von einer Moschee (Gebäude des griechischen Parlament)(10), südlich der Moschee durch die ehemalige Koranschule, die auch Leonardos-Gefängnis genannt wird, und im Osten durch eine weitere Moschee begrenzt (11).

Ursprünglich war das von Sagredo im Jahr 1712 fertiggestellte Archäologische Museum eine Kaserne der venezianischen Marine. So ist zu verstehen, daß das Gebäude, sieht man von den pfeilergestützten Arkaden ab, ein nüchternes Bauwerk ist. Einziges Schmuckwerk ist das Relief der venezianischen Löwen, das einem anderen Löwenrelief auf dem Syntagmaplatz haargenau gleicht.

Das Archäologische Museum zeigt im ersten Stockwerk prähistorische Funde aus der näheren Umgebung (Vasen aus Franchthí), Asíni und Prósymna, Keramik und Grabstele aus dem Gräberfeld B in Mykéne, Bronzegegenstände aus Midhea, Steinkrüge und Kultidole aus Mykéne sowie Wandgemälde aus Tíryns und Mykéne. Vermutlich wertvollstes Stück ist eine prähistorische Rüstung.

Die zweite Etage ist der nachmykenischen bis hellenistischen Zeit gewidmet: submykenische Grabbeigaben aus Tíryns, protogeometrische und geometrische Vasen und archaische Opfergaben und Idole aus Tíryns, rot- und schwarzfigurige Vasen vornehmlich aus dem 5. Jahrhundert v. Chr., ein Bronzeschild eines Soldaten des Pyrrhus II. sowie hellenistische Tongefäße, darunter eine Sitzbadewanne.

Für die 1550 vollendete Moschee (10) sollen antike Steine aus Mykene verbaut worden sein. Seit 1822 tagte in der zweckentfremdeten Moschee (Vouléftiko) das griechische Parlament. Heute wird der Bau als Kultursaal genutzt.

Der venezianische Löwe vor der Moschee war früher Teil eines Stadttores.

Die zweite Moschee (11) war nach dem Befreiungskrieg die erste neu errichtete Schule in Griechenland (Allilodhidhaktérion). Heute nimmt die Moschee ein Kino auf.

Der Weg zur Ájios Spíridon-Kirche (12) führt durch die Kolétti-, die Staïkópoulos- und die Kapodhístriasstraße. Das Schild »Zum Heiligen Spiridon« weist den Weg zum Ájios Spíridon-Platz.

Vor der einschiffigen, 1702 erbauten Kirche wurde bei einem Kirchgang am 9. Oktober 1831 Kapodhistrias von Jórjios und Konstanthínos Mavromichális erschossen. Die beiden Mörder wollten ihren Vater bzw. Bruder Petrobey Mavromichális, einen bekannten und gefeierten Führer aus der Halbinsel Máni rächen, den Kapodhístrias ins Gefängnis hatte werfen lassen. Konstanthínos wurde sofort von der erzürnten Bevölkerung getötet, Jorjios wenige Tage später zum Tode verurteilt und hingerichtet.

Die außen schneeweiße Kirche ist im Inneren dezent gestaltet.

Rund um die Kirche harmonieren die Relikte der Venezianer und der Türken: venezianische Häuserfassaden und zwei türkische Brunnen, von denen einer immer noch Wasser spendet.

Vom Platz des Ájios Spíridon klettert die Potamianósstraße – mehr Treppe als Straße – zur Ajía Sofía-Kirche (Phrangoklissía). Die Kirche steht an der Stelle einer fränkischen Klosterkirche. Diese soll um 1400 erbaut worden sein. Unter König Otto wurde die Kirche den Katholiken überlassen.

Im Kircheninneren sind auf einer Tafel über dem Eingang (klassisches, hölzernes Portal) die Namen von Ausländern aufgezählt, die im Befreiungskrieg für Griechenland gefallen sind. Attraktion der Kirche ist die Kopie von Raffaels »Heiliger Familie«.
Von der Ajía Sofía-Kirche steigt eine Treppe aus Natursteinen zur Akrónafplio hinauf. Man durchschreitet ein Portal mit einem Markuslöwen. Noch vor dem Xenia-Hotel biegt man nach rechts ab.

An der Stelle des Hotels stand einst das »Castello del Torrino«, ein venezianisches Bollwerk. Nordwärts des Hotels ist die Burganlage durch die Bastion »Grimani« in den Jahren 1711–1714 von Sagredo verstärkt worden. Heute sind nur noch Mauern und ein halbrunder, um 1400 erbauter Marienturm zu sehen.
Am Hotel schlängelt sich die Teerstraße zum Gipfel der Burg vorbei. Der Wall rechts der Straße besteht aus Mauerwerk verschiedener Epochen. Der äußere Mauerring geht auf die Venezianer (1463) zurück. Die drei halbrunden Türme sollen aus dem 3. Jahrhundert v. Chr. stammen. Die byzantinische Torkammer bewahrt sehenswerte Fresken aus dem 13. und 14. Jahrhundert auf. In die zinnenbewehrte, 1473 erbaute Zwischenmauer sind der Markuslöwe und das Wappen des Festungskommandanten eingemauert.
Auf dem höchsten Punkt der Frankenburg stand ein Palast. Er mußte in der venezianischen Epoche einem Gebäude Platz machen.
Bis Ende des 13. Jahrhunderts stand auf dem Burghügel auch noch eine byzantinische Festung. Sie wurde durch eine Mauer mit zwei Türmen von der Frankenfestung getrennt.
Auf ehemaligem byzantinischem Grund stehen heute noch Reste einer Kapelle, eines byzantinischen Gebäudes (daneben) und einer 1540 erbauten Moschee.
Der Uhrturm nördlich der Teerstraße gehörte zu der 1686 fertiggestellten Dominikanerkirche.
Kehrt man über die Asphaltstraße zur Stadt zurück, so entdeckt man im linker Hand liegenden Staïkópoulospark das Denkmal des Freiheitskämpfers Staïkos Staïkópoulos.

Von der Bushaltestelle (E) sind es nur drei Minuten Weges zur Hauptkirche von Náfplio, der Ájios Jórjios-Kirche am Ájios Jórjios-Platz (Platía Ajíou Jorjíou). Die Viersäulenkirche mit ihren vier Kuppeln ähnelt stark spätbyzantinischen Kirchen, obwohl sie erst im 16. Jahrhundert erbaut worden ist. Nur der dreistöckige Campanile stört diesen Eindruck etwas. Die Kirchengemälde sind stark von der italienischen Renaissance beeinflußt. Große italienische Meister wurden sogar kopiert (Leonardo da Vinci: »Abendmahl«). Die Türken nutzten das Gotteshaus als Moschee. König Otto richtete die Kirche als katholische Stätte ein; vermutlich, um in der Fremde ein Gotteshaus seines Glaubens zu haben. Sein Thron steht im mittleren Schiff.

Der Vorort Prónia – man erreicht ihn über die Straße des 25. März (Odós 25 Martíou) – ist eine Gründung der Albaner. Auf dem Platz der Nationalversammlung (Platía Éthnosíneelefséos) wählten 1833 die griechischen Volksvertreter in einer primitiven Hütte Otto von Bayern zum König von Griechenland. Nach Abschluß der Wahl entführten griechische Soldaten den Präsidenten und acht Abgeordnete, um die Auszahlung ihres Soldes zu erzwingen. Die Gefangenen wurden erst nach Zahlung eines Lösegeldes wieder freigelassen.

In Prónia hat der Bildhauer Siegel einen bayrischen Löwen zum Gedenken an gefallene oder sonstwie umgekommene bayrische Soldaten, die König Otto nach Griechenland gefolgt waren, in den Felsen gemeißelt.

Für einen einstündigen Spaziergang rund um den Stadtfelsen (Akronáfplio) – vorbei an der Panajítsa-Kirche (19) – sollte man die Zeit aufbringen.

Palamídhi – Schutz und Bedrohung für Náfplio

Die Burg Palamídhi (19) war für Náfplio immer Schutz und Gefahr. Von der Festung wurde die Stadt beherrscht. Wer aber die Festung berennen wollte, mußte sich vorher der Stadt bemächtigt haben. Er konnte die Einwohner von Náfplio Mißerfolge büßen lassen, sie sogar als Repressalie benutzen.

Die Festung sitzt auf einem 220 Meter hohen, die Argolís beherrschenden Felsen. Man kann sie über fast 1000 Stufen oder bequem mit dem eigenem Fahrzeug oder dem öffentlichen Bus über die Teerstraße (3 Kilometer) erreichen.

Nimmt man den Treppenweg, so gewinnt man immer mehr Abstand von Náfplio. Der Ort wird zu einer Spielzeugstadt. Alles, was Kinder zum Spielen lieben, ist da: Häuser, eine Burg, Wasser, Schiffe.

Ein gedeckter Gang verband einst Akronáfplio und Palamídhi. Was von ihm übrig geblieben ist, begleitet die Treppe. Fort Robert (20) auf halber Höhe war eine zusätzliche Sicherung des Verbindungsganges.

Die Festung ist in den letzten Jahren gründlich restauriert worden.

In einem Kafenion kann man sich von den Strapazen des Aufstiegs erholen und gleichzeitig die Aussicht genießen.

Die Treppe endet im Bollwerk Andréas (21), dem Sitz des Festungsbefehlshabers. Das Fort nimmt auch die Ájios Andréas-Kirche auf.

Weiter südostwärts liegen weitere Verteidigungsanlagen: die Bollwerke Leónidas (22), Miltíades (23) – dieses Fort wurde auch als Gefängnis, zum Beispiel für Kolokotrónis, genutzt – Themístokles (24) und Achílles (25). Alle Forts wurden zu Beginn des 18. Jahrhunderts erbaut. Sie stehen durch die Ringmauer miteinander in Verbindung.

Die Türken fügten ganz im Südosten das Bollwerk Phólion (26) hinzu.

Weit reicht der Blick von Palamídhi in die Argolís hinein. Auch der argolische Golf wird kontrolliert. Man kann ermessen, wie strategisch wichtig der Besitz dieser Burg war. Wer sie beherrschte, kontrollierte die Argolís. So mußte Palamídhi zwangsläufig über Jahrhunderte zum Zankapfel werden.

In der Hochsaison ist Náfplio eine überlaufene Stadt. Der Ort zeigt seinen vielen Gästen Gastfreundschaft gegen gutes Geld. Im Schnellverfahren werden die Fremden in den Restaurants abgefüttert. Ober flitzen durch die Tischreihen, werfen Gästen, die sich mit Bestellung und Essen Zeit lassen, böse Blicke zu und lassen sich dennoch mit dem Kassieren Zeit. Die Vitrinen sind leergefuttert, der schon vor Stunden angerichtete Bauernsalat schmeckt schal. Touristen in Boxer-Shorts und nacktem Oberkörper – und das oft noch um Mitternacht – fördern auch nicht gerade die Stimmung.

Die Griechen flüchten sich zur Vólta auf die Uferstraße, die wie ein Finger auf die Festungsinsel Boúrtsi zeigt. Nach dem letzten Erdnußstand beginnt endlich ihre Welt. Freilich, auch hierher verlaufen sich die Fremden.

Náfplio leidet in der Hochsaison unter den Touristen. Die Stadt rächt sich durch gesalzene Preise und liebloses Benehmen. Aber die Fremden verdienen es wohl nicht anders.

2. Unbekannte antike Burgen – bekanntes Asklépios-Heiligtum

Überblick

Die Wanderung führt durch ein Gebiet, in dem die Fremden – sieht man vom antiken Epídhavros (Epídhauros) ab – noch eine Rarität sind. Die Sehenswürdigkeiten – das Kloster Panajía, die antiken Burgen Katsíngri, Kazárma und Kastráki sowie die byzantinische Kirche Ajía Marina bei Ligoúrio sind noch weitgehend unbekannt. Auch die spärlichen Reste einer Pyramide können besichtigt werden.

Der Weg steigt bis in Höhen von fast 400 Meter ü.N.N. an. Nur in größeren Dörfern kann man in Kafenia einkehren. Und auch diese sind meist während der Zeit der Siesta geschlossen. Zwei Drittel des Wanderweges ziehen sich am Südwestausläufer des Arachnáon-Gebirges hin. Da hier größere Ortschaften selten sind, sollte man seine Wasserflasche bei jeder Gelegenheit füllen.

Das antike Epídhavros ist in der Hochsaison überlaufen. Trotzdem sollte man keinen Bogen um diese Stätte machen. Das Theater inmitten der Berge des Arachnäon ist wirklich ein Leckerbissen. Vielleicht kann man seine Wanderung so planen, daß man am Freitag oder Samstag am Asklipiío ist. An diesen Tagen werden im Theater von Epídhavros in den Monaten Juni bis September klassische Tragödien und Komödien aufgeführt. Sie sind wirklich ein Erlebnis, auch wenn man die griechische Sprache nicht versteht.

Ursprünglich sollte die Wanderung über Paléa Epídhavros bis Dhriópi gehen. Aber eine neue Asphaltstraße vom Asklipiío nach Paléa Epídhavros und von da nach Dhriópi ist im Bau. Ausweichmöglichkeiten neben der Teerstraße gibt es nicht. Wer will schon stundenlang auf Teer wandern und zudem noch die Abgase der Kraftfahrzeuge schlucken? So endet die Wanderung am Asklipiío.

Praktische Hinweise

Vorschlag für Fußwanderung

1. Tag: Náfplio – Kloster Panajía (Moní Panajías) – Ájios Adhrianós – Katsíngri – Profítis Ilías – Ájios Dhimítrios (=Metóchi) (ca. 25 km).
2. Tag: Ájios Dhimítrios – Kazárma – Kastráki – Choutaléïka – Ajía Marína – Ligoúrio (ca. 15 km).
3. Tag: Ligoúrio – Asklipiío.

Die erste Tagesetappe (ca. 25 km) läßt sich durch eine Taxifahrt von Náfplio zum Kloster Panajía (Taxipreis ca. 4.– DM) oder vom Kloster Panajía nach Ájios Adhrianós (Taxipreis ca. 7.– DM) verkürzen.
Sie kann auch in zwei Tagesetappen gesplittet werden.
Für die Strecke Ligoúrio – Asklepiío empfehle ich, den Bus oder ein Taxi (ca. 3.50 DM) zu nehmen.

Fahrstrecke für Autofahrer
Náfplio – Aría – Kloster Panajía – Ájios Adhrianós – Fußwanderung zur Burg Katsíngri ab Ájios Adhrianós-Kirche (ca. 15 Minuten) – Profítis Ilías – Ájios Dhimítrios – Fußwanderung zur Burg Kazárma ab Ájios Dhimítrios (ca. 30 Minuten) – Ortschaft Kastráki – Fußwanderung zur Burg Kastráki (ca. 5 Minuten) – Ligoúrio – Fußwanderung zur Ajía Marína-Kirche (ca. 20 Minuten) – Asklipiío.

Bahnstationen
keine, nächste Bahnstation in Árgos

Busstationen
Ájios Adhrianós
Ájios Dhimítrios (=Metochi)
Aría
Asklipiío (=antikes Epídhavros)
Choutaléïka
Ligoúrio
Náfplio
Profítis Ilías

Unterkünfte
Hotels, Pensionen und Privatzimmer nur in Náfplio, Ligoúrio, Néa Epídhavros und Paléa Epídhavros. Ein Hotel beim Asklipiío.

Campingplätze
Asíni
Dhrépano
Íria
Náfplio
Paléa Epídhavros
Toló

Jugendherberge
Náfplio

Sehenswürdigkeiten

Moní Panajías
Öffnungszeiten: nicht offiziell geregelt, aber während der Siesta geschlossen
Eintritt: frei

Burg Katsíngri
Öffnungszeiten: ganztägig
Eintritt: frei

Burg Kazárma
Öffnungszeiten: ganztägig
Eintritt: frei

Burg Kastráki
Öffnungszeiten: ganztägig
Eintritt: frei

Ajía Marína-Kirche bei Logoúrio
Öffnungszeiten: ganztägig
Eintritt: frei

Pyramide von Ligoúrio
Öffnungszeiten: ganztägig
Eintritt: frei

Ájios Joánnis-Kirche in Ligoúrio
Öffnungszeiten: ganztägig
Eintritt: frei

Theater und Asklipiío in Epídhavros
Öffnungszeiten: werktags von 8.00 bis 19.00 Uhr
sonn- und feiertags von 9.00 bis 19.00 Uhr
Eintritt: 200 Dra

Náfplio – Moní Panajías

Am einfachsten ist es natürlich, sich von Náfplio zum Kloster mit dem Taxi fahren zu lassen.

Zu Fuß bieten sich zwei Wege an. Die kürzere Route führt entlang der Straße des 25. März (25 Martiou) durch Prónia. Man folgt der Ausschilderung »Palamídhi/Karathóna. Etwa am Ortsende von Náfplio zweigt ein Schotterweg in ostwärtige Richtung zum Kloster Panajía ab. Das Kloster ist bereits von weitem zu sehen.

Auch die zweite Route geht zunächst entlang der Straße des 25. März. Bei der Einmündung der Páraschosstraße (Odós Paráschou) biegt man nach Nordosten (halbrechts) ab. Rechter Hand ist der bereits erwähnte bayrische Löwe des Bildhauers Siegel in den Felsen gemeißelt.

Die Wanderstraße passiert einen von riesigen Zypressen gerahmten Friedhof, steigt bald an, biegt rechtwinklig nach Südosten (rechts) ab und mündet nach einer Linksschleife in eine Teerstraße. Dieser Asphaltstraße vertraut man sich nach Osten (rechts) an. Allmählich stehen die Häuser an der Straße in immer größeren Abständen. Vereinzelte Zypressen schenken Schatten. Südostwärts der Straße (halbrechts) ist das helle Kloster der Panajía inmitten von Zypressen bereits zu erkennen. Im Marmorschneidewerk links der Straße kann man bei der Verarbeitung von Marmorblöcken zusehen.

Nach gut 800 Metern gabelt sich die Teerstraße. Zum Kloster wählt man die Straße nach Süden. Man verliert das Kloster nicht aus den Augen. Die Straße steigt nun etwa einen Kilometer bis zum Klosterkomplex an. Eine umständliche Serpentine kann man auf einem Fußpfad abkürzen.

Moní Panajías

Das Kloster – an einen Hang gelehnt und natürlich strahlend weiß getüncht – umgibt sich mit einem Zitrusgürtel, der durch vereinzelte Zypressen aufgelockert wird. Der ziegelrote Tambour der Klosterkirche überragt die anderen Klosterbauten. Vor dem Komplex liegen antike Trümmer herum.

Bischof Leon von Árgos hat die heilige Stätte im 12. Jahrhundert gegründet. Abwechselnd war sie von Mönchen und Nonnen bewohnt. Jetzt ist Moní Panajías ein Frauenkloster.

Mittelpunkt ist die mittelbyzantinische Kímisis tis Theotókou-Kirche. Die Viersäulenkirche hat in späterer Zeit Anbauten erfahren.

Zierleisten aus Ziegeln und Mäanderbändern umlaufen das Kirchenschiff. Antike Spolien sind in das Mauerwerk integriert. Das gegliederte Dach wird von einem wuchtigen, achteckigem Tambour überragt.

Die »Gebrauchskirche« neben dem Klostereingang ist keine Sehenswürdigkeit.

Die Klosterfrauen sehen Touristen in »ungeziemender Kleidung« – dazu gehören bei Frauen Hosen und ausgeschnittene Blusen oder Shirts, bei Männern Shorts – gar nicht gerne. Sie weisen sie dezent, aber bestimmt, aus dem heiligen Bereich.

Außerhalb der Klostermauern, unterhalb des Klosters, sprudelt eine »lebensspendende Quelle«, die von den Einheimischen gerne genutzt wird. Nach dieser Quelle (»Zoodhóchos Pijí«) wird das Kloster auch »Zoodhóchos Pijí-Kloster« im Volksmund genannt. Die Klosterquelle wird für die Kánathosquelle des argivischen Heraíon gehalten.

Moní Panajías ist ein Hort der Ruhe und des Friedens. Nur selten verirren sich Fremde hierher. Betörend ist der Blick auf die Festung Palamídhi und den argolischen Golf durch die Zypressen hindurch.

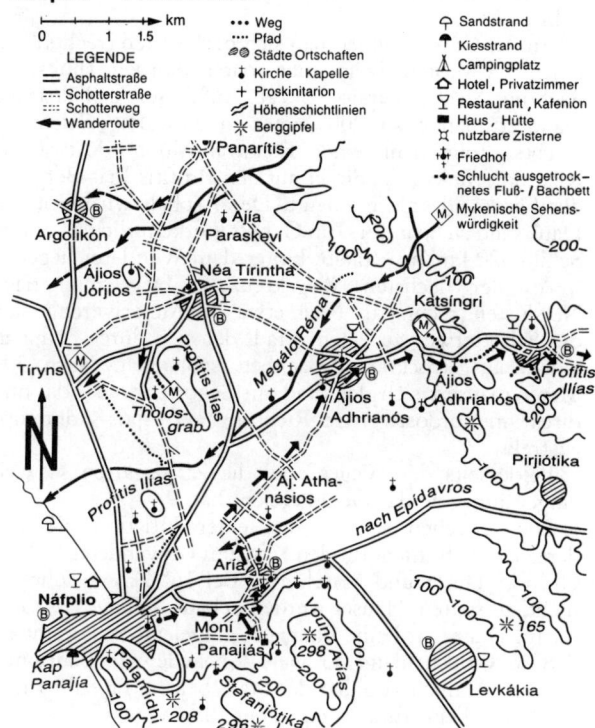

Moni Panajías – Burg Katsíngri

Vom Kloster geht es auf dem gleichen Weg zur Wegegabel zurück, auf zwei markante Berge zu. Beide heißen Profítis Ilías-Berg. Ich habe einen Griechen einmal gefragt, warum so viele Gipfel Profítis Ilías heißen. Der Grieche hat nur hilflos die Schultern gezuckt.

»Der Prophet Ilías hat auf einem Berg gelebt. Also sind die meisten Gipfelkirchen nach dem Propheten benannt. Und von den Kirchen erhalten dann die Berge ihren Namen«.

In beiden Bergen wird, wie in antiker Zeit, Marmor gebrochen.

An der Gabel wendet man sich nach Osten (rechts). An einem A-Masten biegt man nach Norden (links) in Richtung Straße Náfplio-Toló ab. Auf dieser Asphaltstraße wandert man etwa 200 Meter in ostwärtige Richtung (rechts), folgt dann einer Teerstraße in nordostwärtige Richtung (links), die direkt auf den Profítis Ilías-Berg mit der Fernmeldeanlage zuläuft. Der Asphalt wird Gott sei Dank bald zu Schotter. Ein Gehöft – erkenntlich an einem Schild »20 km/h« – bleibt hinter dem Wanderer liegen.

An der nächsten Wegekreuzung biegt man nach Nordosten (rechts) ab. Nach etwa 200 Meter verengt sich der Schotterweg zu einem Pfad, der sich durch Schilf in einem ausgetrockneten Bachbett schlängelt. Nach 300 Meter mausert sich der Pfad zur Schotterstraße, die nun direkt in nordostwärtige Richtung auf Ájios Adhrianós zustrebt.

Beiderseits des Weges sind die Zitrusgärten so weit eingezäunt, wie das Geld gereicht hat.

Die Griechen stecken, bei einer Inflationsrate von derzeit 26%, ihr nicht für den Konsum verwendetes Geld in Grund, Häuser und Maschinen. Bei 16% Zinsen lohnt es nicht, zu sparen. Häuser werden gebaut, solange das Geld reicht. Dann wird eine Baupause eingelegt. So kommt es, daß in Griechenland so viele Gebäude wie Bauruinen wirken. Ähnlich verfährt der Staat beim Straßenbau und der Bauer beim Einzäunen seiner Plantage.

Die Griechen legen ihre Drachmen auch gerne in Dollars oder in Deutscher Mark an. Sie verdienen an der Abwertung der Drachme. Von 1985 auf 1986 haben sie so immerhin einen Abwertungsgewinn von 50% erwirtschaftet. Da läßt sich der Niedergang der Drachme schon ertragen.

Im Spätsommer und im Herbst sind wilder Wein und wild wachsende Paradiesäpfel willkommene Früchte für Wanderer.

Ájios Adhrianós zieht sich einen Hang hinauf, hält die Kuppe eines Hügels besetzt. Den höchsten Punkt hat natürlich die Kirche beschlagnahmt.

Ab dem Dorfeingang plagt Teer die Wanderfüße. Eine

Kreuzung muß überquert, ein Hügel (geradeaus) überwunden werden. Dann trifft man auf die Hauptstraße. Die Häuser sind beiderseits der Straße postiert. Mittelpunkt des Dorfes ist ein Wegedreieck. Hier haben sich auch zwei Kafenia und ein Kolonialwarenladen etabliert.

Die Kafenia sind jetzt in der Mittagszeit leider geschlossen. So muß ich mit dem Kramerladen Vorlieb nehmen. In einem engen Verließ sind die Waren gestapelt. Hier kann man auch griechischen Kaffee trinken. Nicht aber Neskaffee. So mische ich mir kühles Wasser mit lauwarmem Retsina. Die Griechen schütteln bedenklich den Kopf: Wein schon am hellichten Tag!

Ich fülle meine Wasserflasche bis zum Rand. Wer weiß, wann ich auf einen Brunnen stoße!

Wer von Ájios Adhrianós nach Katsíngri keinen großen Umweg in Kauf nehmen will, ist zunächst auf die Teerstraße angewiesen, die das Dorf in südostwärtiger Richtung verläßt. Die Ford-Vertretung bleibt rechts liegen.

Den Felsen, auf dem die Festung Katsíngri thront, kann man schon am Dorfausgang erkennen.

Die Asphaltstraße steigt in einer weiten Rechts-Linksschleife bis zur Paßhöhe. Dort liegt rechter Hand der großzügige Parkplatz der Ájios Adhrianós-Kirche.

Beim Proskinitário biegt man nach Norden (links) in einen Schotterweg ein, der an lila Bienenstöcken vorbeiläuft.

Der Aufstiegsweg zur Burg ist schlecht zu erkennen. Da man den Gipfel aber ständig vor Augen hat, ist der Aufstieg problemlos zu bewältigen. Ab Proskinitário benötigt man etwa 15 Minuten.

Burg Katsíngri

Das Kastell Katsíngri hat sich auf einem markanten, etwa 150 Meter hohen Felsen festgesetzt. Es hat hervorragende Sicht über das fruchtbare argolischen Land bis zum argolischen Golf, ist also als Wachposten prädestiniert. Eine polygone Mauer verstärkt den natürlichen Schutz der Höhenlage. Rings um das Kastell sind zahlreiche Bergkup-

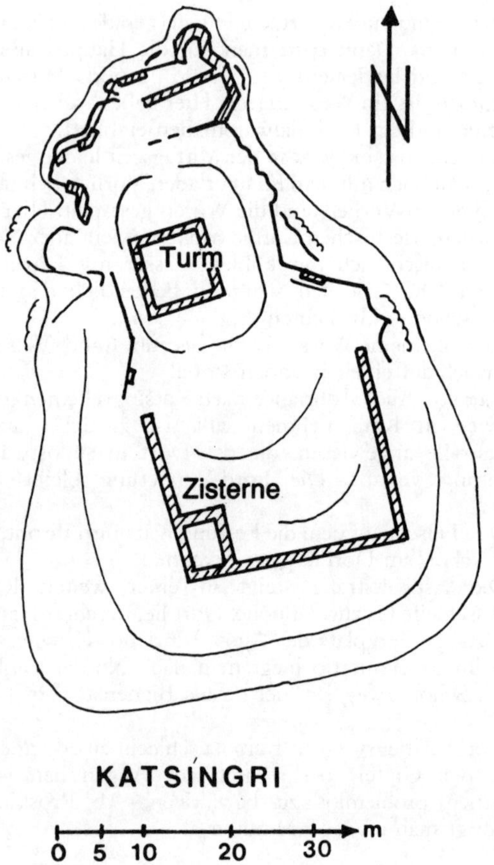

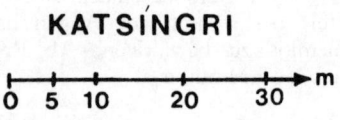

KATSÍNGRI

pen im Gelände verstreut. Sie heißen fast alle »Profítis Ilías«.

Die Festung hat in etwa Rechteckform mit Seitenlängen von 60 und 25 Meter. Im Norden fällt der Burgfelsen steil ab, brauchte also nicht stark befestigt zu werden. Die Mauer folgt dem Rand des Felsens. Im leichter zugänglichen Süden verstärken geradlinig verlaufende Mauern – sie sind bis zu 2.50 Meter hoch und 1.50 Meter dick – die Verteidigungsfähigkeit der Burg.

Der Hauptzugang liegt im Westen. Geringe Breite (etwa 1 Meter) und Höhe ermöglichen eine Verteidigung durch wenige Krieger. Den höchsten Punkt nimmt der quadratische Turm mit einer Seitenlänge von etwa neun Metern ein. An der Westseite ist er noch 1.50 Meter hoch. In der Südwestecke ist eine Zisterne zu erkennen. Überkragende Steine ließen ein »falsches« Gewölbe entstehen.

Die Lotkanten an den Mauerecken erlauben, die Entstehung der Burg ins 3. Jahrhundert v. Chr. zu datieren.

Unterhalb der Festung stehen Olivenbäume in Reih und Glied. Tabakfelder füllen die Baumlücken.

Man kehrt auf dem gleichen Weg zur Asphaltstraße zurück. Nächstes Anlaufziel ist die Ájios Adhrianós-Kirche südlich der Straße.

Das Gotteshaus kann sich mit den mittelbyzantinischen Kirchen in Chónikas und Ajía Triás nicht messen. Aber es ist interessant wegen seiner noch gut erhaltenden Fresken. Besonders sehenswert ist die Himmelfahrt Mariens in der Westtonne. Der Malermönch Jeremías aus Adhámi, einer Ortschaft südostwärts von Ligoúrio, hat die Gottesmutter mit einem ganzen Heer von Engeln und Propheten des Alten und Heiligen des Neuen Testaments umgeben.

Einer Inschrift kann man entnehmen, daß die Fresken 1743 entstanden sind.

Katsíngri – Kazárma

Von der Kirche kehrt man auf die Teerstraße zurück und folgt dieser nach Osten bis zum nächsten Linksknick. Hier sucht man sich auf Feldwegen seine Route auf die Ortschaft Profítis Ilías zu, die man in ostwärtiger Richtung bereits erkennen kann. Der Ort bleibt am Südhang des Profítis Ilías-Berges. Die Teerstraße durchzieht das Dorf. In einem Kafenion kann man einkehren, wenn man nicht gerade zur Siestazeit ankommt. Dann kann man sich nur am lauwarmen Leitungswasser erfrischen.

Profítis Ilías lebt vom Tabakanbau. Alt und Jung reiht in der Erntezeit die grünen Blätter auf Schnüre und Spieße.

Ich sehe einer Großfamilie bei ihrer Arbeit zu, komme mit ihr ins Gespräch. Zuerst wird mir Wasser gereicht, später Wein, Brot und Schafs-/Ziegenkäse, den die Griechen Féta nennen. Der Großvater begleitet mich auch ein Stück des Weges, um sicherzugehen, daß ich mich nicht verlaufe.

Am Ostausgang der Siedlung zweigt der Weg nach Ájios Dhimítrios ab. Die Schotterstraße hingegen verläuft genau nach Norden. Auf ihr kann man mit dem Fahrzeug nach Ájios Dhimítrios gelangen.

Der Schotterweg zieht sich einen Hang hinauf, läuft oben in einem fruchtbaren Hochplateau weiter. Hier gedeihen Zitrusfrüchte und Tabak. Auch einige Häuser sind über das Plateau verstreut.

Von Südwesten kommt der Weg von Pirjiótika. Knapp einen Kilometer nordostwärts der Einmündung dieses Weges biegt nach Osten der Schotterweg nach Ájios Dhimítrios ab. Der Wanderweg steigt zunächst an, hält sich dann in etwa auf gleicher Höhe und läuft dabei am Südhang des Kaló Tsouroúmi entlang.

Das nächste Anlaufziel, die neurestaurierte Metamórfosis-Kirche, enttäuscht leider. Kein Brunnen ist in der Kirchenumgebung zu entdecken.

Von der Kirche geht es in ostwärtiger Richtung weiter. Aus Süden mündet eine Schotterstraße in den Wanderweg. Es geht nach Nordosten bergab, dann – auf einem schlechter werdenden Weg – wieder steil bergan. Zwei Wege rechter Hand führen hinunter zur mykenischen Brücke und zum Kuppelgrab an der Straße Nafplio – Ligoúrio, etwa 800 Meter südwestlich der Festung Kazárma.

Die Burg Kazárma und zwei andere Kastelle, beide Kastráki genannt, sind im Gelände auszumachen.

Es geht jetzt ständig bergab. Im Tal ist die Ortschaft Ájios Dhimítrios zu sehen. Sie kommt einfach nicht näher. Die müdegelaufenen Füße geraten – nach 25 Kilometer Fußwanderung – allmählich aus der Kontrolle. Tabakbauern erfrischen mich mit kühlem Wasser. Ich erzähle ihnen, daß ich zu Fuß von Náfplio komme. Sie schütteln verwundert den Kopf. Wie kann man nur ohne Zwang in der Hitze freiwillig so weit zu Fuß gehen!

Das letzte Wegstück nach Ájios Dhimítrios verläuft

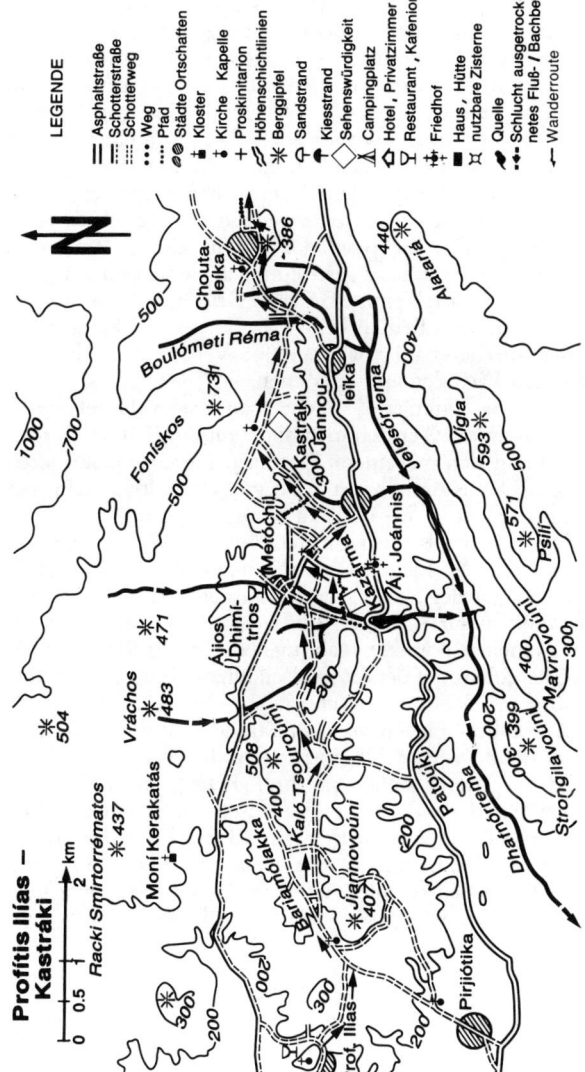

eben. Ich quere ein Bachbett, das noch Wasser führt.

Ájios Dhimítrios hieß noch vor kurzem Metóchi. Dieser Name ist in den Landkarten verzeichnet. Die Häuser liegen weit verstreut. Im Kafenion ist die Männerwelt zum abendlichen Schwätzchen versammelt. Ich werde nach dem Woher, dem Wohin, der Anzahl meiner Söhne ausgefragt. Ein Gespräch kommt in Gang.

Ich kann nur empfehlen, die Griechen zu grüßen, ihnen Fragen zu stellen: nach dem Namen der Ortschaft, nach dem Weg. Das Gespräch kommt in Gang. Man wird freundlich, meist sogar gastfreundlich aufgenommen. Wer zudem noch durch einige Brocken Griechisch sein Interesse an Land und Leuten bekundet, der hat die Herzen der Einheimischen bald gewonnen. Sie werden alles daransetzen, den Fremden zu verwöhnen.

In Ájios Dhimítrios findet man weder Hotels noch Privatzimmer. Wer dennoch nicht auf ein Bett verzichten will, kann sich mit einem Taxi nach Ligoúrio chauffieren lassen. Der Kafenionwirt wird gerne behilflich sein, ein Taxi (Preis etwa 7.– DM) zu besorgen.

Die Festung Kazárma nistet südlich von Ájios Dhimítrios auf einem nicht zu übersehenden Berg. Man verläßt den Ort auf der Straße, die ein ausgetrocknetes Bachbett nach Süden zur Straße Náfplio – Ligoúrio begleitet. Nach etwa einem Kilometer sucht man sich einen Pfad in einer Rechtsschleife auf den Burgfelsen hinauf. Für den Aufstieg muß man 15 Minuten rechnen.

Autofahrer biegen von der Straße Náfplio – Ligoúrio beim Schild »Ájios Dhimítrios« nach Norden ab. Nach etwa 500 Meter stellen sie ihr Fahrzeug an einem Weg linker Hand ab, der zu zwei Häusern führt. Dieser Weg ermöglicht einen Aufstieg zur Burg Kazárma in 15 Minuten. Man kommt an zwei Häusern vorbei, von denen eines blaue Fensterläden hat. Zum Gipfel führt zwar kein ausgetretener Weg, aber viele Pfade haben die Burg zum Ziel.

Burg Kazárma

Am Fuße des Kazármahügels, an der Straße Náfplio – Ligoúrio, wurde ein mykenisches Kuppelgrab entdeckt. Aus den wertvollen Grabbeigaben kann man schließen, daß es die Ruhestätte eines mykenischen Fürsten war. Die Akrópolis dieses Fürsten kann nur auf dem Kazármahügel gestanden haben. Spuren für diese Annahmen, etwa mykenische Kyklopenmauern, lassen sich allerdings nicht finden.

Der Burghügel ist im Norden und Nordwesten durch Steilhänge geschützt. Ost- und Südseite hingegen mußten durch polygonales Mauerwerk gesichert und durch Rundtürme verstärkt werden.

Das Gelände innerhalb der Burg fällt von Norden nach Süden ab. Am besten ist die bis zu 2.50 Meter dicke und 6 Meter hohe Ostmauer erhalten. Ihr mittlerer Teil war infolge der rechtwinklig zueinander stehenden Mauern besonders gut zu verteidigen, da der Gegner von zwei Seiten bekämpft werden konnte.

Von den Rundtürmen ist der Nordostturm mit einer Höhe von 5 Metern im besten Zustand. Er ist wohl in späterer Zeit instandgesetzt worden. Der schmale Haupteingang (ca. 1.40 Meter breit) ist über eine entlang der Südmauer laufende Rampe zu betreten.

Kazárma wurde vermutlich zwei Mal restauriert, einmal wahrscheinlich in der Römerzeit, das andere Mal zu Beginn des Mittelalters.

Nach der Technik des Mauerbaus – verstärkte Mauern gegen Rammböcke und ausgelagerte Türme – dürfte Kazárma um 400 v. Chr. erbaut worden sein. Bauherren könnten sowohl die Argíver als auch die Epidhávrier gewesen sein, die mittels der Burg die Straße Árgos – Epídhavros kontrollieren wollten.

Kazárma könnte das von Pausanias (II.26) erwähnte Léssa an der Grenze der Herrschaftsbereiche von Árgos und Epídhavros sein. Reste einer Stadt sind allerdings in unmittelbarer Nähe von Kazárma nicht zu entdecken.

Von der Burg hat man einen eindrucksvollen Blick in das rings von Bergen umstellte Becken von Ájios Dhimítrios, das von drei Burgen bewacht wird: von Kazárma

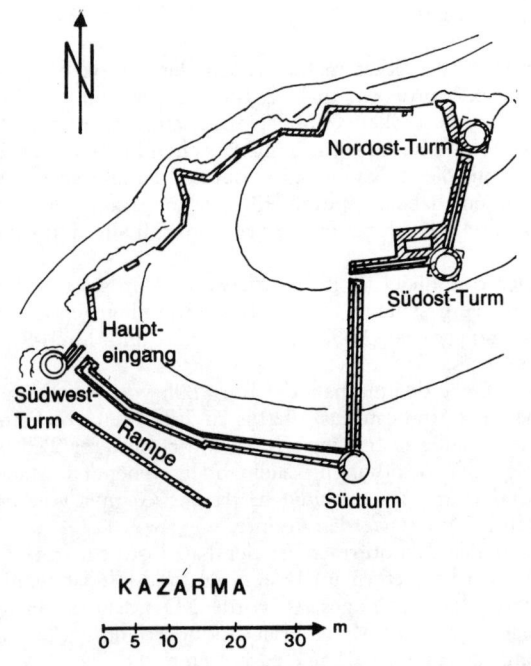

KAZÁRMA

und den beiden Kastrákiburgen im Norden und Westen.

Vom Kazárgipfel sollte man sich schon einmal den Weg zum nächsten Wanderziel, der Burg Kastráki einprägen.

Für Schlafsacktouristen ist die Burg Kazárma eine ideale Schlafstelle.

Kazárma – Kastráki

Auf kaum wahrnehmbaren Pfaden – die Autofahrer kennen den Weg bereits – steigt man nach Norden zu zwei Häusern – eines davon hat blaue Fensterläden – ab und erreicht 200 Meter westlich der Häuser die Teerstraße nach Ájios Dhimítrios. Ihr folgt man bis zu einem Proskinitario in Richtung Ájios Dhimítrios, biegt dann nach Südosten (rechts) ab. Ein Friedhof mit zahlreichen

Zypressen bleibt rechts liegen. Auf dem Schotterweg marschiert man weiter bis zu einem neuerbauten Haus. Der nach Nordosten (links) abgehende Schotterweg läuft geradewegs, durch Olivenhaine, auf die frisch restaurierte Ajía Ekataríni-Kirche zu, vereinigt sich vorher aber noch mit einer aus Nordwesten (links) kommenden Schotterstraße.

Am Brunnen an der Kirche kann man nach Herzenslust köstlich kühles Wasser trinken.

200 Meter südostwärts der Kirche zweigt ein Stichweg zu zwei ärmliche Hütten ab. Esel, Schafe und Ziegen empfangen die Wanderer mit einem mehrstimmigen Choral. Von den Hütten steigt man fünf Minuten zur Burg von Kastráki auf.

Burg Kastráki

Der Name Kastráki leitet sich von »Kástro« (=Burg) und der Endung »aki« (klein) ab. Kastráki heißt also »kleine Burg«.

Die Akrópolis hat etwa ovale Form. Nord- und Nordwestflanke sind durch Steilhänge geschützt. Süd- und Ostseite mußten durch Mauerwerk zusätzlich gesichert werden.

Der Haupteingang im Süden konnte von den Mauern und vom südostwärtigen Turm aus gut verteidigt werden. Der Angreifer bot dem Verteidiger im Turm seine ungeschützt Schwertseite dar.

Die Burgmauer ist bis zu 2 Meter stark. Die polygonalen Steine sind nur wenig behauen – anders als in Kazárma – und locker aneinander gefügt. Die Lücken sind mit kleinen Steinen gefüllt. Am besten ist die Südmauer mit den bis zu 4 Meter hohen Rundtürmen erhalten. Der Ostturm hingegen ist völlig zerfallen.

Kastráki dürfte jünger als Kazárma sein (um 350 v. Chr. erbaut). Im Mittelalter wurde die Burg instandgesetzt, wie die Verwendung von Ziegelsteinen und Mörtel erkennen läßt.

Auch von der Burg Kastráki läßt sich die Straße Árgos – Epídhavros trefflich überwachen. Vom Gipfel kann man den weiteren Wanderweg gut einsehen.

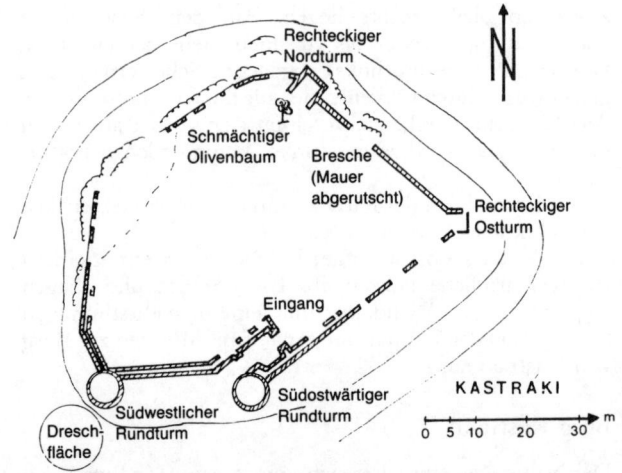

Kastráki – Ligoúrio

Vom Burggipfel steigt man wieder zu den beiden armseligen Hütten ab, geht auf die Schotterstraße zurück und wandert auf dieser nach Südosten (rechts). An einer Wegegabel wählt man den linken Weg. Nach etwa 1 1/2 Kilometern quert die Schotterstraße die baumreiche Boulométi-Schlucht, in der ein Gebäude und eine alte Wasserleitung auffallen.

Jenseits der Schlucht stößt man auf eine Teerstraße. Man wandert nach Überquerung der Straße etwa 150 Meter nach Südosten weiter und trifft dann auf eine weitere Teerstraße. Diese steigt nach Nordosten (links) bis zur Ortschaft Choutaléïka stetig an.

Choutaléïka ist ein offensichtlich junges Dorf mit vielen neuen Häusern. Die Einheimischen sind teilnahmslos und unfreundlich. Statt eines Glases Wasser deuten sie auf den Gartenschlauch. Ich umgehe das Dorf im Süden, schlage dann einen Linksbogen zum Ostausgang des Ortes. Einen Fußweg nach Ligoúrio kennen die Einheimischen nicht. Sie fahren mit ihren Autos auf der Asphaltstraße nach Ligoúrio.

Ich peile einen markanten Baum auf einem Hügel ostwärts des Dorfes als nächstes Ziel an, steige in eine Schlucht hinab. Am Ostrand der Schlucht finde ich wieder einen Weg. Auf dem höchsten Punkt des Hügels raste ich unter einem verkrüppelten, stacheligen Baum. Ligoúrio ist im Tal zu erkennen. Aber kein Weg strebt auf den Ort zu.

An einer Steinhalde nordostwärts von mir zieht eine Schotterstraße in Richtung Ligoúrio. Ich steige zur Steinhalde ab, folge der Schotterstraße nach Osten. Ich passiere ein stattliches weißes Haus und stehe dann vor einer Zementfabrik mit zwei markanten Silotürmen. Hier biege ich nach Norden ab. Die Ajía Marína-Kirche ist bereits zu sehen. Sie ist gut an ihrem weißgekalkten Sockel zu erkennen.

Mehr schlecht als recht läuft ein Pfad in Richtung Kirche. Die Olivenbäume beiderseits des Weges stehen auf kargem Grund. Ich sehe mehr Steine als Erdreich. Und doch ist dieses Steinefeld ausreichender Lebensraum für den anspruchslosen Olivenbaum.

Den letzten Teil der Strecke laufe ich über so einen Steineacker.

Ajía Marína-Kirche bei Ligoúrio

Die Kirche gehört nicht zu den bekannten Attraktionen der Argolís. Sie wirkt nicht durch byzantinische Finessen, sondern durch Innerlichkeit und Bescheidenheit. Über das Gotteshaus neigt sich ein schattenspendender Nadelbaum. Er gewährt müden Wanderern Schutz vor den Stichen der Sonne.

Die aus Natursteinen errichtete Ajía Marína-Kirche steht an der Stelle eines Athene-Tempels. Die ins Mauerwerk eingelassenen Spolien stammen sicherlich von diesem Tempel. Auch die nahe antike Pyramide wird ihren Beitrag geleistet haben.

Die Kuppel stützt sich auf antike Säulen. Neuzeitliches Material wurde mit klassischen Fragmenten verbunden. So sitzen ionische Kapitelle auf Säulenschaften späterer Zeit. Interessant ist, daß zwei der Säulen kanneliert sind.

Die Fresken sind zum Teil noch recht gut erhalten.

Pyramide von Ligoúrio

Die Pyramide liegt etwa 200 Meter nordostwärts der Ajía Marína-Kirche. Ein zweispuriger Weg läuft von der Kirche auf eine verfallene Hütte mit viel Gerümpel zu. Da man den Steinehaufen, der einst die Pyramide war, leicht verfehlen kann, sollte man seine Schritte zählen.

An einer Seite ist die Pyramidenschräge noch gut zu sehen. Auch die Inneneinteilung (vier Räume) ist noch zu erkennen. Die Pyramide hat in etwa Trapezform mit Seitenlängen zwischen 12–13 Meter und 14 Meter an der Nordseite. Vom Eingang in der Mitte der Ostseite leitet ein Meter breiter Korridor in das Innere.

Das Bauwerk muß in antiker Zeit – für eine Datierung der Erbauung gibt es keinen Anhalt – sehr hoch gewesen sein, um das Wegedreieck Árgos – Ásklipiío – Epídhavros einsehen zu können. Vermutlich hatte die Besatzung der Pyramide nur einen Wach-, aber keinen Verteidigungsauftrag.

In römischer Zeit wurde die Pyramide in eine Wäscherei oder Färberei umfunktioniert, wie die Waschbecken vermuten lassen.

Zwischen Pyramide und Ligoúrio sollen noch Reste einer antiken Siedlung – insbesondere Zisternen – existieren. Ich habe mich vergeblich nach ihnen umgesehen. Immerhin könnte auch hier die von Pausanias erwähnte Stadt Léssa gestanden haben.

Hinter der Hütte mit dem Gerümpel biegt man nach Südosten (rechts) ab. Der Weg mausert sich zuerst zu einer mit Marmortrümmern belegten Schotter-, später zu einer Asphaltstraße. Er klettert zum Dorf Ligoúrio hinauf.

Ligoúrio

Nach den ersten Häusern biegt man nach rechts in eine Teerstraße ein. Dieser folgt man bergab, bis sie in eine querverlaufende andere Asphaltstraße mündet, die den Ort von Westen nach Osten durchzieht. Beiderseits dieser

Straße reihen sich Geschäfte, Hotels und Restaurants.

Ligoúrio ist ein Straßendorf. Es ist weder sehens- noch liebenswert. Es hat nur als Durchgangsort zum Asklipiío und als Übernachtungs- und Abfütterungsstation der Touristen Bedeutung.

Gleich am Westausgang liegt mein »Stammlokal«. Tagsüber lasse ich mich dort allerdings nicht blicken. Angelockt vom Schild »Welcome to the Oasis-Restaurant, Snackbar, Toast, Lam, Chops und Breakfast« hält dort Bus um Bus. Abends hingegen bin ich mit Konstanthínos Jórjios Mélla und seinen Stammgästen allein, erzähle von meinen Wandererlebnissen und lasse mich natürlich ob meiner Geschichtskenntnisse Griechenlands gehörig bewundern. Die Abrechnung des Wirt gerät jedes Mal zu einem Schauspiel, reif für das Theater von Epídhavros. Mella zieht die Stirn angestrengt in Falten, murmelt vor sich hin, schreibt Zahlen in die Luft. In Wirklichkeit steht der Preis schon lange fest: 8.50 DM für Bauernsalat, Lammkotlett, Brot und Wein.

Zugegeben, die Tischdecken des Restaurants sind nicht die saubersten. Auch seine Frau – sie steht meistens am Grill – wirkt wie aus dem Kohlenkeller. Für eine Person wird der Tisch auch nur zur Hälfte gedeckt. Aber hier sitze ich unter Griechen und nicht – wie im Dorfzentrum – unter den Touristen, die eine Nacht in Ligoúrio hängen geblieben sind.

Einen Spaziergang ist die Ájios Joánnis-Kirche am Ortsausgang nach Epídhavros sicherlich wert. Das bescheidene Kirchlein geizt mit byzantinischem Prunk. Lediglich Ziegelumrandungen schmücken den Kirchenbau. Antike Spolien lockern das Mauerwerk auf. Über einem gegliederten Dach thront ein achteckiger Tambour. Er wurde ebenso wie der Narthex in späterer Zeit hinzugebaut.

Die Kuppel stützt sich auf zwei in Länge und Dicke ungleiche Säulen. Die Motive der vermutlich aus dem 12. Jahrhundert stammenden Fresken sind kaum mehr zu erkennen.

Die Landschaft von Ligoúrio zum Asklipiío ist wenig reizvoll. Zudem ist man auf die Asphaltstraße (6 Kilometer) angewiesen. Es empfiehlt sich deshalb, den Weg zum

Asklipiío mit dem Bus (ca. 1 DM) oder dem Taxi (ca. 3.50 DM) zurückzulegen.

Epídhavros – antiker Kurort mit Theater

Kuranstalt – in der Antike Asklipiío genannt – und Theater sind zwischen die Höhen des Arachnäon gebettet. Bei Äschylos' »Agamemnon« werden, wenn Feuer auf dem Arachnäon den Fall von Trója künden, Bühne und Berge zur Einheit.

Nach Epídhavros wallfahrten an Freitagen und Samstagen der Monate Juni bis September Griechen und Fremde, um an der fast 2500 Jahre alten Stätte ebenso alte Schauspiele zu erleben und festzustellen, daß die Autoren der griechischen Klassik unserer Generation immer noch etwas zu sagen haben. Kurerfolge werden heutzutage im Asklipiío nicht mehr erzielt. Auch für sportliche Wettkämpfe ist das kieferngesäumte Stadion nicht mehr geeignet.

Glaubt man der Mythologie und den Epidhávriern, so kommt der Asklépioskult aus dem thessalonischen Trikála. Auf einem Feldzug des thessalonischen Königs Phlégyas gebar dessen Tochter Korónis, eine Geliebte Apollos, ihren Sohn Asklépios. Sie setzte ihn sogleich auf dem Berg Títthion (=Zitzenberg) aus. Der Kleine wurde von einer Ziege – daher der Name Zitzenberg – genährt und vom Kentauren Cheíron großgezogen. Dieser lehrte Asklépios zusammen mit seinem Vater Apóllo die Heilkunst so vollendet, daß dieser sogar Tote wieder zum Leben erwecken konnte.

Der Títthionberg liegt nordostwärts des Asklepiío und trägt heute den Namen Velanidhiá.

Dem Unterweltgott Hádes mißfiel natürlich diese Kunst des Asklépios. Raubte sie ihm doch Untertanen aus dem Reich der Toten. Er führte Klage bei Zeus, beschuldigte ihn gar der Bestechlichkeit. Der Göttervater tötete Asklépios mit seinem Blitz, schenkte ihm später aber das Leben wieder.

Vater Apóllo und Sohn Asklépios ließen sich Heiligtümer in Epídhavros einrichten: der Vater auf dem Kynórtion-Berg – heute heißt der Berg Charaní – das Maleátas-Heiligtum oberhalb des Theaters, der Sohn das Asklipiío unterhalb des Theaters.

Spuren erster Besiedlung der Gegend um Epídhavros deuten in das 3. Jahrtausend v. Chr. Spätestens ab dem 7. Jahrhundert v. Chr. wurde Apóllo in Epídhavros verehrt. Aus dieser Zeit stammt das Maleátas-Heiligtum. Apóllo wurden ebenfalls heilende Kräfte zugeschrieben. Ab dem 6. Jahrhundert v. Chr. verdrängte der Asklépios-Kult den Apóllo-Kult. Der Kult erreichte im 4. Jahrhundert v. Chr. seinen Höhepunkt.

Anfangs des 4. Jahrhunderts v. Chr. kamen im Kurbezirk ein neuer Asklépios-Tempel und die Thólos hinzu. Das Theater wurde im 3. Jahrhundert v. Chr. eingeweiht. Hier wurden alle vier Jahre zu Ehren von Asklépios Theaterfestspiele (Asklepien), zu denen sich später athletische und musische Wettkämpfe gesellten, gefeiert.

Glaubt man Pausánias (II.27), so durften im Asklipiío weder Menschen sterben noch Frauen Kinder auf die Welt bringen.

Epídhavros hatte auch bei den Römern einen guten Ruf. So suchten 295 v. Chr. römische Gesandte Rat wegen des Ausbruchs einer Seuche. 86 v. Chr. zerstörte Sulla das Heiligtum und teilte die Tempelschätze unter seine Soldaten auf. Bald aber wurde die Kuranstalt wieder aufgebaut und blieb, wie eine mächtige Basilika wissen läßt, auch in der Christenzeit in Betrieb. Lediglich der Heilgott wechselte seinen Namen.

Seit 1881 wird Epídhavros ausgegraben. Erste Erfolge hatte das Griechische Archäologische Institut unter P. Kavádias (1881–1928). Die Arbeit setzte die Ecole Francaise d'Athenes unter J. Pappadhimítriou (1948–1951, Heiligtum des Apollo Maleátas) fort.

Eine Heilkur im antiken Epidhavros sollte man sich etwa wie folgt vorstellen: Nach einer kultischen Reinigung und der Darbringung der Opfergaben – die Priester mußten schließlich auch leben – wurden die Heilungsuchenden im Schlafsaal (Ábaton) gebettet. Dort erschien ihnen im Schlaf der Heilgott und zeigte ihnen die Therapie

Sehenswürdigkeiten

1 Museum
2 Theater
3 Heiligtum des Apollo Maleátas
4 Katagogion (Gästehaus)
5 Badeanlage
6 Gymnasium
7 Odeon
8 Propyläen
9 Palästra (mit Halle des Kótys)
10 Tempel der Themis
11 Tempel des Asklépios und des »ägyptischen« Apóllo
12 Römische Villa
13 Römische Thermen
14 Nördliche Stoá
15 Römische Villa
16 Frühchristliche Basilika
17 Propyläen (Haupteingang)
18 Tempel der Aphrodite
19 Zisternen
20 Badeanlage
21 Bibliothek
22 Brunnen mit heilkräftigem Wasser
23 Neues Abaton (Kurhalle)
24 Römisches Brunnenhaus
25 Tempel des Asklépios
26 Thólos
27 Altes Abaton
28 Tempel der Ártemis
29 Wohnhaus der Athleten
30 Stadion

auf. Die Kranken warteten dann auf das Wunder des Asklépios. Und da Heilungen oftmals eine Glaubenssache sind, trat dieses Wunder auch manchmal ein.

In späterer Zeit kümmerten sich ausgebildete Ärzte um die Kranken. Sie operierten, verordneten Medikamente und verschrieben Heilkuren. Aus der Glaubenssache wurde eine wissenschaftliche Medizin, gegen die auch das Christentum nichts einwenden konnte.

Theater

Es empfiehlt sich, das Theater zuerst zu besichtigen. Es faßt etwa 12 000 Zuschauer. Kein griechisches Theater konnte sich mit ihm hinsichtlich Architektur und Akustik messen.

Pausanias (II.27) ist der Auffassung, das Theater sei von Pólyklet dem Jüngeren erbaut. Er scheint aber zu irren. Das Theater dürfte im 3. Jahrhundert erbaut worden sein, seiner Zeit, in der Pólyklet schon lange nicht mehr lebte.

In seiner ursprünglichen Form hatte das Theater 34 Sitzreihen in 12 Sektoren. 6500 Zuschauer fanden Platz. Bei seiner Vergrößerung im 2. Jahrhundert v. Chr. kamen

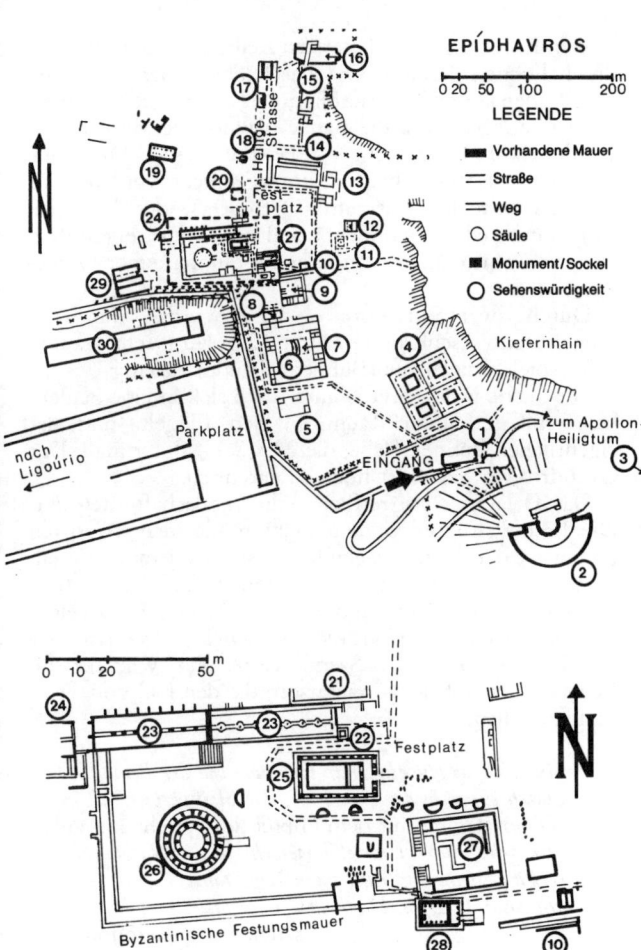

21 Sitzreihen in 22 Sektoren hinzu. Der Hang mußte hierzu aufgeschüttet werden. Zwischen altem und neuem Zuschauerraum (Cavea) ließ man Platz für einen Umlauf. Die Flügel der neuen Cavea wurden um einen Sektor zurückgenommen.

Den Ehrengästen in der ersten Reihe wurde der Rücken durch Lehnen gestärkt. Die Zuschauer in den folgenden drei Reihen konnten immerhin noch Kissen auf ihre harten Sitzbänke legen, weil die Bänke bewußt niedrig gehalten worden waren, um Kissen Platz zu lassen. Die Füße konnten in Löchern bequem untergebracht werden.

In der Mitte des Chorraums (Orchestra) – der Fußboden ist gestampfte Erde – ist der Sockel eines Altars erkennbar. ein solcher war unverzichtbarer Bestandteil einer Orchestra.

Durch zwei Seitentore – diese wurden mit zwei Flügeltüren verschlossen – hatten Chor zur Orchestra und Schauspieler zur Skene (Bühnengebäude) Zugang.

Die Skene in Epídavros unterteilte sich in eine Säulenhalle mit je einem Raum an den Flügeln und der eigentlichen Bühnenfläche, die 22 x 2.17 Meter maß. Der Grundriß der Skene ist noch zu erkennen.

Das Theater ist vortrefflich in die Landschaft integriert. Die Fremdenführer werden nicht müde, den Touristen immer wieder die überragende Akustik zu demonstrieren.

Eindrucksvoller ist natürlich eine Aufführung, besonders dann, wenn Bühne und Umwelt (Arachnáon) zu einer Einheit verschmelzen, wie dies in Äschylos »Agamémnon« der Fall ist. In einer Szene wartet ein Wächter auf Feuerzeichen auf dem Arachnäon, die den Fall von Trója künden sollen.

»Nun werde glücklich mir Erlösung von der Pein
Durch Feuer in der Finsternis, das Heil verheißt.«
(Feuer flammt auf dem Gipfel des Arachnäon auf)
»Ich grüß' dich Flamme! Tageshelle in der Nacht
verkündest du und rufst zum Reigentanze
allerorts in Árgos. Dank dem Ereignis!«
                                     Äschylos, Agamemnon, 20ff

Archäologisches Museum

Nach der Besichtigung des Theaters ist ein Besuch des Museums hilfreich, eine Vorstellung der antiken Stätte zu gewinnen.

Das Museum ist in drei Abteilungen gegliedert:

Saal 1

Die Inschriften von Votivtafeln, die Heilerfolge verkünden, die Baukostenaufstellung und die Gedichte des Isýllos versteht nur, wer die altgriechische Sprache spricht. Weitere Ausstellungsstücke sind ärztliche Instrumente und Schmuckleisten.

Saal 2

Neben Kopien von Skulpturen des Timótheus (Hygieía, Asklépios) aus dem Asklépios-Tempel (25) sind weitere Skulpturen anderer Meister ausgestellt. Das Gebälk der Propyläen vermittelt einen Eindruck von der Innenausstattung antiker repräsentativer Räume.

Saal 3

Hier sind Niken und sonstige Skulpturen des Asklépios-Tempels zu besichtigen. Der Tempel selbst ist in einer Rekonstruktion zu sehen. Besondere Aufmerksamkeit wird Elementen des Thólos (Mosaikfußboden, Dachgebälk, korinthisches Kapitell [vermutlich von Polyklet], Kasettendecken mit reichem Blüten- und Akanthusschmuck) und der Außenfassade des Artemistempels (28) mit den Hundeköpfen geschenkt.

Nach dem Museumsbesuch kann man sich für eine Besichtigung des Asklipiío oder des Heiligtums des Apóllo Maleátas (3) entscheiden.

Asklipiío

Südlichstes Gebäude des Asklipiío ist das Katagógion (4) (76x76 Meter, zwei Stockwerke) aus dem 4. Jahrhundert v. Chr.. Es war das Gästehaus des Kurbades. Mit 160

Zimmern war es recht geräumig. Die vier quadratischen Innenhöfe waren von Säulenhallen umgeben.

Die griechische Badeanlage (5) mit ihrem noch gut erhaltenen Ziegelfußboden – er stammt aus einer späteren Epoche – war durch einen Gang mit dem Stadion (30) verbunden.

In das quadratische Gymnasium (6) wurde in römischer Zeit ein Odeon (7) eingebaut. Dessen halbrunde Cavea ist teilweise noch erhalten.

Der Haupteingang des Gymnasiums, das Própylon (8), erfuhr einen Umbau als Hygieía-Tempel. Hygieía war die Schwester des Heilgottes.

Die aus der hellenistischen Epoche stammende Palästra (9) wurde im 2. Jahrhundert v. Chr. neu gestaltet. Die Wandelhalle mit den Innensäulen im Norden des Gebäudes war vermutlich die Halle des Kótys.

Vom Tempel der Thémis (10) sind nur noch Grund- und Innenmauern wahrzunehmen.

Der Tempel des Asklépios und des »ägyptischen« Apóllo wurde vom Senator Antonius aus Nysa in Kleinasien errichtet. Dieser restaurierte nach Pausanias auch die Halle des Kotys.

Gut erkennbar an den hohen Mauern sind die römischen Thermen (13). Sie könnten das von Pausanias erwähnte Bad des Asklépios und das Heiligtum der Götter (Epidotai) gewesen sein.

An die Thermen grenzt die nördliche Stoá (14) aus dem 3. Jahrhundert, eine dorische Säulenhalle, deren Innenhof von Läden und ionischen Säulen gesäumt war.

Wenig aussagekräftig sind die Reste einer römischen Villa (15).

Von der frühchristlichen Basilika (16), einem fünfschiffigen Bau (um 400 n. Chr. erbaut), sind nur noch die Apsiden eindeutig zu identifizieren.

Die Propyläen (17) (320 v. Chr.) waren der Haupteingang des Heiligtums. Zwei Rampen liefen durch die Säulen hindurch. Das Dach lag auf 14 korinthischen Säulen.

Von den Propyläen führte die Heilige Straße in den durch eine Mauer geschützten Bereich des Asklipíío. Im Tempel der Aphrodíte (18) flehten die Kurgäste die Liebesgöttin um einen Kurschatten an.

Wer in den inneren Bereich wollte, mußte sich in der Badeanlage (20) reinigen. Er konnte anschließend die Bibliothek (21) aufsuchen oder von einem Brunnen (22) trinken, dessen Wasser nach einer Inschrift heilkräftig gewesen sein soll. Der Brunnen gehört zu den ältesten Anlagen des Asklipiío (6. Jahrhundert v. Chr.)

Das neue Abaton (23) bestand aus einer einstöckigen ostwärtigen (4. Jahrhundert v. Chr.) und einer zweistöckigen westlichen Schlafhalle. Hier erschien der Heilgott den Kranken im Schlaf und flüsterte ihnen die Therapie ein. Die Geheilten bedankten sich mit Weihegeschenken und Inschriften, von denen einige im Museum ausgestellt sind. Das Abaton umliefen 29 ionische Außensäulen. Deren Sockel sind noch zu sehen. Im Innern gliederten 11 ionische Säulen die Säle auf.

Das neue Abaton ersetzte das alte »Schlafhaus« (27), das älteste Gebäude des Asklipiío (6. Jahrhundert v. Chr.), das in römischer Zeit den Priestern als Wohnheim diente. Vom Alten Abaton stehen nur noch die Grundmauern.

An das Neue Abaton schließt sich das römische Brunnenhaus (24) an.

Der Tempel des Asklépios (25) (390 v. Chr. erbaut) wurde von Osten über eine Rampe betreten. Der Perípteros war von 11x6 dorischen Säulen umgeben. An seiner Westseite stand das Kultbild des Asklépios, das Pausanias (II.27) wie folgt beschreibt:

> »Er (Asklépios) sitzt auf seinem Stuhl, einen Stab in Händen, und die andere Hand hält er über dem Kopf der Schlange; und auch ein Hund ist neben ihm dargestellt. An dem Thron sind die Taten der argivischen Heroen geschildert, Bellerophontes' Kampf mit der Chimära und Perseus, der der Medusa den Kopf abschlägt.«

Die Asklépios-Statue war aus Gold und Elfenbein. Nach Pausanias war Thrasymédes, der Sohn des Arígnotos, ihr Meister. Einzelheiten über Baukosten (24 Talente), Baumaterial (Porosstein aus Korinth und Marmor aus Attika) und Künstler kann den Bauabrechnungen entnommen werden, die im Museum ausgestellt sind. Im Museum sind auch die Akroterfiguren des Bildhauers Timótheus und eine Rekonstruktion des Tempels zu sehen.

Die Thólos (26) war ein Rundbau aus Marmor. Er wird zur Zeit in seinem Grundriß rekonstruiert. Pausanias (II.27) berichtet, daß ihn Pólyklet (360–320 v. Chr.) erbaut habe. Den Rundbau umliefen außen 26 dorische Säulen. In der Cella standen 14 korinthische Säulen. Der Bau war in Unter- und Obergeschoß gegliedert.

Die Thólos war kostbar gestaltet und ausgestattet. Triglyphen und Metopen des Gebälks und andere Bau- und Schmuckelemente sind im Museum gesammelt und durch Rekonstruktionen ergänzt. Paúsias aus der Malschule von Sykión schuf die Fresken »leiertragender Eros« und »trinkende Methe«.

Drei Ringmauern verwandelten das Untergeschoß in ein Labyrinth. Gut möglich, daß hier die heiligen Schlangen gehalten wurden.

Ein Teil des Thólosfußbodens ist im Museum ausgestellt.

Der Thólos galt in der Antike als das Grab des Asklépios.

Im Tempel der Ártemis (28) stand das Kultbild der Ártemis Hekáte.

Das Wohnhaus der Athleten (29) war durch einen unterirdischen Gang mit dem Stadion (30) verbunden. Vielleicht sollten die Wettkämpfer – wie in modernen Fußballstadien – vor ihren begeisterten oder enttäuschten Fans geschützt werden.

Stadion

Das Stadion liegt außerhalb des eintrittspflichtigen Areals, ist aber seinerseits wieder eingezäunt und kann nicht betreten werden. Es kann jedoch gut eingesehen werden.

Das Stadion wurde im 5. Jahrhundert v. Chr. erbaut. Es ist 181 Meter lang und 23 Meter breit. Die ursprünglich 11 Laufbahnen wurden später auf 6 verringert.

Der Wall im Osten ist künstlich aufgeschüttet. Für die Ehrengäste war eine Ehrentribüne an der Südseite vorgesehen. Einzelne Sitzreihen aus Stein sind noch zu erkennen.

Heiligtum des Apóllo Maleátas

Wer sich für das Heiligtum des Apollo Maleátas (3) auf dem Kynórtion-Berg interessiert, folgt der Straße, die vom Museum in einer Rechtsschleife nach Osten ansteigt. Für den Weg zum Heiligtum muß man etwa 15 Minuten ansetzen.

Apóllo wurde in Epídhavros ab dem 7. Jahrhundert v. Chr. verehrt. Der alte Tempel ist allerdings nicht erhalten. Zu sehen sind noch Reste eines kleinen Tempels mit zwei Säulen an der Vorderfront, einer Halle mit 19 Säulen und der vom Senator Antonius erbauten Zisterne.

Theater und Asklepío sind meist überlaufen, im Heiligtum des Apollo Maleátas hingegen ist man immer mutterseelenallein. Kaum ein Fremder kennt es und wer es kennt, scheut in der Regel den 15 minütigen Aufstieg.

Ich staune über die Touristen. Die letzten stürmen 10 Minuten vor Kassenschluß in die antike Stätte – ohne Reiseführer oder Lageplan – hetzen durch die Ruinen, fotografieren Steine, die ihnen nichts sagen, und Menschen, die beweisen wollen, daß sie in Epídhavros gewesen sind. Was die Natur 2500 Jahre unbeschädigt gelassen hat, wird achtlos zermalmt oder zertrampelt.

Nach zehn Minuten ist der Spuk vorbei. Im teuren Xenia-Restaurant wird die Mühe des Besuches mit einem Bier für 2.50 DM – sonst kostet es etwas mehr als eine DM – hinuntergespült. Ja, es stimmt schon: Epídhavros muß man eben gesehen haben. Sonst ist die Sammlung der antiken Stätten nicht vollzählig.

Der letzte Bus nach Ligoúrio fährt um 18.00 Uhr ab. Dies ist bewußt so eingerichtet, damit die Taxifahrer auch zu ihrem Geschäft kommen.

Der Ausgangspunkt der nächsten Wanderung ist Troízen (Trizín). Man kann diesen Ort mit dem öffentlichen Bus oder mit dem Taxi (Fahrpreis ca. 40 DM) erreichen. Ich habe das Taxi gewählt, mit dem Fahrer (Joánnis Kaftánis aus Ligoúrio) 2000 Drachmen vereinbart. In Trizín hat er 2500 Drachmen verlangt. An die vereinbarten 2000 Drachmen konnte er sich nicht mehr erinnern. Auch ein vorher abgesprochener Preis schützt also manchmal nicht vor den Gaunereien mancher Taxifahrer.

3. Über das Adhéres-Gebirge

Überblick

Für die Wanderung über das Adhéres-Gebirge sollte man einen ganzen Tag reservieren. Zwar dauert die Tour vermutlich nur etwa 5–6 Stunden, aber man sollte sich für Natur und Rasten schon etwas Zeit nehmen.

Man trifft unterwegs auf keine Ortschaften. Verpflegung und Getränke sind also spätestens in Trizín – im deutschen Sprachgebrauch wird der Ort meist Troizen, im Griechischen seit neuester Zeit Dhalamás genannt – einzukaufen.

Der Weg steigt auf eine Höhe von etwa 600 Meter über dem Meer an. An Sehenswürdigkeiten gibt es auf der Wanderung außer der Landschaft und dem Ájios Dhimítrios-Kloster über Trizín nichts zu sehen. Wasserstellen sind selten. Es ist deshalb zu empfehlen, seine Wasserflasche an der Quelle 1/2 Wegestunde nach dem Kloster bis zum Rand zu füllen.

Die Wanderung kann in Plépio oder in Thermisía enden. In Themisía kann man Hotelunterkunft in der Bettenburg Hydra-Beach finden. Ansonsten bietet nur noch Ermióni Betten in bescheidener Anzahl an. In der Hochsaison ist es schwierig, in Ermióni unterzukommen.

Zwischen Plépio und Ermióni verkehrt ein öffentlicher Bus. Eine Taxifahrt von Plépio nach Ermióni ist erschwinglich (ca. 10 DM).

Damit auf dieser Wanderung die Kultur nicht zu kurz kommt, sollte man einen Abstecher zur antiken Stätte von Trizín machen. Dafür sollte man sich einen halben Tag reservieren.

Praktische Hinweise

Vorschlag für Fußwanderung

1. Tag: Anreise, Besuch des antiken Trizín (ohne Anreise ein halber Tag ausreichend).

2. Tag: Wanderung von Trizín nach Thermisía oder Plépio (ca. 15 km); Weiterfahrt mit öffentlichem Bus oder Taxi nach Ermióni.
Mögliche Abstecher: Zu der antiken Burg von Iliókastro (fast nichts mehr zu sehen) oder zur venezianischen Burg von Thermisía.

Fahrstrecke für Autofahrer
Trizín – Teufelsbrücke – Asklipiío (2 Minuten Fußweg) – Trizín – Ájios Dhimítrios-Kloster über Trizín – zurück nach Trizín – Galatás – Saronídha – Metóchi – Plépio – Thermisía – u. U. Iliókastro – Ermióni.

Bahnstationen
Keine

Busstationen
Ermióni
Iliókastro
Plépio
Thermisía
Trizín

Schiffstationen
In Ermióni mit Flying Dolphins Anschluß nach Piräas und den Häfen der Westküste der Peloponnes; u. U. Umsteigen erforderlich.

Unterkünfte
Hotels, Pensionen und Privatzimmer nur in Thermisía (Hydra Beach) und in Ermióni

Campingplatz
In Portocheli

Jugendherbergen
Keine

Sehenswürdigkeiten

Antikes Trizín
Öffnungszeiten: ganztägig
Eintritt: frei

Mittelalterliche Burg über Trizín
Öffnungszeiten: ganztägig
Eintritt: frei

Antike Burg von Iliókastro
Öffnungszeiten: ganztägig
Eintritt: frei

Mittelalterliche Burg von Thermisía
Öffnungszeiten: ganztägig
Eintritt: frei

Antikes Hermióne
Öffnungszeiten: ganztägig
Eintritt: frei

Trizín – Geburtsort von Théseus

Trizín – heute Dhalamás genannt – klammert sich an die Nordhänge des Adhéres-Gebirges. Aus diesem stürzen sich sogar im Sommer Bäche dem Meer entgegen und schenken dem Küstenstrich zwischen dem Gebirge – er hieß in der Antike Vorbántion –, dem Golf von Epídhavros und der Bucht von Stenó, Fruchtbarkeit.

Um den Dorfplatz von Dhamalás scharen sich drei Kafenía. In der Kaffeebar Ethnosinsélefsi des alten Nikólaos Dános erhält man touristische Informationen.

Aus der gegenüberliegenden Kaffeebar »O Thiséas« dröhnt den ganzen Tag Musik.

Die antiken Stätten liegen westlich und nordwestlich des Ortes; sie sind zu Fuß jeweils in einer halben Stunde zu erreichen.

Trizíns Geschick ist in Mythologie und Geschichte mit Athen verbunden. So wurde Théseus, der spätere König von Athen, in Trizín geboren. Um seine Vaterschaft streiten sich Ägéus, der König von Athen, und der Meeresgott Poseidon.

Der weise König Pittheus von Trizín wollte seiner Tochter Aíthra die Schmach der Jungfernschaft ersparen.

Er lockte den trunkenen Ägéus in das Bett seiner Tochter. In der gleichen Nacht aber verspürte auch Poseidon Lust auf Aíthra und vergewaltigte sie.

Aus seinem Rausch erwacht, glaubte Ägeus an seine Vaterschaft. Er versteckte unter einem Felsen mit dem Namen »Altar des starken Zeus« seine Sandalen und sein Schwert. Théseus sollte im Mannesalter den Stein heben – falls er dies könne – und sich durch die Utensilien identifizieren.

Theseus liftete bereits im Jünglingsalter den Stein – die Triziner zeigen ihn noch heute – und gab sich seinem Vater – unbewußt – durch sein Schwert zu erkennen.

Theseus Schicksal war damit aber noch nicht erfüllt. Dessen legitime Gattin Phaädra begehrte heiß und innig den Theseussohn Hippólytos, der eine Liaison mit der Amazonenherrscherin Antíope – die Mythologie nennt auch den Namen Hippólyte – entstammte. Phaädra belauerte Hippólytos heimlich bei dessen gymnastischen Übungen im Gymnasium von Trizín. Als alle ihre Verführungskünste fehlschlugen, erhängte sie sich an einem Myrtenbaum, hinterließ aber einen Abschiedsbrief, in dem sie Hyppólytos der Vergewaltigung bezichtigte. Théseus glaubte Phaädra – hätte sie sich sonst umgebracht? – und stachelte seinen vermeintlichen Vater Poseídon an, Hippólytos zu vernichten. Dieser ließ daraufhin die Pferde des Hippólytos scheuen. Die Zügel verhängten sich an einem wilden Ölbaum einem »Rhachos« – so heißen übrigens noch heute wilde Ölbäume –, der Wagen stürzte und Hippólytos wurde zu Tode geschleift.

Die Triziner – so Pausánias (II.31) – stritten immer den Tod von Hippólytos ab, verheimlichten sein Grab. Hippólytos sei vielmehr von den Göttern als »Sternbild Wagenlenker« in den nächtlichen Himmel aufgenommen worden, erklärten sie.

Glaubhafter erschien Pausánias, daß Hippólytos von Asklépios wieder zum Leben erweckt, dieser aber zur Strafe durch einen Blitzstrahl von Zeus tödlich getroffen worden sei. Die Triziner weihten Hippólytos einen Tempel und ein Stadion. Vom Heiligtum sind noch heute die Fundamente zu sehen. Mythologie und Geschichte gehen nahtlos ineinander über.

In Trizín fand der Muttermörder (Klytemnéstra) Oréstes, der Sohn Agamémnons, Reinigung von seiner Mordtat. Das Haus, in dem Oréstes vor seiner Sühne wohnte, trug den Namen »Zelle des Oréstes«. Es lag etwas abseits der Wohngegend, weil die Triziner Oréstes vor der Reinigung nicht in ihrer Nähe geduldet hatten.

Spuren erster Besiedlung deuten in die Mitte des 3. Jahrtausends v. Chr.. Mit dem Einfall der Dorier um die Jahrtausendwende – die ansässigen Ionier wurden unterjocht – wuchs Trizíns Bedeutung. An diesen Ort evakuierten die Athener Frauen und Kinder vor der Schlacht bei Salamís (480 v. Chr.). Eine in Trizín gefundene Stele offenbart den Schlacht- und Evakuierungsplan des Themístokles, des Helden von Salamís.

Im Peloponnesischen Krieg stand Trizín – als Gegner von Árgos – auf der Seite von Spárta. Pausanias berichtet sehr eingehend über die Siedlung, preist die zahlreichen Tempel und überliefert auch Mythologie als gesicherte Geschichte. Unstrittig scheint zu sein, daß Trizín in der Antike eine bedeutende Stadt war, die sich sogar einen eigenen Hafen (Kelendris) leisten konnte.

Bereits im 3. Jahrhundert n. Chr. existierte in Trizín eine christliche Gemeinde. Bald war der Ort auch Bischofssitz.

Der jetzige Name Dhalamás geht auf die Jahrtausendwende n. Chr. zurück. Er wurde allerdings erst wieder in den letzten Jahren angenommen.

In der Frankenzeit gehörte die Baronie Trizín zum Herzogtum Athén. Etwa in dieser Zeit wurde das Kastell auf dem Akropolishügel erbaut.

1363 fiel Trizín an die Despoten von Mistrás.

Im Jahr 1827 tagte im Zitronenhain von Trizín die dritte griechische Nationalversammlung. Diese wählte Kapodhístrias zum Präsidenten und veröffentlichte die »Charta der Freiheiten Griechenlands«.

1890–1899 wurde das antike Trizín von der Ecole Francaise d'Athens (Ph. E. Legrand), 1932 vom Deutschen Archäologischen Institut (G. Welter) freigelegt.

Trizín gehört zu den von den Touristenströmen noch nicht erfaßten antiken Stätten. Dies hat den Vorteil, das der Ort nicht überlaufen ist, aber auch den Nachteil, daß die Ausgrabungsstätten langsam, aber sicher verkommen. Viele Fundstätten, die noch im Lageplan angegeben sind, können im Gelände nur noch schwer oder gar nicht mehr lokalisiert werden.

Es lohnt nicht, alle historischen Stätten, die in den Lageplan eingezeichnet sind, aufzusuchen. Die Teufelsbrücke und das Tal des Jéfiron sowie das Asklipiío sollte man nicht auslassen.

Ein Aufstieg auf den Akropolis-Hügel ist ergiebiger wegen des prächtigen Ausblicks auf Küstenlandschaft, die Halbinsel Méthana, die Inseln Éjina, Ankístri, Salamís und Póros und das Meer als wegen der archäologischen Sehenswürdigkeiten.

Die Besichtigungstour führt zunächst zur Teufelschlucht und von da zum Asklipiío. Der Rückweg kann über die Agorá gewählt werden.

Die neugeteerte Straße verläßt Dhamalás in nordwestlicher Richtung. Nach den letzten Häusern wird der Blick frei in eine fruchtbare Gegend, in der Zitrus- und Olivenbäume überwiegen. Im Norden liegen die Höhen von Méthana, im Nordosten die Kuppen von Póros schützend vor dem Festland. Die Gegend um Trizín ist prädestiniert für einen Kurort.

Jenseits des Ájios Athanásios-Baches wird rechter Hand die Ájios Nikólaos-Kirche (17) schützend von Zypressen gerahmt. Etwas näher an der Wandererstraße verbirgt sich zwischen Olivenbäumen die Ájios Jórjios-Kirche (1). Die Kirche soll auf den Fundamenten eines frühchristlichen Gotteshauses stehen. Wie bei den meisten byzantinischen Kirchen im Raum Trizín wurden auch ins Mauerwerk der Ájios Jórjios-Kirche antike Spolien eingebaut.

Der »Stein des Theseus« (2) an der Wegegabel – links geht es zur Teufelsbrücke, rechts zum Asklipiío – hat keine historische Relevanz. Er ist ein Zugeständnis der geschäftstüchtigen Triziner an die mythologiesüchtigen Touristen.

Etwas nordwestlich des Steines stehen die Reste eines Ziegelgebäudes mit Tonnengewölbe (3). Die Fundamente nordostwärts davon werden als Tempel der Muse (Musion) gedeutet. Die Gebäude könnten zu einer Badeanlage gehört haben.

Sehenswürdigkeiten
 1 Ájios Jórjios-Kirche
 2 Stein des Theseus
 3 Vermutlich Thermen
 4 Römisches Monumental-
   grab
 5 Hellenist. Turm
 6 Teufelsbrücke
 7 Ájios Joánnis-Kirche
 8 Frühchristl. Kirche
 9 Archaisches Grab
10 Hippólytos-Tempel
11 Asklepiío
12 Epískopi-Kirche
13 Stadion des Hippólytes
14 Ájios Stylíanos-Kirche
15 Römisches Grab
16 Ajía Sotíra-Kirche
17 Ájios Nikólaos-Kirche
18 Poseídon-Tempel
19 Aphrodíte Akraía-Tempel,
   Sotira Tempel
20 Pan-Heiligtum
21 Athéne-Tempel

Wir folgen der linken Gabel, die in einer Links-/ Rechtsschleife bergan führt. Linker Hand wird eine monumentale Grabanlage (4) passiert.

Der zweigeschoßige Turm (5) aus polygonalem, behauenem Stein wird der hellenistischen Zeit zugerechnet. Er wurde, wie das Ziegelmauerwerk wissen läßt, im Mittelalter restauriert.

Der Weg läuft nun in nahezu westliche Richtung. Für Fahrzeuge ist nahe der Teufelsbrücke (Jéfira tou Dhiavólou) (2 Minuten Fußweg) ein Parkplatz eingerichtet.

Die Brücke kann man leicht übersehen. Sie ist der Landschaft angepaßt. Sie entstand vermutlich auf natürliche Weise dadurch, daß sich der Bach sein Bett unter ihr hindurchgrub. In der Frankenzeit wurde sie mit einem Gewölbe untermauert.

Eine Wanderung bachaufwärts durch die Schlucht ist ein Erlebnis. Hier plätschert im trockensten Hochsommer erfrischendes Wasser. Die sauberen Gumpen laden zu einem Bad ein. Riesige Platanen schenken Schatten, Oleanderbüsche verleihen der Schlucht Anmut. Es wäre eine wahre Idylle, wenn nicht die Touristen überall ihren Abfall abgeladen hätten.

Zum Asklipiío geht es denselben Weg zurück bis zum Stein des Theseus (2). Hier biegt man nach Norden (links) ab, folgt dem Wegweiser »Asklipiío«. Nahe der Gabel lädt eine Wasserleitung zur Rast ein. Im Spätsommer kann man von den nahen Feigenbäumen tiefblaue Früchte pflücken. Das Wasser fließt allerdings nur, wenn die Haine bewässert werden.

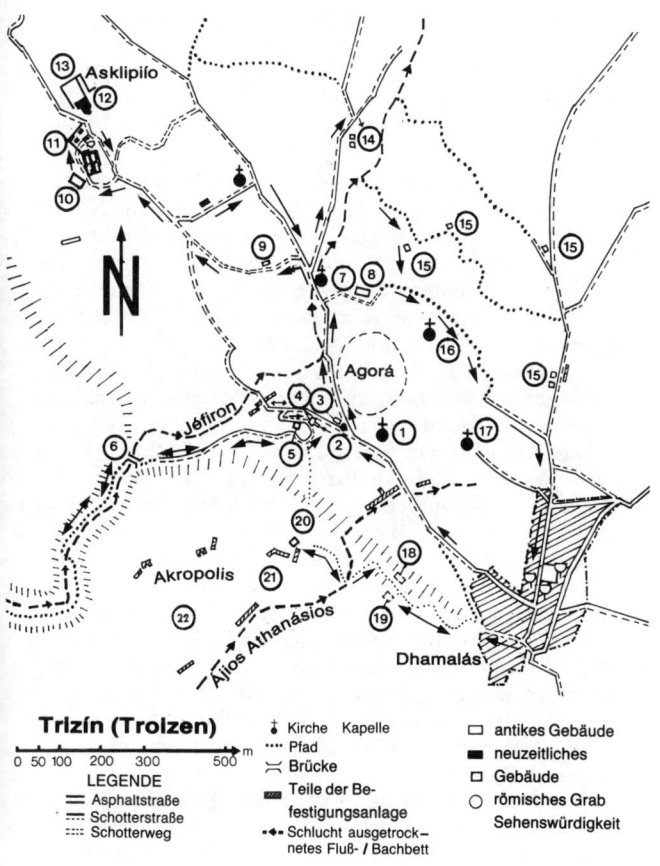

Die Schotterstraße folgt ein kurzes Stück dem Jéfiron, überquert ihn dann. Bei der Ájios Joánnis-Kirche (7) gabelt sich der Weg. Vielleicht riskiert man einen Abstecher zu den Fundamenten einer frühchristlichen Kirche (8) 100 Meter ostwärts.

Etwa 50 Meter nordwestlich zweigt ein Schotterweg nach Westen (links) ab. Er läuft in einer großzügigen

139

Rechtsschleife, vorbei an einem archäischen Grab (9) rechter Hand, auf das Asklipiío zu.

Der westlich (links) des Weges liegende Hippólytos-Tempel (10) stammt aus dem 4. Jahrhundert v. Chr.. Von ihm sind allerdings nur noch spärliche Fundamente erhalten.

Das Heiligtum ostwärts (rechts) der Schotterstraße (11) war Asklépios geweiht. Eine Terassenmauer im Norden und Westen stützt es ab. Eine Rampe an der Ostseite markiert den Haupteingang. Im Nordteil des Heiligtums waren ein Antentempel (neben dem Haupteingang), ein Breittempel, ein Längsaltar und an der Westseite ein kleines Brunnenhaus untergebracht.

Im Südteil des Heiligtums gruppieren sich um einen Innenhof mit Säulenumgang Bettensäle und ein Arzt- oder Gemeinschaftsraum.

Das Asklipiío wurde um 250 v. Chr. durch ein Beben eines Vulkans auf Méthana zerstört. Es wurde nur teilweise wieder aufgebaut. Teile des Asklipiío waren noch in der Römerzeit in Betrieb.

Die dreischiffige Epískopi-Kirche (12) aus dem 11. Jahrhundert ist nur noch in Fragmenten erhalten. Sie steht vermutlich auf den Fundamenten des Aphrodíte Kataskopía-Tempels. In ihm suchte sicherlich die liebesüchtige Phaädra Hilfe bei der Liebesgöttin, um Hippólytos doch noch für sich zu gewinnen. Die Kirche steht auf einer Terrasse, die wahrscheinlich das von Pausánias erwähnte Stadion des Hippólytos (13) bildete (190 Meter lang und 20 Meter breit).

Auf dem Rückweg zum Dorf Dhamalás kommt man an der Ájios Stýlianos-Kirche (14) vorbei, wenn man einen Umweg über die Agorá macht. Im Schilf und in Oliven- und Zitrushainen sind noch verkümmerte Reste des antiken Trizín versteckt. Auch einige römische Gräber (15) liegen verstreut im Gelände.

Bei der Ajía Sotíra-Kirche (16) wurde die Stele mit dem Schlacht- und Evakuierungsplan des Themístokles gefunden.

Den Akropolishügel erreicht man über einen Pfad, der vom Westausgang von Dhamalás in nordwestlicher Richtung bergaufwärts zieht. Die antiken Stätten (Poseídon-

Tempel (18), Aphrodíte Akraía-Tempel (19), Artemis Sotíra-Tempel (19), Pan-Heiligtum (20) und Athéne-Tempel (21) sind nur schwer im Gelände zu lokalisieren.

Auf der Akrópolis sind die Reste des Festungswerks im unteren Teil antiker, im oberen Teil mittelalterlicher Herkunft.

Über die Vorbántion-Berge

Die Vorbántion-Berge – so wurde in der Antike das Adhéres-Gebirge genannt – steigen bis zu einer Höhe von 687 Meter über dem Meer an. Diese Höhe muß der Wanderer erklettern. Denn der Wanderweg führt dicht unter dem Gipfel entlang. Von der Gipfelregion überblickt man im Norden den Sarónischen, im Südwesten den Argólischen und im Süden den Pelásgischen Golf. Der Weg, der in der Antike Trizín mit Hermióne, dem heutigen Ermióni verband, muß etwa den gleichen Verlauf wie der Wanderweg gehabt haben.

Auf der Wanderschaft muß man sich mit der Einsamkeit anfreunden. Menschen wird man kaum begegnen. Vielleicht werden einige Schaf- oder Ziegenherden die ohnehin kahlen Kuppen noch karger fressen.

Die Wanderung gliedert sich in drei Phasen: die etwa eineinhalbstündige Aufstiegsphase, hier wandert man in endlosen Kehren fortwährend gegen den Himmel, die einstündige Phase über ein relativ ebenes Höhenplateau und die in die Knie gehende eineinhalbstündige Abstiegsphase.

Mit Schatten und Wasser geizen die Adhéres-Berge. Dennoch sollte man in der Nähe der Schäferhütten um das Gipfelplateau Brunnen finden, wenn man glaubt, den Durst nicht länger ertragen zu können. Ich habe es allerdings nicht versucht.

Am Nordausgang hält man sich zunächst unterhalb einer einzelstehenden Zypresse, wandert in westliche Richtung auf die Insel Póros zu. Die Schotterstraße steigt Kehre um Kehre an. Trizín und der Küstenstrich werden immer winziger. Ein Sportplatz bleibt rechts der Straße liegen, ein an ihm rechts abzweigender Weg unbeachtet.

Nach drei oder vier Kehren steht man vor den Ruinen des von fünf Zypressen umrahmten Klosters Ájios Dhimítrios.

Das Kloster wurde in der byzantinischen Epoche erbaut. Die Klosterkirche mit dem kreuzförmigen Dach birgt einige gut erhaltene Fresken. Sie sollen Ende des 17. Jahrhunderts restauriert worden sein. Ins Mauerwerk der Kirche sind antike Spolien, vermutlich von Trizín, eingelassen. Das Kloster ist aufgegeben. Die Klosterzellen gruppieren sich um die Nord-, West- und Südseite der Kirche.

Vergeblich suche ich eine Wasserstelle. Ein Kloster ohne Quelle oder Brunnen? Das kann doch nicht sein! Aber vielleicht ist der Brunnen inzwischen verschüttet oder das Wasser wurde von der Quelle oberhalb des Klosters hergeleitet. Das Kloster ist auch ohne Wasser eine ideale Raststelle.

Wieder geht es in Kehren gegen das Firmament. Kein Baum wehrt den Stichen der Sonne. Ein weißer Gebäudekomplex leuchtet vom ostwärtigen Gegenhang herüber. Ist es ein neuerbautes Kloster? In der Tiefe lockt das Blau des Meeres. Ein Flying Dolphin prescht auf Éjina zu.

Eigentlich wäre es bereits wieder Zeit für eine Rast. Ich habe mir vorgenommen, immer mindestens eine halbe Stunde durchzugehen. Sonst unterliegt man der Versuchung zu leicht, ständig Pausen einzulegen.

Ich mühe mich weiter den Berg hinauf. Ich sehe die Straße unter tiefgrünen, riesigen Platanen verschwinden. Wo so hochgewachsene Bäume gedeihen, da muß es auch Wasser geben. Tatsächlich, aus einem armdicken Schlauch sprudelt köstlich kühles Wasser. Eine Wanderstunde nach Trizín ist also die erste, vielleicht aber auch die letzte Wasserstelle. Sicherlich wird das Wasser aus der nahen Schlucht hergeleitet. Tröge sind für dürstende Ziegen und Schafe aufgestellt.

Wieder geht es bergauf, Kehre um Kehre. Ich lege zwar Kilometer zurück, komme aber meinem Wanderziel nur wenig näher. Nach einer halben Stunde ab der Quelle wird der Schotterweg flacher. Er zielt direkt auf die Höhe 678, bleibt schließlich aber doch unterhalb von ihr. Kein Baum weit und breit lädt zur Rast ein.

Zwei Stunden bin ich bis zur Höhe 678 aufgestiegen.

Fresko eines Heiligen aus der Kirche des Klosters Ájios Dhimítrios

Kein Fahrzeug ist mir begegnet, keinen Menschen habe ich gesehen. Lediglich Ziegen sind vor mir in die Steinwüste geflüchtet. Ihr Wächter, ein armseliger, dürrer Köter, hatte vor mir mehr Angst als die Tiere, die er beschützen sollte.

Ich raste knapp unterhalb der Höhe 678. Hier gabelt sich der Weg. Nach Nordwesten geht es nach Iliókastro, nach Süden nach Plépio und Thermisía. Der Weg nach Osten durchquert wohl das Adhéres-Gebirge.

Die Sicht ist gut. Tief unter mir schwimmen die Inseln Dhokós und Ídra im Pelasgischen Meer. Im Nordwesten kann ich den Küstenvorsprung von Ermióni erkennen.

Auf dem Schotterweg geht es nun in südlicher Richtung leicht bergab, vorbei an zwei Schafskralen linker Hand. Die Hirten haben sich aus Astgestrüpp einen Unterschlupf gebaut. Sicherlich wird es hier auch eine Zisterne geben. Die Tiere brauchen doch Wasser.

An der nächsten Wegegabel halte ich mich links. An einer scharfen Linkskurve ist der weitere Wanderweg gut einzusehen.

Die Sonne nähert sich bedenklich den Bergen im Westen. Es wird Zeit, in bewohnte Gegenden zu kommen. Von Ferne klingt das Gebimmel einer Ziegenherde heran. Dann sehe ich sie auch: ein ganzer Berg ist mit Ziegen übersät. Nur Menschen sehe ich nicht.

Ich bin wieder an einer Wegegabel. Seit der Rast unterhalb der Höhe 678 bin ich eine Stunde unterwegs. Ich wähle den Weg nach Osten (links), laufe am Nordhang der Höhe 793 entlang. Zu spät merke ich, daß der Weg nach Südwesten (geradeaus) mich unmittelbar nach Thermisía geführt hätte.

Endlich tauchen im Tal nördlich meines Wanderweges einige Schafskrale auf, die mit glänzendem Wellblech gedeckt und mit Holzgestrüpp eingezäunt sind. Die Häuser ostwärts davon gehören vermutlich bereits zur Ortschaft Plépio.

Ich steige nicht zu der Siedlung, sondern nach Südosten einen mit Olivenbäumen bepflanzten Hang ab. Ich stoße auf die Teerstraße, die nach Süden geradezu auf die wenigen Häuser von Plépio zuläuft. Die Straße mündet nach einem Kilometer in die Asphaltstraße Métochi – Ermióni.

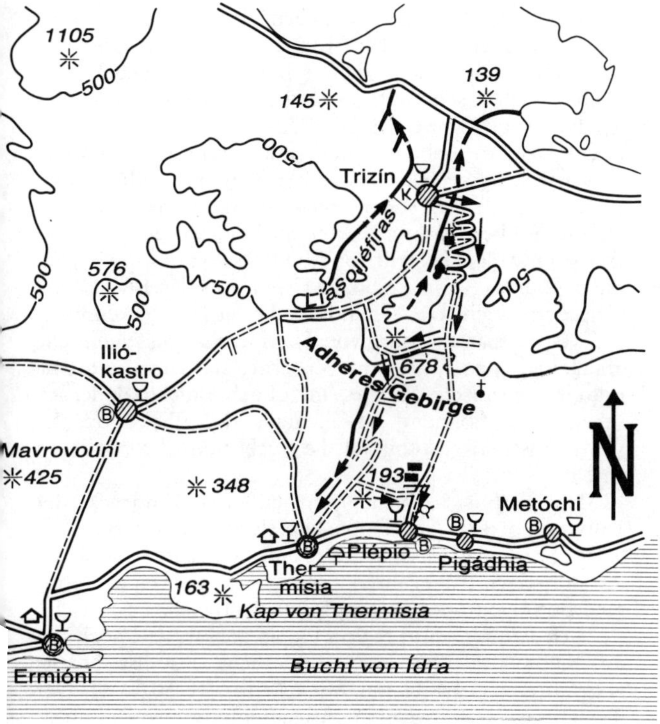

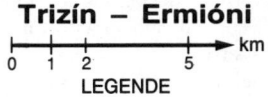

Trizín – Ermióni

```
|----|----|----|----→ km
0    1    2         5
```

LEGENDE

- ══ Asphaltstraße
- ═══ Schotterstraße
- ┅┅ Schotterweg
- ••• Weg
- ···· Pfad
- ⊘ Städte Ortschaften
- ♁ Kloster
- ♁ Kirche Kapelle
- ※ Berggipfel
- 🏛 Denkmal
- Ⓚ Klass. / Archäische Sehenswürdigkeit
- Ⓑ Bushaltestelle
- ⌂ Hotel, Privatzimmer
- ⛾ Restaurant, Kafenion
- ⚓ Sandstrand
- ■ Haus, Hütte
- ⛾ nutzbare Zisterne
- ← Wanderroute

145

In einem Olivengarten neben der Straße schöpfen Bauern Wasser aus einem Brunnen. Endlich Wasser! Ich bin nun doch schon ganz schön ausgetrocknet. Die Einheimischen schütteln nur den Kopf. Ich trinke immer wieder meine Wasserflasche leer.

Die Bauern nehmen mich mit ihrem dreirädrigen Landwirtschaftsvehikel bis zum Kafenion in Plépio mit. Dort muß ich den Kafeniongästen erst einmal Antwort stehen. Woher, wohin, warum zu Fuß, wo es doch eine Autostraße gibt? Es geht von Mund zu Mund: »apó Trizín, me ta pódhia« (»von Trizín, zu Fuß«). Aus den Blicken der Griechen spricht Unverständnis, aber auch Anerkennung.

Es ist zu spät, zur Burg von Thermisiá aufzusteigen. Die archäologischen Reste, eine Zisterne, ein Turm und eine mittelbyzantinische Kirche, sind ohnehin nicht sonderlich sehenswert. Lohnend ist allenfalls der Blick von der venezianischen Festung auf die Bucht von Ídra mit ihren Inseln.

Man darf sich nicht vom äußeren Eindruck der Unbesteigbarkeit des Doppelgipfels von einer Besichtigung abhalten zu lassen. An der Nordwestseite – hier hatte die Burg auch früher ihren Zugang – ist über eine Treppe eine Besteigung des Festungsgipfels möglich.

Nach Ermióni sind es von Plépio auf Asphalt noch gut 13 Kilometer. Der letzte öffentliche Bus ist bereits abgefahren. So bleibt mir nur das Taxi (8.50 DM). Der Taxifahrer – er hatte in Aschaffenburg als Busfahrer gearbeitet und spricht deshalb gut deutsch – gibt mir jedoch zu bedenken, daß ich in Ermióni kaum mehr ein Bett bekommen werde.

»Maria Himmelfahrt«, meinte er, »da nehmen die Griechen ein langes Wochenende und besuchen ihre Heimatdörfer. Da sind alle Betten belegt«.

Jórjios Polítis – so heißt der Taxifahrer – behält recht. Alle Unterkünfte sind ausgebucht. Die Hoteliers zucken die Schultern. »Im Pinienhain«, antworten sie auf meine Frage, wo ich vielleicht doch noch ein Bett bekommen könne. So breite ich eben mein Schlafsackhotel im Pinienhain auf der Landzunge Erminídha aus.

Ermióni – Stadt mit zwei Häfen

Vor einigen Jahren war Ermióni noch ein unbekannter, bescheidener Fischerort. Nun haben die Touristen auch von dieser Stadt Besitz ergriffen. In der Hochsaison sind regelmäßig die Betten ausgebucht, wenn man später als zu Mittag den Ort erreicht.

Ermióni breitet sich auf dem Hang aus, der zwischen der Halbinsel Erminídha und dem antiken Pron-Hügel nördlich der Halbinsel liegt. Der Ort hat im Osten und Westen geschützte Häfen. Der Haupthafen ist allerdings der Osthafen.

Pausanias (II.34) unterschied zwischen dem alten antiken und den neuen antiken Hermíone. Ersters lag auf der Halbinsel Erminídha. Als Pausanias Griechenland bereiste, war es bereits nicht mehr bewohnt. Die Tempel waren allerdings noch »in Betrieb«.

Im Pinienhain sind noch spärliche Reste eines Tempelfundaments auszumachen. Aus der byzantinischen Zeit stehen hier noch Fragmente der Stadtmauer. Die neue antike Stadt breitete sich um den Pron-Hügel – nördlich der heutigen Siedlung – aus. Den Hügel beherrschte die Akropolis, von der auch nur noch geringe Spuren vorhanden sind.

Aus frühchristlicher Zeit existiert im Ort das Fundament einer dreischiffigen Basilika.

Obwohl sich Ermióni auf die Fremden eingestellt hat, ist ein gewisser Charme und ein Hauch von Atmosphäre erhalten geblieben. Beides verspürt man am ehesten in der Vor- und Nachsaison. Ein Bummel durch die sauberen, engen Gassen ist immer noch ein Erlebnis.

Empfehlenswert ist eine Fußwanderung (3/4 Stunde) zum westlich von Ermióni gelegenen Kloster Ájii Anárjiri. Das Kloster liegt auf halber Höhe eines 127 Meter hohen Hügels. Es ist den »geld- und mittellosen« Heiligen Kosmas und Dhamian geweiht. Die Erbauungszeit ist historisch nicht gesichert. Sie könnte an der Wende des Jahrtausends anzusetzen sein. Belegbar ist die Existenz des Klosters seit dem 16. Jahrhundert.

Im Kirchenschiff wurden antike Spolien verbaut. Die

Fresken aus dem 16. oder 17. Jahrhundert haben Restauratoren wieder in einen guten Zustand versetzt.

Lohnender als die kulturellen Schätze ist der Blick auf die Bucht von Ídra mit ihren im Meer treibenden Inseln Dhokós und Ídra. Zur Insel Ídra besteht von Ermióni aus täglich Schiffsverbindung.

Vom Kloster Ájii Anárjiri kann man zu Fuß in zwei Stunden (9 Kilometer) auf einer Schotterstraße nach Kranídhi wandern. Von diesem Ort hat man Busverbindung nach Portochéli, Epídhavros, Náfplio und Athen (mit umsteigen).

Die nächste Wanderung beginnt in Leonídhi. Zu diesem Ort gelangt man am einfachsten auf dem Seeweg mit den Flying Dolphins. Allerdings verkehrt nicht jeden Tag ein Boot. Umsteigen ist außerdem erforderlich. Leonídhi mit dem Bus zu erreichen ist eine Weltreise. Man muß in Kranídhi, Ligoúrio, Náfplio und Árgos umsteigen. Wer später als etwa 16.00 Uhr in Árgos ankommt, verpaßt an diesem Tag den letzten Anschlußbus.

4. Die Einsamkeit der Kynouría

Überblick

Diese Wanderung über mindestens fünf Tage ist wenig für Autowanderer geeignet. Die Zwischenstationen und auch der Weg zu ihnen ist zwar landschaftlich sehr reizvoll, aber die Straßenverhältnisse und die Umwege machen das Autofahren zur Qual. Um beispielsweise von Leonídhi nach Kiparíssi zu gelangen, muß man einen Umweg über Jeráki und Niáta, vielleicht gar über Mólai fahren.

Fußwanderern fordert die Strecke eine gute Kondition und Sicherheit in der Geländeorientierung ab. Die Wege steigen bis zu 1000 Meter über dem Meer an und sind – vor allem zwischen Pigádhi und Kiparíssi – nicht immer leicht zu finden. Wer nicht gut trainiert ist, sollte die Strecke Leonídhi – Kiparíssi besser mit dem Schiff (Flying Dolphin ab Pláka) zurücklegen.

Die Wanderung streift nur wenige kulturhistorische Stätten: die Burg bei Chárakas, das Kloster Evangelístria und das antike Epídhavros Liméra.

Unterkünfte sind auf der Strecke rar. In Kiparíssi stehen zwar Pensionen zur Verfügung, aber sie sind in der Sommerzeit meist von Griechen belegt. In Limáni Jéraka muß man schon sehr Glück haben, wenn man noch ein freies Privatzimmer findet. Ansprüche darf man selbstverständlich keine stellen.

Bushilfe kann man nur zwischen Kiparíssi und Richéa in Anspruch nehmen. Ab Limáni Jéraka verkehrt sporadisch ein Bus nach Monemvasía.

Alles in allem ist der Wanderer auf dieser Tour viel auf sich selbst gestellt. Er läuft keine Gefahr, auf eine Touristenoase zu stoßen. Unberührte, leider aber auch manchmal gnadenlose Natur entschädigt für die Wanderstrapazen.

Für mich zählt die Gegend, die die Tour berührt, zu meinen Lieblingsplätzen auf der Peloponnés. Hier paaren sich Lieblichkeit der Landschaft (zum Beispiel am Strand von Fokianó oder in Kiparíssi) mit unberührter, oft wilder Natur und heiliger Stille (Kloster Evangelístria).

Praktische Hinweise

Vorschlag für Fußwanderung

1. *Tag:* Ankunft in Leonidhi; nachmittags Ortsbummel, abends im Hafen von Pláka.

2. *Tag:* Leonidhi – Poúlithra – Pigádhi – u. U. Strand von Fokianó (ca. 15–20 km).
Die Strecke Leonidhi – Poúlithra kann man auch mit dem Bus zurücklegen.

3. *Tag:* Ab Fokianó entlang der Küste nach Kiparíssi (15 km, aber sehr schwierige Strecke)
oder: ab Pigádhi durch das Landesinnere nach Kiparíssi (20 km, weniger schwierige Strecke).

4. *Tag:* Kiparíssi – Chárakas – Richéa (27 km).

5. *Tag:* Richéa – Kloster Evangelistria – Limáni Jéraka (18 km).

6. *Tag:* Limáni Jéraka – Epídhavros Liméra – Monemvasía (15 km).

Fahrstrecke für Autowanderer
Leonidhi – Kosmás (sehr idyllisches Gebirgsdorf) – Jeráki – Niáta – u. U. Mólai (Schotterstraße!) – Lambókambos (Schotterstraße!) – Kiparíssi (Schotterstraße!) – Chárakas – Richéa (Schotterstraße!) – Kloster Evangelistria (sehr schlechte Schotterstraße!) – Ájios Joánnis (Schotterstraße!) – Limáni Jéraka – Ájios Joánnis (Schotterstraße!) – Monemvasía.

Bahnstationen
Keine

Bushaltestellen
Kiparíssi
Limáni Jéraka
Leonídhi
Monemvasía
Pigádhi
Pláka
Poúlithra

Schiffsanlegestellen
Pláka, Monemvasía und Kiparíssi
(Verbindungen mit Flying Dolphins nach Piräas (über Ídra) und Monemvasía/ Neápoli; in den Monaten Juli und August täglich, in den Monaten April bis Juni und September bis November jeden zweiten Tag, in den Monaten Dezember bis März nur samstags)

Unterkünfte
Hotels, Pensionen und Privatzimmer nur in Leonídhi, Pláka, Poúlithra und Monemvasía; in Kiparíssi einige Pensionen und Privatzimmer; in Limáni Jéraka nur wenige Privatzimmer.

Campingplätze
In Pláka und 3.5 km südlich von Monemvasía (Camping Paradise)

Jugendherbergen
Keine

Sehenswürdigkeiten

Burg von Chárakas
Öffnungszeiten: ganztägig
Eintritt: frei

Kloster Evangelístria
Öffnungszeiten: nicht geregelt, aber in der Zeit der Siesta (14.00–16.00 Uhr) und während der Gottesdienste geschlossen.
Eintritt: frei

Epídhavros Liméra
Öffnungszeiten: ganztägig
Eintritt: frei

Leonídhi – ein trautes Landstädtchen

Leonídhi, die Hauptstadt der Eparchie Kynouría, ist ein sauberes, heimeliges Landstädtchen. Früher war der Ort nur auf dem Seeweg gut zu erreichen. Heutzutage ist

Leonídhi über eine Küstenstraße sowie durch Flying Dolphins und Fährschiffe gut erschlossen. Direkte Busverbindungen bestehen über Árgos nach Athén, nach Spárti und nach Jíthio. Auch das geschichtsträchtige Jeráki und das Nonnenkloster Elónis sind problemlos zu erreichen.

Leonídhi wird durch den Dhafnón-Fluß durchströmt. Am Westrand des Ortes klafft eine Bresche im Parnongebirge. In diese quetschen sich Häuser und die Straße nach Kosmás. Ostwärts des Ortes öffnet sich die Schlucht, die der Dhafnón-Fluß gegraben hat, zu einem fruchtbaren Delta. Vier Kilometer ostwärts von Leonídhi, nahe Pláka, dem Hafen von Leonídhi, ergießt sich der Dhafnón in die Bucht von Ájios Jórjios (Ágios Geórgios).

In der Antike war der Raum um Leonídhi wegen seiner Unwegsamkeit ohne politische, militärische oder wirtschaftliche Bedeutung. Er gehörte der Thyreatis an. Um den Nordteil der Thyreatis stritten sich fortwährend Argiver und Spartaner. Meist behielten die Spartaner die Oberhand. So auch im Jahr 546 v. Chr.. Herdot (Historien, I.82) berichtet, daß sich in diesem Jahr 300 Argiver und 300 Spartaner – stellvertretend für ihre Heere – so lange niedermetzelten, bis nur noch zwei Argiver und ein Spartaner übrig geblieben waren. Die Nacht verhinderte einen weiteren Kampf. Da sich die Parteien über den Sieger nicht einigen konnten, mußten die Heere doch noch um die Entscheidung ringen. Die Spartaner siegten.

König Philipp II. von Makedonien erschloß die Kynouría bis zum heutigen Jérakas. Politische Bedeutung gewann die Kynouría dennoch nicht.

Die Einwohner von Leonídhi sprechen noch heute einen Dialekt (tsakonisch), der auf die altdorische Sprache zurückgehen soll. Sie tanzen den »Tsakónikos«, der die tänzelnden Bewegungen des Theseus bei seinem Rückweg aus dem Labyrinth von Knossós symbolisiert.

Im Mittelalter waren Byzantiner, Franken, Venezianer und Türken die Herren der Kynouría. Der Raum um Leonídhi galt jedoch ebenso wie die Máni als eine Oase der Freiheit. In der Einsamkeit des Párnongebirges bewahrten sich die Griechen ihre Unabhängigkeit. Hierher zogen sie sich zurück, wenn wieder einmal ein Aufstand niedergeschlagen worden war.

Im Jahr 1826 wurden in Leonídhi die Einwohner von Prastós ansässig, nachdem Ibrahim Pascha auf seinem Rachefeldzug durch die Peloponnés ihren Ort eingeäschert hatte.

Die Einwohner von Leonídhi waren zu keiner Zeit arm. Die »Kapitäne« erwarben sich ihren Reichtum zuerst durch Seeräuberei, dann durch den Handel mit Rußland und den Balkanländern. Da sie als Seeräuber gefährlich lebten, befestigten sie ihre Häuser wie kleine Burgen. Die Gebäude hatten massive Mauern, die Fenster lagen hoch. Heute beschert die Landwirtschaft den Einwohnern von Leonídhi Wohlstand. Der Reichtum äußert sich in gepflegten Häusern und idyllischen Gärten. Der Dhafnón-Fluß – jetzt in einem regulierten Bett gebändigt – machts möglich.

Über Leonídhi wacht im Süden ein nüchternes Bunkerdenkmal. Es erinnert an die Opfer des griechischen Bürgerkrieges 1949. Die rostroten Felswände im Norden, Westen und Süden drohen, auf den Ort niederzustürzen.

Die strahlend weißen oder dezent kolorierten, meist mehrstöckigen Häuser von Leonídhi scharen sich um die Straße nach Kosmás, einem freundlichen Gebirgsdorf. Die Straße zerreißt den Ort in zwei Hälften. Natürliche Grenzen sind die Felswände und der Dhafnón-Fluß im Süden.

Kern des Ortes ist der gefällige Dorfplatz (»Platz des 25. März«/ Platía 25 Martíou), dessen Mittelpunkt wiederum der Steinkiosk mit dem roten Ziegeldach und den blauen Markisen ist. In den Kafenia rund um den Platz spielt sich das gesellschaftliche Leben des Ortes ab. Der Verkehr flutet durch das Städtchen, wirbelt Staub in die Geschäfte und die Handwerksbetriebe, die in den Erdgeschoßen beiderseits der Straße ihren Sitz haben, und bepudert die Obstkisten, die weit in die Fahrbahn hineinragen. In den oberen Geschoßen wohnen die Einheimischen.

Leonídhi lockt nicht durch besondere Sehenswürdigkeiten. Der Ort beeindruckt durch seine gefälligen, zuweilen turmartigen Häuserburgen, die prunkvoll gestalteten Portale, die mit Weinreben überdachten Gärten und die blumenüberladenen Höfe. In gepflasterten Gassen spaziert man an Handwerksläden vorbei, wird von freundlichen

Einheimischen zu Oúzo oder Kognák gebeten oder lädt sich selbst in einem der Stehläden dazu ein.

Die Fremden haben den Ort noch nicht entdeckt. Auch für die Griechen ist er von geringem Reiz. Verstehen sie doch kaum den tsakonischen Dialekt der Leonídhi.

Wo die Fenster nicht zu hoch liegen, kann man in saubere Wohnräume blicken. Im Winter muß es rund um die gekachelten Öfen gemütlich sein.

Leonídhi strahlt die Atmosphäre einer gehobenen Landstadt aus. Der vier Kilometer entfernte Hafen von Pláka färbt auf Leben und Stimmung des Ortes nicht ab.

Der Wirt der Taverne »Die zwei Brüder« (Ta dhío Adhelfía) – er ist wohl selbst einer der Brüder – ist auf Frühstücksgäste vor 9.00 Uhr nicht eingestellt. Er bringt das Lokal gerade wieder auf Glanz. Er legt den Besen aus der Hand, schmiert eigenhändig einige Brote und kocht den Kaffee.

Die Speisen in den Vitrinen sehen appetitlich aus. Der Wirt und die Küche dagegen weniger. Es ist also nicht immer zu empfehlen, einen Blick in die Küche zu werfen.

Wer es sich zeitlich leisten kann, sollte einen Abstecher zum Kloster Ájios Nikólaos machen. Dieses versteckt sich eineinhalb Wanderstunden südwestlich von Leonídhi im Párnongebirge. Allein die Wanderung durch die malerische Schlucht – sie führte früher zu einem Paß nach Spárti – ist ein Erlebnis. Das platanenbeschattete Kloster mit seinen zwei Kirchen ist eine grüne Oase in einer Felswüste. Über dem Kloster klafft eine Höhle. Sicherlich wohnten in ihr die ersten Mönche.

Die etwa 150 Meter abseits des Klosters gelegene Diónysos-Grotte – ihr Eingang ist 25 Meter über dem Fußweg zu erkennen – kann nur mit Hilfe einer Strickleiter besichtigt werden. In der Grotte soll Ino den Zeussproß Diónysos großgezogen haben. Die Einheimischen nennen noch heute den Küstenstrich zwischen Leonídhi und dem Meer den »Garten des Diónysos«.

Attraktionen der Diónysos-Grotte sind die hohen Stalagmiten im »Säulensaal«, die Stalagmitenorgel im »Großen Saal« und die in der Sintermasse »einzementierten« menschlichen Schädel und Knochen im »Schädelraum«.

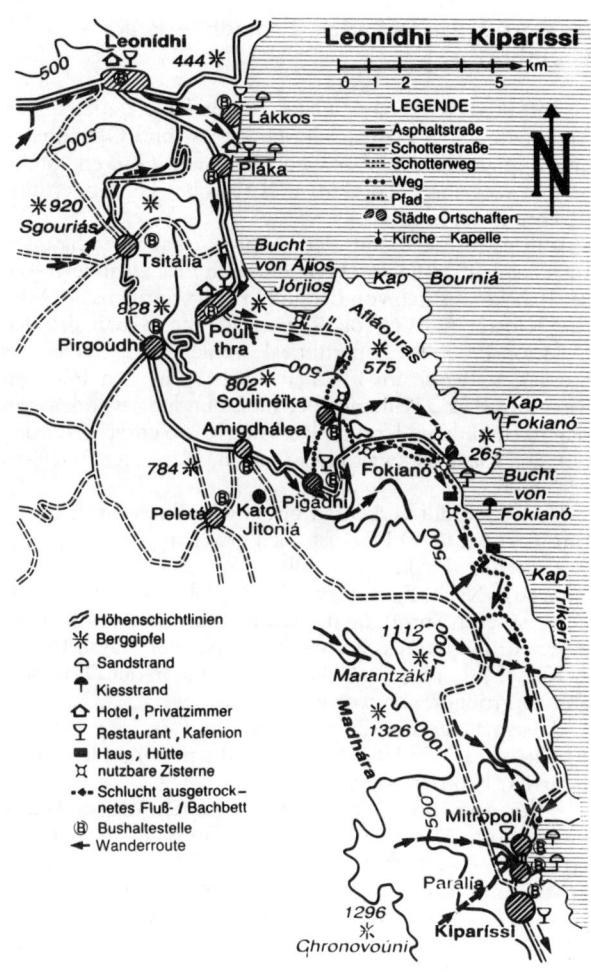

Im Garten des Diónysos (Leonídhi – Pláka – Poúlithra)

Auf dem Weg nach Pláka durchwandert man einen fruchtbaren Landstrich. Silbrige Zitrus- und Olivenhaine und üppige Gemüseplantagen (Tomaten, Gurken, Melonen, Auberginen, Zucchini und Paprika) begründen den Reichtum der Gegend.

Will man nicht auf der eukalyptusbaumbeschatteten auch Asphaltstraße von Leonídhi nach Pláka wandern – an der Brücke westlich von Leonídhi zweigt übrigens der Weg zum Kloster Ájios Nikólaos Sinzás ab – muß man sich den Dhafnón-Fluß als Bauernlineal wählen. Beiderseits des Flusses, teilweise im Flußbett, sucht man sich Pfade in Richtung Pláka. Kurz vor der Flußmündung wendet man sich nach Süden oder man läuft der Küste entlang auf den Ort zu. Pláka ist weithin zu sehen, also auch nicht zu verfehlen.

Von Leonídhi verkehren öffentliche Busse nach Pláka. Ein Taxi (ca. 2.50 DM) ist auch erschwinglich.

Zwischen Lákkos und Pláka lag das antike Prasiai (Brasiai). Nach Pausanias (III.24) soll an dieser Stelle Diónysos, ein Sprößling der Liasion von Zeus mit Sémele, in einem Kasten als Strandgut – daher der Name Prasiai (=Kasten) – an Land gespült und von Ino in der Diónysos-Grotte großgezogen worden sein.

Pausanias fand im 2. Jahrhundert n. Chr. hier noch ein Apollo- und Achilles-Heiligtum und am Vorgebirge (Kap Bourniá) Bronzestatuen.

Pláka war noch vor wenigen Jahren ein einfaches Fischerdorf. Heute haben es die Touristen – und die Griechen – entdeckt. Hotels und Pensionen wurden gebaut, ein Campingplatz ist bereits angelegt. In der Hochsaison schwemmen täglich die Flying Dolphins Fremde und Griechen an Land. Für letztere ist Pláka zu einem begehrten Urlaubszentrum – auch für Kurzurlaub, von Athen schnell zu erreichen – geworden. Im kleinen Fischerhafen tummeln sich immer mehr protzige Jachten.

Kern des Fischerdorfes sind einige einfache Fischertavernen. Die kleinste von ihnen, »I Tavérna tou Psará« (»Die Taverne des Fischers«) ist die urigste. Sie wird im

Familienbetrieb geführt. Ich kann mir vorstellen, daß auf den Tisch des Hauses kommt, was »der Fischer« in der vorangegangenen Nacht dem Meer abgerungen hat. Viel kann es nach der Speisekarte nicht gewesen sein. Und da die Fischerfamilie auch leben will, muß sie einen gesalzenen Preis verlangen.

Dem Ort sind zwei Strände vorgelagert. Der Campingplatz hat Zugang zum nördlichen Strand.

Pláka – Pigádhi: Aufstieg in die Einsamkeit

Von Pláka bis Poúlithra ist man auf die Teerstraße angewiesen. Den Raum zwischen Straße und Meer teilen sich – trotz des Verbots »No Camping« – zahlreiche Wohnwagen und Wohnmobile. Sie kampieren natürlich nicht hier, die Besitzer. Sie stellen nur ab: die Tische und Stühle, die Zelte, die Fahrzeuge, oft wochenlang. Mehr oder minder reizvolle Wäsche wird zur Schau gestellt. Die griechische Polizei nimmt dieses »Abstellen« lange Zeit hin. Irgendwann aber schlägt sie wieder einmal zu.

In Poúlithra, einem langgestreckten Straßendorf, kann man im einzigen Hotel »Kéndavros« gut übernachten und vortrefflich frühstücken. Vielleicht ist dieses Hotel eine Alternative zu Leonídhi oder Pláka. Die Taxifahrt zu beiden Orten kostet nur 3.50 DM.

Zum Essen hat mir der Taxifahrer das Fischrestaurant »Akroiáli« am Meer empfohlen. Der Tip war nicht schlecht.

Ich bin diesmal nicht allein auf Wandertour. Marga ist meine Begleiterin. Sie hat mir versichert, gut trainiert zu sein. Äußerlich spricht nichts dagegen. Sie wirkt sonnengebräunt, abgehärtet. Attraktiv ist sie außerdem. Der Aufstieg nach Pigadhi wird für sie der erste Prüfstein sein. Wenn Marga keine Probleme beim Wandern hat, werden auch andere weibliche Wanderkameradinnen die Strecke getrost abgehen können.

Ein Schotterweg verläßt Poúlithra im unteren Dorfdrittel in ostwärtige Richtung (links). Nach zehn Minuten kommt er an einem Proskinitário (weiß, Kreuz auf dem Tambour) vorbei. Der Kegelberg bleibt links liegen.

Der weiterhin nach Osten zielende Schotterweg ist auch für Fahrzeuge befahrbar. Er hält sich etwa parallel zur Küstenlinie. Oliven- und Johannisbrotbäume stehen beiderseits des Weges Spalier.

Eine Viertelstunde nach dem Proskinitário passiert man zwei neuerbaute Häuser linker Hand. Nach einer weiteren Viertelstunde kann man an einer Quelle, die unter einem Feigenbaum sprudelt, seinen Durst löschen. Die Quelle ist allerdings vom Wanderweg nicht zu sehen. Also auf Feigenbäume linker Hand achten!

15 Minuten nach der Quelle zweigt nach Norden (links) ein Weg zum Meer ab. Kurz hinter dieser Abzweigung hört bei einer unverputzten Hütte aus grauen Steinen – sie ist auch an den rostbraunen Türen erkenntlich – die Fahrspur auf. Hoch über mir – zwischen der Höhe 802 und dem Afláouras (575 m) – muß der Paßübergang nach Pigádhi sein.

Der Weg wird nun zum Pfad, ist aber gut auszumachen. Teilweise ist er sogar mit roten Punkten markiert. Zuweilen nutzt er Terrassen. Kehren bringen zwar Wanderkilometer, uns aber unserem Ziel Pigádhi nur langsam näher.

Margas Blick geht immer wieder in die Tiefe zum Meer hinunter. Jetzt segeln oder baden, wird sie wohl träumen. Stattdessen muß sie sich den Paß hochkämpfen. Trotz ihrer Bräune ist die Röte ihres Gesichtes nicht zu übersehen.

Eine Dreiviertelstunde nach der grauen Hütte rasten wir im Schatten von wilden Olivenbäumen. Die Zunge klebt am Gaumen. Die Wasserflaschen sind längst leergetrunken. Wir finden einen unversperrten Brunnen, aber keinen Schöpfer. Ich suche die Büsche ringsum vergeblich ab.

Nach einer weiteren halben Stunde treffen wir auf ein verlassenes Dorf. Hier wird auf Terrassen Getreide angebaut und – wie Dreschovale zeigen – sofort gedroschen. Nur ein Eselspfad verbindet dieses Dorf mit Pigádhi. Das Getreide muß also mit Eseln abtransportiert werden. Sicherlich werden hier auch Brunnen zu finden sein.

Der Weg ist nun relativ eben. Nach 15 Minuten kommen wir an drei Brunnen linker Hand vorbei. 200

Meter südlich der Brunnen beginnt bereits die kleine Ortschaft Soulineïka. Die fünf oder sechs Häuser werden noch von einer Handvoll Bauern bewohnt. Das etwas abseits gelegene Kirchlein ist natürlich strahlend weiß gekalkt.

Ein Bauer labt uns mit frischem Wasser aus einer Zisterne. Er freut sich, daß wir den Namen »seines« kleinen Dorfes, das längst Pigádhi eingemeindet ist, kennen.

Der Pfad von Soulineïka nach Pigádhi ist sicher mehrere hundert Jahre alt. Nach einer dreiviertelstündigen Wanderung in südliche Richtung empfangen uns drei mächtige Eichen am Nordeingang von Pigádhi. Leider erwartrt uns auch eine Betonstraße.

Zentrum des Ortes ist die imposante Kirche. Wir steuern darauf zu, bleiben aber im Pantopolíon der María Moriáti hängen. Sie ist Witwe. Ein wahres Pantomimenspiel läuft ab, als sie uns dies zu erklären versucht. Kinder umringen uns, Erwachsene kommen hinzu. Hier sind Fremde selten. Einem Griechen muß ich eine in deutscher Sprache verfaßte Postkarte übersetzen. Die anderen Griechen hören aufmerksam zu. Der Postempfänger steigt im Ansehen der Dorfbewohner. Wer von ihnen bekommt schon Post aus Deutschland?

Glaubt man den Einheimischen, so ist Pigádhi ein großes Dorf. Die angeblich 300 Häuser sind ringsum unter Bäumen versteckt. Die Bedeutung des Dorfes verdeutlichen die zehn Kafenía.

Privatzimmer findet man in Pigádhi nicht. Die Einheimischen werden aber nichts dagegen haben, wenn man seinen Schlafsack in einem der Gärten ausbreitet. Zur Not kann man auch mit dem Bus oder dem Taxi (für ca. 18 DM) nach Poúlithra, Pláka oder Leonídhi zurückkehren.

In Pagádhi muß man sich entscheiden, ob man nach Kiparíssi den schweren Weg über Fokianó entlang der Küste oder den leichten Weg durch das Bergland wählt.

Über Pigádhi wacht – weithin sichtbar – im Süden eine flügellose Windmühle.

Einsame Strände, einsame Berge

Marga leidet in der Nacht. Die Sonne hat ihr Gesicht zerschunden. Nachts kühlt sie ihre Gesichtshälften mit nassen Waschlappen.

Heutiges Wanderziel ist Kiparíssi. Ein langer Weg! Wir sind deshalb schon früh auf den Beinen. Zur Sicherheit fragen wir nach dem Weg: »Prós Thálassa« (»Zum Meer«), wollen wir wissen. Die Griechen schicken uns an den Ostausgang von Pigádhi. Hier verläßt die Schotterstraße zum Strand von Fokianó den Ort. Die Straße nimmt zunächst ostwärtige Richtung, beschreibt dann eine Linksschleife und anschließend einen großzügigen Rechtsbogen. In der Ferne wird der Strand von Fokianó sichtbar. Nach eineinhalb Wanderstunden begleitet eine Schlucht rechter Hand die Schotterstraße bis zum Strand. Von Pigádhi sind wir etwa zwei Stunden unterwegs gewesen.

Den letzten Teil des Weges kann man einen Abkürzungspfad durch die Schlucht gehen. Die Wanderzeit wird dadurch nicht kürzer.

Die Bucht von Fokianó ist die »Badeanstalt« von Pigádhi. Der 500 Meter breite Kiesstrand wird von Bergen gerahmt. Zwischen Bäumen und Schilf verbergen sich wenige Häuser. Ein Haus am Strand ist sogar zum Verkauf ausgeschrieben. Brunnen sind in ausreichender Anzahl – wenn auch meist eingezäunt – vorhanden. Speise liefern die Bäume, die niemand gehören: Feigen, Johannisbrot.

Für mich gehört der Strand zu den letzten Paradiesen der Peloponnés, die die Touristen noch nicht beschlagnahmt haben.

Ich erkundige mich bei einem Griechen nach dem Weg nach Kiparíssi. Er zieht seine Stirn in Falten, verdreht die Augen. Ein schlechtes Zeichen! »Dhískolo« (»schwer«), meint er, »vielleicht zwei bis drei Stunden«.

Ich kenne die Griechen! Es werden eher vier bis fünf Stunden sein. Der Weg ist zunächst einfach zu finden. Er beginnt an der Westseite der Bucht, zieht den Hang empor, folgt der Küstenlinie auf gleicher Höhe und fällt dann wieder in eine kleine Kiesbucht ab. Eine ideale Schlafstelle! Wasser kann man aus einer Zisterne schöpfen, Früchte von den Bäumen pflücken.

Die Badebucht von Fokianó

Der Weg zur nächsten Bucht ist eine Kopie des Teilstückes von Fokianó zu dieser Kiesbucht. Der Weg steigt an, bleibt dann auf gleicher Höhe und senkt sich anschließend zu einer Schlucht, die im Meer ausläuft. Schäferhütte und -kral lassen wissen, daß hier zuweilen Hirten hausen.

Ab hier ist der Weg schwer zu finden. Er gewinnt zunächst am Rande der Schlucht nach Südwesten Höhe, wendet sich dann, etwa 200 Meter über dem Meer, nach Süden. Zwei Schluchten sind zu überwinden. In der letzten Schlucht steigt man fast bis auf Meereshöhe ab. Anschließend geht es wieder hinauf auf gut 200 Meter Höhe. Der Weg läuft nun parallel zur Küstenlinie von Kap Tríkeri. Bald wird die Spur wieder deutlicher, wird zuerst zum

Schotterweg und später zur Schotterstraße. Die Gegend ist nun nicht mehr so verlassen. Vereinzelt stehen Häuser an der Straße. Man kann Wasser fassen und zur Not auch um Hilfe bitten.

Bademöglichkeiten bieten sich kaum, weil man nur schwer zum Meer hinuntersteigen kann.

Endlich, nach sicher fünf Stunden, taucht die Bucht von Kiparíssi auf. Man passiert linker Hand die Ajía Kiriakí-Kirche, erreicht schließlich Mitrópoli, einen Vorort von Kiparíssi.

Nordostwärts von Mitrópoli legen die Flying Dolphins an. Der Hafen von Kiparíssi (Paraliá) soll 1987 ausgebaggert werden, damit hier künftig Schiffe ankern können.

Wer nach dem Schafskral Orientierungsprobleme hat, sollte lieber wieder nach Pigádhi umkehren und den leichter zu findenden Weg durch das Landesinnere wählen. Diesen Weg kann er wirklich nicht verfehlen.

Kiparíssi – von den Touristen noch nicht entdeckt

Kiparíssi ist nur im Hochsommer täglich auf dem Schiffsweg mit dem Rest der Welt verbunden. Über Land erreicht man den Ort auf schlechten Schotterstraßen über Niáta oder Mólai. So ist es nicht verwunderlich, daß Kiparíssi noch nicht vom Massentourismus entdeckt wurde.

Der Ort zieht sich in einem olivenbaumbegrünten Talkessel einen Hang hinauf. Ringsum bedrohen Bergriesen die Siedlung. Nur im Südosten trennt ein eher bescheidener Bergrücken den Ort vom Meer.

Etwa ein Kilometer südostwärts, durch eine Teerstraße verbunden, liegt Kiparíssis Hafen Paralía. Dieser Ort ist ein beliebtes Urlaubsziel der Griechen aus Athen. Diese belegen die Betten des Hafenorts. Für Fremde ist deshalb selten eine Bleibe frei.

Die Sandstrände von Mitrópoli und Paralía sind auch im Hochsommer nicht überlaufen. Wer sucht, findet sogar unter Ligariá (Baumart) Schatten.

Auf dem Bergrücken zwischen Kiparíssi und Paralía nistet eine Burg. Eine andere Burg südlich von Paralía haben die Deutschen im letzten Weltkrieg zerschossen. Das Kloster zwischen den beiden Burgen ist nur schwer zu entdecken.

Auf stetig ansteigender Straße erreicht man, vorbei an der mächtigen, klargegliederten, innen nicht überladenen Ajía Triádha-Kirche in Paralía und der heimeligen, dreischiffigen Ájios Noúfrios-Kirche südwestlich davon, Kiparíssi. An einer Wegegabel mit dem Schild Katharochorió biegt man links in Richtung Kirche ab. Wieder so eine Riesenkirche für griechische Verhältnisse!

Pausanias (III.24) überliefert, daß Kiparíssi in antiker Zeit Kýphanta geheißen habe und eine freie Stadt in Lakedämonien gewesen sei. Zu seiner Zeit war der Ort allerdings bereits einen Ruinenstadt. Nur eine kleine Grotte des Asklépios und eine Marmorstatue fand Pausanias noch vor. Aus einem Brunnen floß Wasser, das einem Felsen entsprang. Die jungfräuliche Argonautin Atálanta soll, von Durst gequält, mit ihrer Lanze das Wasser aus dem Felsen geschlagen haben.

Die Einheimischen zeigen den Fremden noch heute – südwestlich von Kiparíssi, am Fuße des Koukounária-Berges – die Quelle des Pausanias. Man muß sie nach der »Pijíotu Pavsanía« fragen. Die Quelle versiegt selbst im heißesten Sommer nicht.

Kiparíssi ist ein wohlhabender Ort. Viele Bewohner haben in Kanada ihr Geld gemacht, sind dann in die Heimat zurückgekehrt und haben sich in Kiparíssi ansehnliche Häuser gebaut. Die Häuser sind wirklich schmuck. Sie sind in Grün und bunte Blumenpaletten eingebettet. In sauberen Gassen sitzen die Einheimischen vor ihren Wohnungen. Im putzigen Kafenion »Kafepantopolíon tou Kiparíssi« des Panajíotos Th. Koustós spielen die Griechen Karten oder Távli.

Zur Pausanias-Quelle durchquert man den Ort. Am Nordausgang des Ortes gabelt sich der Weg. Ein Schild weist nach Kóraka (»Pros Kóraka«). Man folgt dem Schild. Der Weg läuft nach einer Kehre direkt auf den Anstieg zur Pausanias-Quelle (in einer anderen Kehre) zu. Von der Kehre sind es bis zur Quelle noch etwa 100 Meter auf einem schmalem Pfad.

Gastfreundschaft wird in Kiparíssi und Paralía – auch

ohne Bezahlung – noch großgeschrieben. Die Restaurants in Paralía sind allesamt zu empfehlen. Urig geht es bei Panájios Poulákis im »I Klimatária« zu. Abends stellt Panájios Stühle vor seinen Kolonialwarenladen – manchmal auch auf die Straße –, wirft seinen Grill an und verwöhnt seine Gäste mit würzigen Grillspeisen. Groß ist die Auswahl nicht, aber was er auf den Tisch bringt, strahlt den Duft der griechischen Landschaft aus. In den beiden anderen Lokalen von Paralía (»Trokadéro« und Restaurant des Róvatsos) ist tagsüber die Essensauswahl größer.

Im Trokadéro kann man auch gut und preiswert frühstücken. Seinen Kaffee trinkt man am idyllischsten bei Natássa im Kafenion »Kýphanta« direkt an der Mole. Natássa spricht fließend Deutsch. Sie ist Lehrerin in Thessaloniki, betreibt aber in der Ferienzeit das Kafeníon.

Es fällt Marga und mir schwer, von Kiparíssi Abschied zu nehmen. Wir haben uns wohlgefühlt: an den beiden Sandstränden, in den Kafenia und Restaurants. Wir haben die Menschen in Kiparíssi lieb gewonnen.

An Kiparíssi sollt man nicht gedankenlos vorüberwandern.

Kiparíssi – Limáni Jéraka

Die nächste Wanderstrecke kann man durch Nutzung des öffentlichen Busses – erste Busabfahrt in Paralía 5.30 Uhr morgens! – oder eines Taxis – Vorsicht! der einzige Taxifahrer von Kiparíssi, Jorjios T., verlangt von den Fremden weit überhöhte Fahrpreise – kürzen.

Der Weg führt durch Kiparíssi, an der Pausanias-Quelle vorbei, und gewinnt allmählich an Höhe. Die Schotterstraße ist die einzige Verbindung nach Chárakas. Sie quetscht sich durch zwei Felsen hindurch, hält sich dann – etwa 200 Meter über dem Meer – einige Zeit auf gleicher Höhe, überquert eine Schlucht und zwängt sich schließlich unterhalb einer Burg noch einmal zwischen Felsen hindurch. Jetzt wird der Durchbruch in die Hochebene von Chárakas geschafft. Man steht auch schon am Ortseingang von Chárakas.

Bei zwei Proskinitária beginnt leider die Teerstraße, allerdings nur bis zum Ortsende.

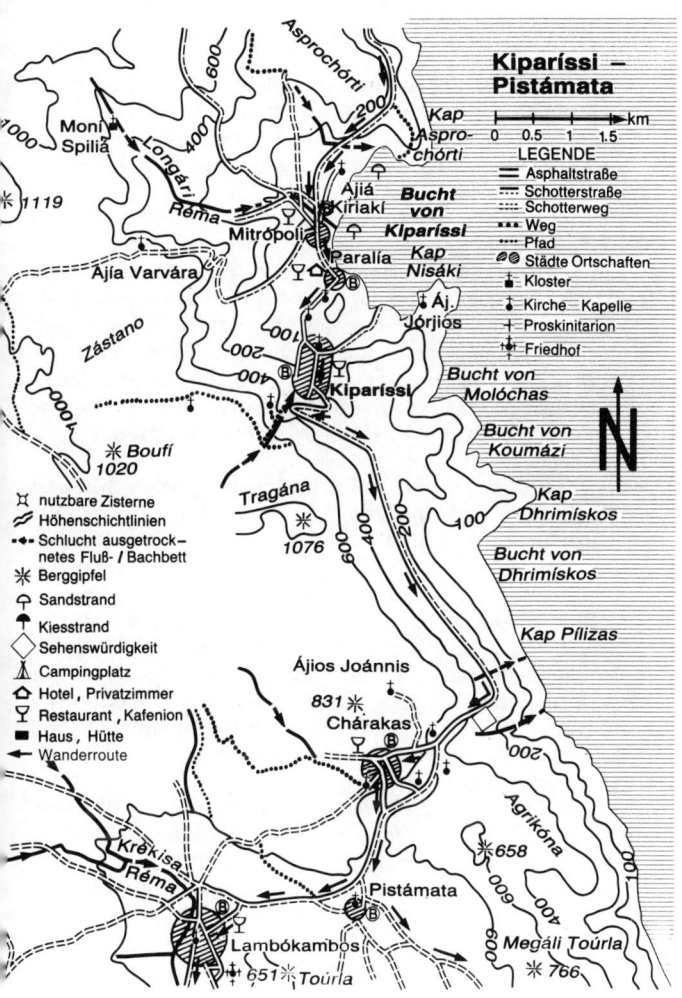

Ein Kirchlein versteckt sich schüchtern zwischen Zypressen.

Chárakas ist ein sauberes Bergdorf. Die Straße schlängelt sich durch den Ort. Nach zehn Kilometer Wanderung meist bergauf haben wir uns eine Erfrischung im Kafeníon redlich verdient. Wir haben immerhin fast 600 Höhenmeter überwunden.

Ab Ortsende steigt die Straße leicht an, fällt aber bald nach Pistámata ab. Jetzt gilt es zu entscheiden, ob man entlang der Schotterstraße weiterwandern oder eine Abkürzung quer durchs Gelände nehmen will. Entlang der Schotterstraße – Fahrzeuge sind eine Rarität – sind es nach Richéa 14, quer durchs Gelände etwa 9 Kilometer.

Marga und ich entscheiden uns für die Schotterstraße. Vielleicht ist sie – wenn der Weg gar so lang wird – eine Chance, ein Stück von einem Fahrzeug mitgenommen zu werden.

Pistámata bleibt also linker Hand liegen. Bald gabelt sich die Straße. Auf der rechten Gabel erreicht man Spárti. Wir halten uns links, durchwandern das große Dorf Lambókambos, nicht ohne allerdings im Kafenion mit den grünen Bänken und den grünen Türrahmen eingekehrt zu sein.

Südlich des Ortes geht es auf Schotter bergab auf eine Schlucht zu. Diese begleitet uns einige Zeit rechter Hand. In ständigen Schleifen wird – entlang der Schlucht – Höhe verloren, schließlich die Schlucht auf einer Betonbrücke überquert. Die Straße läuft nun auf zwei Windmühlen – sie sehen wie Türme aus – auf einer Berghöhe zu. Auf ihr hat sich auch ein weißes Kirchlein niedergelassen.

Aus dem Spalier von vier Zypressen grüßt eine strahlendweiße Kirche. Ab diesem Gotteshaus heißt es wieder bergauf zu wandern.

Ab der Betonbrücke ist die Straße leider asphaltiert. Sie erreicht bei blauen Bienenstöcken ihren höchsten Punkt, senkt sich dann nach Richéa hinunter. Eine Abzweigung rechter Hand zielt auf einen Berg. Die linke Straße führt direkt nach Richéa hinein.

Der Ort liegt in einer Hochebene. Die sauberen alten Häuser sind in viel Grün gepackt. Der Turm der Dorfkirche ähnelt einem Windmühlenturm.

Im Dorfzentrum beäugen uns neugierig die Griechen in

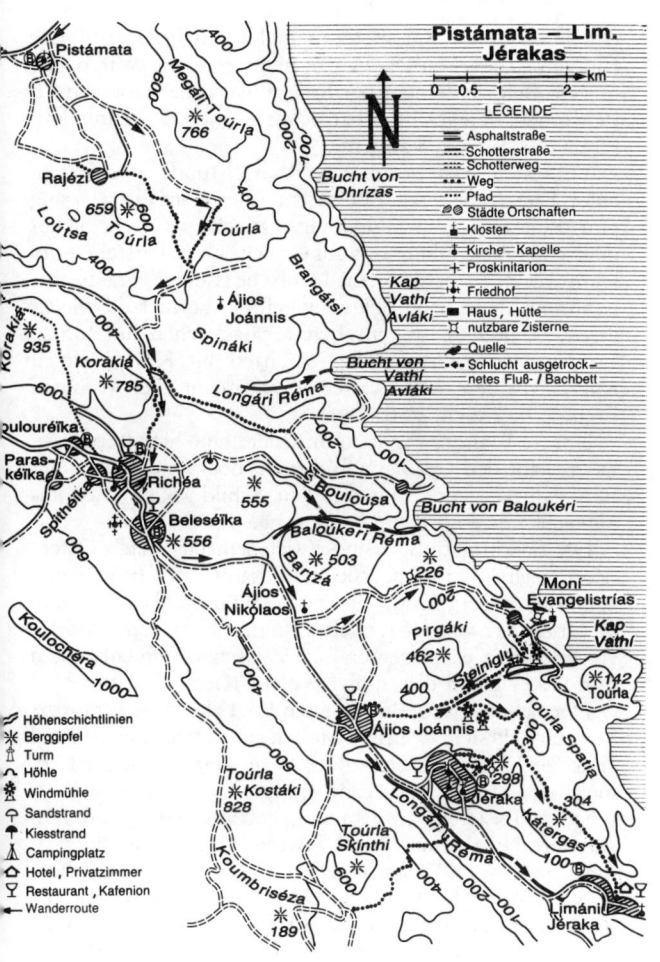

den Kafenía. 27 Kilometer, von Kiparíssi, zu Fuß! Die Einheimischen können es gar nicht glauben. Wir haben uns ein Bett verdient. Aber Richéa hat weder Hotels noch Pensionen. Vielleicht erbarmt sich einer der Einheimischen der müden Wanderer.

Von Richéa ist es nur eine Viertelstunde – leider auf einer Teerstraße – nach Beleséïka. Gleich am Ortseingang von Beleséika winkt uns ein Grieche zu sich. »Hier deutsche Frau«, gibt er uns auf Griechisch zu verstehen. Im Haus wohnt tatsächlich eine Deutsche (Renate Jerákis). Sie ist ihrem Mann nach Beleséïka gefolgt, hofft, bald wieder ihrem Beruf als Krankenschwester nachgehen zu können. Wir werden gastfreundlich bewirtet mit Käse, Birnen, Kaktusfrüchten und Kaffee. Oft, meint sie, kommen Fremde hier nicht vorbei.

Unsere Wanderweg ist nun wieder eine Schotterstraße. Sie verläßt den Ort nach Südosten, überwindet auf einer Betonbrücke eine Schlucht. Ein Schild »Kaló Taxídhi« wünscht uns eine gute Wanderung.

Die Schotterstraße wendet sich zunächst nach Osten, dann nach Südosten. Sie fällt sanft ab. Ein blauer Wegweiser »Ierá Moní Jérakos« verkündet, daß man nun in einen Schotterweg nach Osten (links) zum Kloster Evangelístria einbiegen müsse. Zwischen Olivenbäumen lugt linker Hand die Ájios Nikólaos-Kirche hervor.

Der Schotterweg – er ist auch für Fahrzeuge befahrbar – schlängelt sich zwischen Höhen hindurch. Bauernlineal sind die Leitungsmasten. Der Weg steigt manchmal an, meist aber fällt er ab. Eine riesige Eiche bietet sich als schattige Raststelle an. Ein aufgegebener Ort wird durchwandert. Hier kann man aus Zisternen – eine von ihnen ist mit einer blauen Tonne abgedeckt – seinen Durst löschen.

Nach einer Rechtskurve taucht auf einer Kuppe die weiße Klosterkirche von Moní Evangelistrías auf. Jetzt wandert man noch knapp eine halbe Stunde, vorbei an verlassenen Häusern, zwischen Eichen und Olivenbäumen. Wasser muß in dieser Gegend reichlich fließen. Das Land ringsum ist eine grüne Oase.

Der Schotterweg strebt direkt auf das Kloster zu. Bei der Zisterne vor dem Kloster fehlt wieder einmal der Schöpfer. Aber wir können uns gedulden. Im Kloster werden wir sicher Wasser in Hülle und Fülle zum Trinken bekommen.

Kloster Evangelístria – auch Heiliges Kloster von Jéraka genannt – ist ein Hort der Ruhe und des Friedens. Eine Umzäunung verhindert, daß Eindringlinge zu ungebetener Zeit die heilige Stätte aufsuchen. Zwischen 14.00 Uhr und 16.00 Uhr ist die Klosterpforte grundsätzlich geschlossen.

Die beherrschende Kirche wird im Süden und Westen von weißen Klostergebäuden flankiert. Kirche, Gebäude und Klosterhof werden von fünf Nonnen blitzsauber gehalten.

Das Kloster – so verstehe ich die Oberin – soll 200 Jahre alt sein. Wir werden gastlich mit Salat, Brot, Weintrauben und Wasser bewirtet. Eine jüngere Nonne pumpt eigenhändig frisches Wasser aus dem Brunnen in der Mitte des Hofes. Geld lehnt die Oberin ab. »Filoxénia« (Gastfreundschaft) ist ihre Begründung.

Die Gastfreundschaft reicht aber nicht so weit, uns die Kirche besichtigen zu lassen. Vielleicht sind meine Shorts das Hindernis. Aber auch Marga darf nicht in die Kirche. Und Marga hat extra vor dem Kloster ihren Rock über die Shorts gezogen.

Das männliche Klosterfaktum – in kurzen Hosen und Unterhemd – scheint die Nonnen hingegen nicht zu stören.

Eine Glocke wird geläutet. Es ist 14.00 Uhr. Die Oberin bedeutet uns, daß wir nun das Kloster verlassen müssen. Mittagsruhe! Wir lassen uns den Weg nach Limáni Jéraka erklären. Die Klosterfrauen verweisen uns auf den Schotterweg, auf dem wir gekommen sind. Einen Weg über die Höhen kennen sie nicht. Es muß diesen Weg aber geben. Eine Telephonleitung läuft über die Höhen. Und entlang dieser Leitung müßte der Weg verlaufen.

Marga ist für die Nutzung der Schotterstraße. Sicherlich hofft sie, vom Klosterfahrzeug oder einem anderem Vehikel aufgelesen zu werden. Allein aber will sie sich auch nicht auf den Weg machen. So schließt sie sich notgedrungen mir an.

Wir steigen etwa 150 Höhenmeter, parallel zur Leitung, in Rinnsalen – vielleicht sind es auch Ziegenpfade – auf, treffen auf der Höhe auf einen gut ausgetretenen Pfad, dem wir zunächst nach Südosten, dann – parallel zu einer

Schlucht – nach Südwesten folgen. Der einzelne Windmühlenturm bleibt links hinter uns liegen.

Der Pfad schlägt einen scharfen Haken – geradeaus geht es nach Ájios Joánnis weiter – überspringt zwei Schluchten und zwängt sich anschließend zwischen dem Toúrla-Berg im Osten und dem Berg mit den zwei Windmühlentürmen im Westen hindurch. Etwa 300 Meter nach einem Steiniglu rechter Hand gabelt sich der Pfad: die südostwärtige Spur läuft auf Limáni Jéraka, die südwestliche Spur auf Jéraka zu.

Wir entscheiden uns für Jéraka. Etwa 150 Meter hinter der Gabel hält eine Hütte eine Höhe besetzt. Nahe der Hütte frischen wir unseren Wasservorrat aus einem Brunnen auf.

Nach Jéraka geht es unentwegt bergab. Der Ort ist schon von weitem zu sehen.

Jéraka ist ein sauberes, vielfarbig dezent koloriertes Dorf inmitten eines Blumenteppichs. Die Einheimischen grüßen freundlich zurück. Im Kern des Dorfes plätschern zwei Brunnen. Wir versuchen, im Kafenion »O Konomátis« des Panajiótoros Arívas zu einem kleinen Imbiß zu kommen. Panajiótoros ist darauf nicht eingestellt. Er bringt gerade noch einige Fleischspießchen auf den Tisch. Vielleicht hat er für uns sein Abendmahl geopfert.

Von Jéraka bis zum Hafen Limáni Jéraka sind es etwa vier Kilometer. Die Schotterstraße – sie ist teilweise mit Betonplatten belegt – quert das Bett des Longári-Baches. Nach einer guten halben Stunde stehen wir an einer stinkigen, schilfgesäumten Lagune. Beim gelbumrandeten Schild »Monemvasía« unter einem Olivenbaum biegen wir nach Nordosten (links) ab. Die Straße begleitet die Lagune bis nach Limáni Jéraka hinein. Abfälle in und neben dem Wasser passen treffend zum schmutzigen Binnenmeer.

Nach einer großzügigen Rechtsschleife mündet die »Lagunenstraße« in den Kai von Limáni Jéraka.

Limáni Jéraka

Der Ort ist der Hafen von Jéraka. Dies war schon in der Antike so. Bereits Pausanias (III. 24) hat Zarax – das ist das

Fischerdorf Limáni Jéraka

heutige Jéraka – als einen Ort mit einem guten Hafen beschrieben. Kleónymnos soll die Siedlung zerstört haben. Pausanias fand noch einen Apollotempel und ein Kultbild mit einer Kithara vor.

Ruinen aus der antiken Zeit sollen noch im Norden des Ortes zu sehen sein. Auch Reste einer mykenischen Akropólis sollen an der Hafeneinfahrt existieren. Wir verzichten auf die Suche nach antiken Resten, die sich meistens ohnehin nur schwer von Ruinen unseres Jahrhunderts unterscheiden lassen. Wir bummeln entlang der Kaistraße, sehen dem Fischer zu, der von seinem Boot aus die Fänge der letzten Ausfahrt direkt an seine Kunden verkauft. Zwei Einheimische ziehen mit je einer viertel Tüte voller Fische ab, der Rest der Leute kann nur hoffen, beim nächsten Fischer mehr Glück zu haben.

Wir nehmen eine kleine Mahlzeit in der Taverne »O Fílippos« ein. Nur ein Ausländerpärchen schlendert an unserem Tisch vorbei. Fremde sind also eine Seltenheit in Limáni Jéraka. So ist es verständlich, daß der Ort knapp an Betten ist. Schilder mit Zimmerankündigung sehen wir nicht. Wer deshalb in Limánea Jéraka übernachten will, erkundigt sich am besten beim Wirt eines Kafenions oder eines Restaurants nach Betten.

Da man in Limáni Jéraka auch nicht baden kann, zieht es uns bald weiter in Richtung Monemvasía.

Limáni Jéraka – Monemvasía

Es geht den gleichen Weg zurück bis zum Wegweiser »Monemvasía« an der Westseite der Lagune. Diesmal folgen wir dem Schild. Die langsam ansteigende Schotterstraße säumen rechter Hand Olivenhaine. Im Osten wird die Straße vom stinkigen Meer begleitet.

Marga und ich gehen direkt auf den Turm einer Windmühle zu.

Nach einer Viertelstunde stoßen wir auf einen Brunnen. Esel stehen in Reihe an, um mit Wasserbehältern beladen zu werden.

Die Straße steigt eine weitere halbe Stunde an, erreicht dann ihren höchsten Punkt. Die Windmühle liegt nun links des Weges.

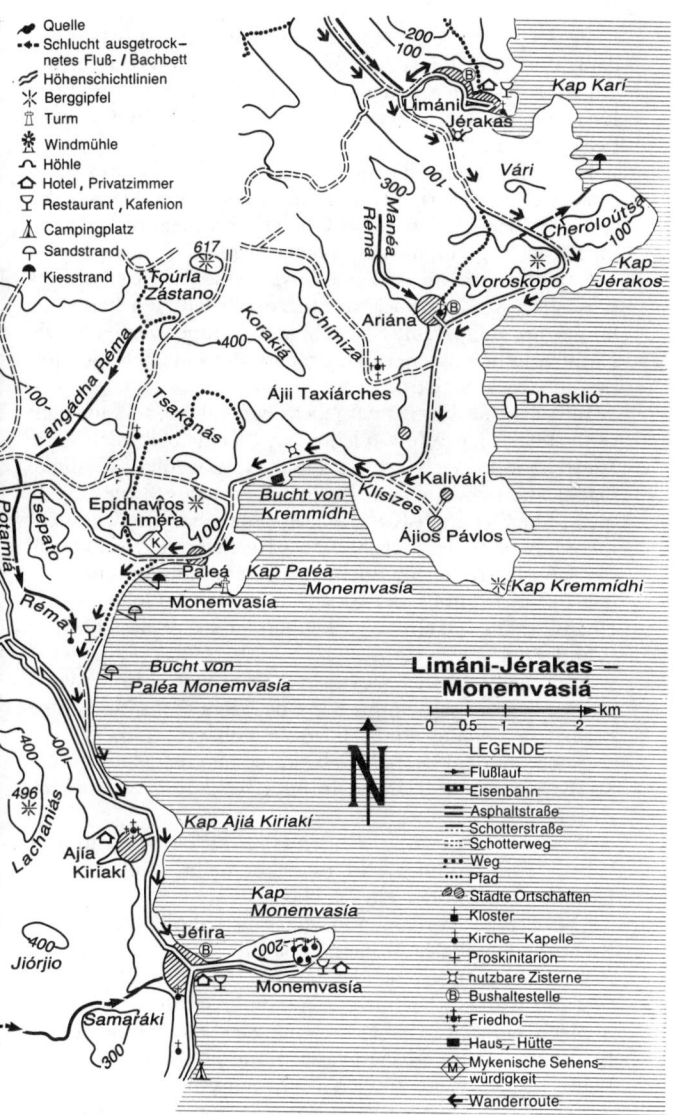

In der Ferne reckt ein riesiger Wal seinen Rücken aus dem Meer: der Klotz von Monemvasía. Im Vordergrund taucht ein kleinerer Wal aus dem Wasser auf: die Insel Dhasklió. Ein Fischerboot versteckt sich hinter dem Felsklumpen.

Die Schotterstraße umrundet den Voróskopo-Berg, senkt sich nach Ariána hinunter. Die wenigen Häuser des Ortes verbergen sich hinter Oliven- und Johannisbrotbäumen. Mächtige Opuntien bilden einen Schutzwall.

Opuntienfrüchte sind eine Delikatesse. Es ist allerdings schwierig, sie zu pflücken und zu schälen. Ich habe mir immer unzählige feine Stacheln in die Finger gezogen. Die Einheimischen spießen die Früchte mit einem Nagel auf, der an einem Stock befestigt ist.

In Ariána sucht man vergebens ein Kafenion. Nach dem Ort steigt der Weg wieder an. Er gabelt sich eine Viertelstunde nach der Siedlung. Wir wählen die linke Gabel, die sich in einem Rechtsbogen einen Berg hinaufquält. Die Ortschaft Kondéïka entpuppt sich als zwei nicht mehr bewohnte Häuser. Nach der Rechtsschleife senkt sich die Schotterstraße zur Bucht von Kremmídhi hinunter. In der Ferne ist links der Straße ein weißes Gebäude mit einem roten Dach zu erkennen. Es ist das nächste Wanderziel.

Nun ist der Blick auf den Felsen von Monemvasía wieder frei. Er schwimmt wie eine Barriere im Meer, eine natürliche Festung im Golf von Epídhavros Liméra.

Noch vor dem weißen Gebäude stehen rechts neben der Straße vereinzelte Häuser. In ihrer Nähe findet man auch Zisternen.

Was mag es mit dem weißen Haus für eine Bewandtnis haben? Ein Wohnhaus ist es sicher nicht. Vielleicht ein Erholungsheim oder ein Clubhaus?

Die Straße verläßt nun die Küstenlinie, klettert in Richtung Kap Paléa Monemvasía. Blickfang des Vorgebirges ist ein einzelstehender Turm. Ist er ein Teil eines Festungswerks oder nur ein Windmühlenturm?

Nach einer Rechtskurve senkt sich die Straße in die Bucht von Paléa Monemvasía hinunter. Der kleine Ort Paléa Monemvasía südlich (links unterhalb) der Straße leistet sich einen winzigen Hafen. Stromanschluß haben die meist neuerbauten Häuser noch nicht, wohl aber Telephon. Was wären Griechen auch ohne Telephon? Ganz Griechenland leidet an der Krankheit »Telephonitis«. Da es der Ort auch noch nicht zu einem Kafenion gebracht hat, sehen wir keinen Grund, hier eine Pause einzulegen.

Bald ist wieder die Küste erreicht. Sie ist zuerst felsig, nach einiger Zeit feinsandig. Badegäste haben Sonnenschirme aufgespannt und Tische und Stühle ausgebreitet.

Rechter Hand tauchen die gut behauenen Kyklopmauern von Epídhavros Liméra auf. Die Mauern umlaufen die Reste der antiken Stadt an drei Seiten. Türme sind vorgeschoben.

Pausanias (III.23) berichtet, daß dieser Ort von argolischen Epidhávriern besiedelt worden sei. Auf dem Weg zum Asklépios-Heiligtum in Kos ankerten diese in der Bucht von Paléa Monemvasía. Träume wiesen sie an, hier eine Kolonie zu gründen. Den genauen Ort bezeichnete ihnen das Versteck der heiligen Schlange, die vom Schiff geflohen war. Nach Pausanias standen am Ort des Schlangenverstecks Altäre des Asklepios.

Knapp 400 Meter von diesen Altären (2 Stadien) diente der Teich der Ino der Schicksalbestimmung. In das Wasser wurden Mehlkuchen geworfen. Gingen sie unter, so war dies ein gutes Omen, kamen sie wieder hoch, so waren die Götter nicht gnädig gestimmt. Für die Priester war es ein leichtes, schwere und leichte Mehlkuchen zu backen und auf diese Weise Schicksal zu spielen.

Der Teich ist nicht mehr auszumachen. So muß man eben die Mehlkuchen des nahen Strandrestaurants ins Meer werfen, wenn man sein Schicksal erforschen will.

Vom antiken Epídhavros Liméra ist außer den Kyklopenmauern und einigen Gebäudefundamenten nichts mehr übrig geblieben. Es lohnt also wenig, in der antiken Stätte nach Zeugnissen der Geschichte zu suchen.

Die Schotterstraße wendet sich jetzt vom Meer ab, macht einen Riesenumweg über Ájios Joánnis zur Straße Mólai – Monemvasía. Notgedrungen muß man sich am Strand entlang in südliche Richtung quälen. Ab dem Strandrestaurant hat man dann wieder festen Boden unter den Füßen.

Im Restaurant haben nach der 3-4 stündigen Wanderung die Beine zunächst einmal Ruhe. Der Hunger kann – übrigens recht gut – gestillt, der Durst gelöscht werden.

Ab Strandrestaurant sind es nach Jéfira, dem Vorort von Monemvasía, noch etwa fünf Kilometer Wanderung in südliche Richtung, das letzte Teilstück leider auf Asphaltstraße.

In Jéfira warten Kafenia, Restaurants und Betten auf die müden Wanderer. Wer allerdings in der Hochsaison den Ort erst am späten Nachmittag erreicht, wird sich schwer tun, ein Zimmer zu finden. Vielleicht hat er in Monemvasía Glück. Die Hotels auf der Halbinsel sind sehr geschmackvoll eingerichtet.

Monemvasía – Stadt der Händler und Seeräuber

Überblick

Monemvasía ist eine natürliche Festung. Mit dem Festland ist das Bollwerk durch einen Damm verbunden. Beiderseits des Dammes ankern – je nach Windverhältnissen – Schiffe.

Unterkunft findet der Besucher im Vorort Jéfira (Géfira), einer Siedlung mit modernen Bauten, und auch – nicht gerade billig – in Monemvasía selbst.

Mit dem Fahrzeug kann man bis zum Haupteingang der Unterstadt vorfahren.

Monemvasía ist zu Lande gut erschlossen. Passable Asphaltstraßen führen nach Nordwesten (Spárti über Moläi), Westen und Süden. Fährschiffe nach Piräas und Kreta legen in der Hochsaison zwei Mal in der Woche an. Flying Dolphins verkehren in der Hochsaison nach Piräas täglich, nach Neápoli etwa jeden zweiten Tag.

Tagsüber fluten nicht abreißende Touristenströme durch die Unterstadt. Die Restaurants und Kafenia haben immer Hochbetrieb. Spät abends ist Monemvasía eine verlassene, gespenstische Stadt. Nur hie und da glimmt eine schwache Laterne. Die Stadt könnte gut die Kulisse für Szenen aus Verdis Oper »Rigoletto« abgeben, etwa für die Ermordung der Gilda oder die Entdeckung der ermordeten Gilda durch ihren Vater Rigoletto.

In den letzten Jahren haben sich in Monemvasía reiche Athener und Ausländer eingekauft. Auch Künstler haben in der Stadt ihr Domizil aufgeschlagen. Überall wird – Gott sei Dank – im alten Stil gebaut. Vielleicht kehrt bald in die Stadt auch außerhalb der Saison neues Leben ein.

Die sichere Lage des Felsens von Monemvasía – man nennt ihn auch Gibraltar des Ostens – fordert geradezu zur Besiedlung heraus. Sicherlich war deshalb das Felsmassiv bereits in prähistorischer Zeit bewohnt.

Pausánias (III.23) berichtet von einem Heiligtum der Artemis Limnátis auf dem Weg von Boiai nach Epídhavros Liméra. In der nicht weit vom Meer auf einer Höhe angelegten Stadt fand er an Sehenswürdigkeiten ein Aphrodíte- und ein Asklépiosheiligtum mit einer stehenden Asklépiosstatue aus Marmor, auf der Akrópolis einen Athéne-Tempel. Vor dem Hafen stand eine Statue des Zeus Soter. Glaubt man Pausanias, so sprang bei der Stadt ein Vorgebirge mit dem Namen Minoa – das kann nur der Felsen von Monemvasía sein – ins Meer.

Nach Pausanias gab es in der Bucht bei Monemvasía Kieselsteine, die besonders schöne Formen und Farben hatten.

Auch Strabo erwähnt in seiner »Geographica« (VIII.6) die Festung Minoa.

Der Name Minoa läßt mutmaßen, daß Monemvasía eine Gründung oder Neubesiedlung der Minoer war, die an dieser strategisch wichtigen Stelle eine Handelsniederlassung angelegt hatten.

Politisch hat Minoa in der mykenischen und archaischen Epoche keine Führungsrolle gespielt. Homer findet den Ort nicht erwähnenswert. Auch im Peloponnesischen Krieg (Thukydides) hat sich Minoa nie hervorgetan.

Monemvasía wurde bedeutend im Mittelalter. Die Stadt kontrollierte das Ägäische Meer. Ihr einziger Zugang (mone embasis) – daher der Name Monemvasía – war leicht zu verteidigen.

Monemvasías »byzantinische« Gründung (Kaiser Mauritius) wird ins Jahr 583 n. Chr. datiert. Im Jahr 746 n. Chr. wird die Stadt als wichtiger Hafen zwischen Konstantinopel, Kleinasien und Kreta urkundlich erwähnt.

Für die byzantinischen Herrscher war Monemvasía so wichtig, daß sie die Stadt durch zahlreiche Privilegien, etwa Landschenkungen, förderten. Agrargüter waren neben Piraterie und Seehandel die Quellen des Reichtums der Monemvasianer. In der Blütezeit wohnten innerhalb der Stadtmauern etwa 40 000 Menschen.

Über Jahrhunderte wurde die Stadt von Archonten aus den Geschlechtern der Mamones, Manoiannes und Sophiani regiert. Offensichtlich sehr zur Zufriedenheit der Bürger. Die Archonten verstanden es, bei allen fremden Herrn Pivilegien durchzusetzen.

Monemvasía war so stark, daß im 8.–11. Jahrhundert den Sarazenen, im Jahr 1147 den Normannen getrotzt werden konnte. Der Franke Guillaume de Villehardoin belagerte die Stadt drei Jahre erfolglos. 1249 ergab sich Monemvasía freiwillig. 1260 mußte Villehardoin die Stadt abtreten, um sich aus byzantinischer Gefangenschaft zu lösen.

Unter Byzanz (1260–1460) blühte Monemvasía auf. Die Stadt war auf allen byzantinischen Märkten vertreten. Ein Metropolit nahm in Monemvasía seinen Sitz. Schulen, Bibliotheken wurden eingerichtet, Kirchen gebaut.

Nach dem Niedergang des byzantinischen Reiches suchte Monemvasía nacheinander Schutz bei katalanischen Söldnern, bei Rom und zuletzt bei Venedig (1464). Der venezianische Podestá regierte weise und tolerant. Er ließ die Befestigungsanlagen ausbauen, die Häuser und Kirchen restaurieren. Monemvasía erlebte eine neue Blüte. Marmor aus antiken Tempeln wurde – wie heute noch zu sehen ist – in Prunkvillen eingebaut. Die Venezianer nannten die Stadt »Neápoli di Malvasía«. Malvasía hatten bereits die Franken – nach dem berühmten Malvasierwein – den Ort getauft.

Die Venezianer konnten sich auf die Dauer nicht gegen die Türken behaupten. 1540 traten sie die Stadt ab. Sie hieß nun »Menekse Kalesi« (=violetter Turm). Wer Monemvasía in der Abendsonne glühen sieht, kann diesen Namen verstehen.

Auch unter den Türken blieb die Stadt strategisch bedeutend. Vergeblich versuchte im Jahr 1554 der Johanniterorden die Stadt zu nehmen. Im 17. Jahrhundert scheiterten mehrere Rückoberungsversuche der Venezianer.

1690 gelang es Francesco Morosini doch, die Festung für Venedig zurückzugewinnen. Albaner wurden angesiedelt, um den Bevölkerungsmangel zu beheben, der Ackerbau angekurbelt und der Handel belebt. Monemvasía wurde zur Hauptstadt der Provinz Lakonien erhoben.

Das heutige Bild der Stadt – Kirchen im italobyzantinischen Stil, Patrizierhäuser, Wappen, Brunnen und Reliefs – geht auf die zweite venezianische Epoche zurück.

1715 trat Venedig, von einer starken türkischen Truppe bedroht, Monemvasía gegen eine stattliche Geldsumme an die Osmanen ab. Stadt und Land der Umgebung verfielen nun mehr und mehr. Monemvasía wurde als Handelsmetropole bedeutungslos. Bald lebten nur noch 150 monemvasianische Familien in der Stadt. Ein Aufstand gegen die Türken wurde 1770 niedergeschlagen.

Im griechischen Befreiungskrieg wurde 1821 die türkische Besatzung ausgehungert. Die Stadt wurde zwar von früheren Auswanderern neu besiedelt, blieb aber eine unbedeutende Landstadt.

Im 2. Weltkrieg nutzten Engländer und Deutsche den Hafen von Monemvasía. Heute ist der Ort eine Touristenattraktion in der Hochsaison. Danach verfällt er in einen vielmonatigen Winterschlaf.

Von den Touristen weiß kaum einer, daß in Monemvasía der griechische Lyriker Jánnis Rítsos (geb. 1909) geboren ist. Er wurde mit dem Lenin-Friedenspreis ausgezeichnet.

Praktische Hinweise

Bahnverbindungen
keine

Busverbindungen
Athen (u. U. in Mólai umsteigen)
Jíthion (Gíthion) (in Mólai umsteigen)
Mólai
Neápoli (in Mólai umsteigen)
Spárti (u. U. in Mólai umsteigen)

Schiffsverbindungen
Flying Dolphins in der Hochsaison täglich über Kiparíssi und Leonídhi nach Piräos, etwa jeden zweiten Tag nach Neápoli.
Fährschiffe zweimal in der Woche in der Hochsaison nach Piräos und über Neapoli und Jíthio nach Kreta.

Unterkünfte
Hotels und Pensionen in Jéfira und Monemvasía. Privatzimmer in Jéfira.

Campingplatz
»Paradiese« 3.5 km südlich von Jéfira.

Jugendherberge
Keine

Sehenswürdigkeiten
Siehe Stadtplan

Rundgang

Monemvasías Kultur und Stadtbild haben Byzantiner, Franken, Venezianer und Türken geprägt. Sie standen bei ihren Bauvorhaben vor dem gleichen Problem: Sie mußten mit einer beschränkten Baufläche auskommen. Es gab nur eine Lösung. Die Häuser mußten hoch, die Gassen eng gebaut oder überbaut werden. So kommt es, daß in Monemvasía die Gassen schmal und die Plätze winzig ausfallen.

Die architektonisch fruchtbarste Zeit war die Epoche um die Wende zum 18. Jahrhundert.

Türkische und venezianisch/ griechische Bauwerke lassen sich gut am Baumaterial der oberen Etagen unterscheiden. Die Türken verwendeten vorwiegend Holz, bauten Holzbalkone weit in die Gassen hinein. Die Venezianer hingegen fügten aus Steinen Bögen und Wände. Der italo-byzantinische Stil ist an den Renaissanceverzierungen der Fenster und Türen zu erkennen. Ziegel künden in der Regel byzantinische Herkunft.

Von den ehedem 40 Kirchen sind nur noch wenige erhalten. Die byzantinischen Gotteshäuser erkennt man an Marmor, Ziegeln und quaderförmigen Steinen, an Ziegelkuppeln und an halbkreisförmigen Bögen.

Kirchenbauten der zweiten venezianischen Epoche sind durch den italo-byzantinischen Stil geprägt: Wände aus Bruchstein, angespitzte Tonnengewölbe, Steinblöcke in Trommeln und Kuppeln, segementierte Bogenöffnungen und Verzierungen im Renaissancestil. Der Narthex fehlt.

Wenn man in Monemvasía auf Apsiden stößt, kann man sicher sein, eine der ehemals vierzig Kirchen gefunden zu haben.

Unterstadt

Monemvasía gliedert sich in Unter- (=Vor-) und Oberstadt. Die Unterstadt schiebt sich einen steilen Hang hinauf. Sie wird nach Westen, Süden und Osten durch eine Mauer gschützt.

Die Mauer aus der zweiten byzantinischen Periode (1260–1460) wurde von den Venezianern anfangs des 16. Jahrhunderts verstärkt. Die Türken und die Venezianer in ihrer zweiten Epoche bauten den Wall weiter aus. Die oberen Mauerteile über den halbrunden Zierleisten sind eindeutig der zweiten venezianischen Epoche zuzurechnen.

Der Besucher betritt die Unterstadt durch die eisenbeschlagene, durch Kugeln bechädigte Tür des Haupteingangs. Die 200 Meter lange Westmauer begrenzen zwei Bastionen im Süden (1) und Norden (2).

Das winzige Tor überragt in seinem rechten Teil ein halbrundes, trichterförmiges Türmchen. Aus der Schieß-

Sehenswürdigkeiten

1 Südwestbastion
2 Nordwestbastion
3 Stellákis-Haus
4 Pforte
5 Panajía Chrisafítissa-Kirche
6 Ájios Nikólaos-Kirche
7 Christós Elkómenos-Kirche
8 Platía Dsámi (Platz der Moschee)
9 Moschee (früher: Ájios Pétros-Kirche)
10 Bischofsresidenz (früher: Teil eines Klosters)
11 Ajía Pareskeví-Kirche
12 Panajía Mirtidótissa-Kirche
13 Ajía Ánna-Kirche
14 Haupttor zur Oberstadt
15 Ajía Sofia-Kirche
16 Zisternen
17 Brunnenhaus
18 Haus des Festungskommandanten

scharte über dem Tor konnte der Zugang mit einer Kanone verteidigt werden. Von einem kleinen, halbrunden Türmchen nördlich des Haupteinganges kann die gesamte Westmauer übersehen werden.

Nach dem Durchschreiten des Tores fallen sofort die engen, winkligen Gassen auf, die oftmals mit Tonnengewölben gedeckt sind. Passagen verlaufen innerhalb der Stadtmauer.

Die Hauptgasse strebt vom Haupteingang unmittelbar dem Platía Dsamí (Platz der Moschee) zu. Den Bummel durch diese Gasse sollte man sich jedoch für das Ende des Rundgangs sparen.

Gleich hinter dem Haupteingang führte eine Passage rechter Hand zur Südwestbastion (1), die weit über die Westmauer hinausragt.

Das Stellákis-Haus ist ein Patrizierbau, vielleicht das beeindruckendste weltliche in Monemvasía. Zwei Passagen unterqueren das Gebäude. Interessant sind die Details des Bauwerks, etwa die von Säulen getragenen Fensterbögen oder die Renaissancefensterrahmen.

Eine schmale Pforte (4) in der Südmauer ermöglicht den Abstieg zu einem Betonbodenplatz. Hier ankern zuweilen auch Boote.

Die weiße Panajía Chrisafítissa-Kirche (5) ist an ihrer riesigen, ziegelgedeckten Kuppel gut zu erkennen. Ursprünglich hieß das Gotteshaus Ájios Stéphanos (von Kreta)-Kirche.

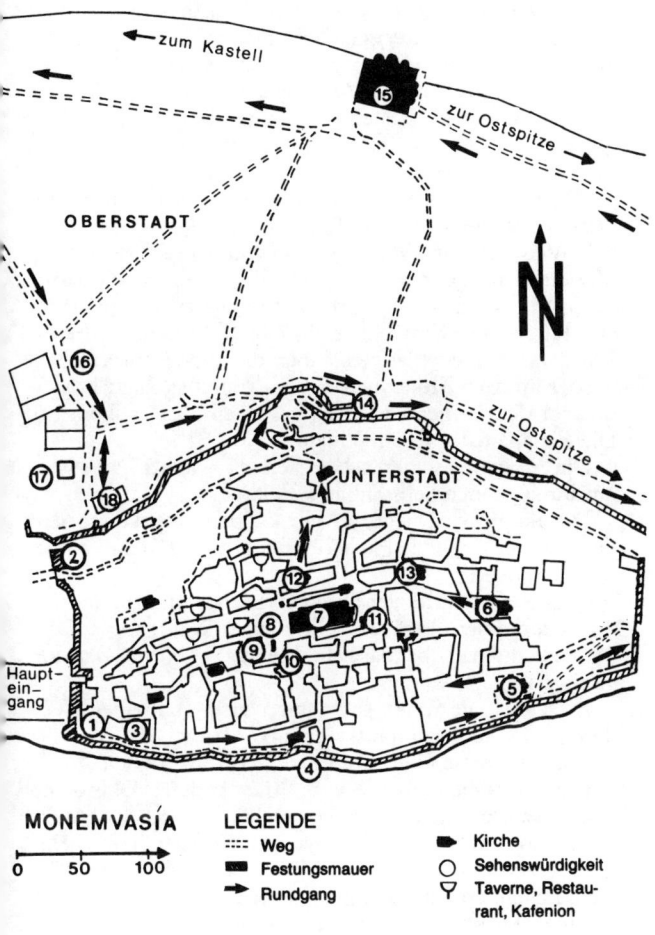

Durch Umbauten veränderte die Kirche des öfteren ihr Aussehen. Der unregelmäßige Narthex wurde in der zweiten venezianischen Epoche hinzugebaut. Auch der Naos kam in der gleichen Zeit hinzu. Ihn hatten die Türken zerstört. Die Kirche steht auf einer freien Fläche. Der Kirchenvorplatz ist der Fußballplatz der Kinder von Monemvasía.

Das Gotteshaus ist nach einer Ikone der Panajía aus Chrisafítissa benannt. Die Legende erzählt, daß die Ikone auf Weisung der Gottesmutter von Chrisafítissa nach Monemvasía »geflogen« sei. An der Stelle, wo die Ikone gefunden worden war, errichteten die Monemvasianer eine Kirche. Die Einwohner von Chrisafítissa holten »ihre« Ikone zwar wieder zurück, aber die Ikone entflog bald wieder nach Monemvasía. Nun traten sie die Chrisafitissaner den Monemvasianern gegen eine Ersatzikone ab. Die Panajía hatte ihren Willen.

Die Monemvasianer haben sich etwas einfallen lassen, um ihren Ikonendiebstahl zu verklären.

Die Ikone wird heute in der kleinen Kapelle »to jeró pigádhi« neben der Panajía Chrisafítissa-Kirche aufbewahrt.

70 Meter ostwärts der Kirche begrenzt ein Schilderhaus die Südecke der Ostmauer. Über einen Wehrgang auf der Mauer kann man über das Schilderhaus zur Nordostbastion gelangen.

Zweckmäßigerweise sucht man sich nun einen Weg durch enge Gassen und Gewölbe, vorbei an der Ajía Paraskeví-Kirche (11) zur Ájios Nikólaos-Kirche (6).

Das Gotteshaus wurde vom Arzt Andréas Líkinos im italo-byzantinischen Stil im Jahr 1703 errichtet. Es hat die Form eines wuchtigen lateinischen Kreuzes. Die mehrschiffige Kirche wirkt massiv, der Tambour klotzig. Ein Ochsenauge erhellt dürftig das Kircheninnere.

Eine Marmorplatte über dem Eingang bezeichnet den Stifter, eine andere darüber zeigt den byzantinischen Doppeladler. Eingangstür und Dreieck über dem Eingang sind mit Porosstein verblendet.

Das trostlose Kircheninnere ist nicht sehenswert.

150 Meter westlich der Ájios Nikólaos-Kirche liegt die Christós Elkómenos-Kirche (7). Sie ist nach der Ikone

»Christós in Ketten« benannt, die der byzantinische Kaiser Isaak II. Angelos um die Wende des 12./13. Jahrhunderts nach Konstantinopel entführen ließ.

Der Glockenturm (Campanile) ist etwas von der Kirche abgesetzt. Aus einem früheren Kirchenbau (11. oder 12. Jahrhundert) stammen zwei Marmorplatten. Die Kirche wurde öfters umgebaut. 1697 und 1770 erlitt sie durch Kriegseinwirkungen starke Schäden. Der jetzige Bau stammt aus dem 19. Jahrhundert.

Die Kirche ist eine dreischiffige Basilika. Außergewöhnlich ist die Lage der Kuppel in der Mitte der Kirche. Über dem Eingang ist beiderseits einer Kreuzblume das Renovierungsdatum 1697 abzulesen.

Die Brüstungsplatte einer Ikonostase über dem Haupteingang zeigt zwei radschlagende Pfaue, die eine Schlange mit ihren Krallen umklammern. Zwischen den Pfauen liegt ein Kuhkopf. Vermutlich stammt die Brüstungsplatte aus der Kirche, die vorher an dieser Stelle stand.

Die beiden Steinthrone hinter dem Narthex könnten Sitze von Fürsten gewesen sein (13. Jahrhundert). Der Volksmund erklärt sie für Throne, die für den ersten griechichen König Otto und seine Gattin Amalie gebaut worden waren.

Die Spitzenbögen im Kircheninnern sind venezianische Hinzubauten. Schmuckstücke der Kirche sind ein Ikonenschrein nahe dem Eingang, ein Kalksteinrelief an der Nordwand des Narthex (Taube mit Ölzweig) und einige Ikonen.

Der Platz der Moschee (6) wird vom Campanile der Christós Elkómenos-Kirche beherrscht. Im Schatten der Bäume kann man das Treiben der Touristen studieren. Die Sitzbänke um den Brunnenaufsatz – Wasser kann man leider nicht schöpfen – sind immer besetzt.

Für Kinder ist die Kanone mit der Jahreszahl 1763 ein willkommenes Spielzeug.

Der Platz hat seinen Namen von der Moschee (9) an der Westseite. Vor den Türken war der Bau die orthodoxe Kirche Ájios Pétros.

Die Südseite des Platzes begrenzt die Residenz des Bischofs (10). Der Bau war ursprünglich Teil eines Klosters. Der Markuslöwe auf dem Relief über dem Portal ist kaum noch zu erkennen.

Auf dem Weg zur Oberstadt (Goulá = Burg) kommt man an der Panajía Mirtidiótissa-Kirche (12) vorbei. Das einschiffige Gotteshaus mit der wuchtigen Kuppel hat die myrthengeschmückte Gottesmutter zur Schutzpatronin. Die Westfront mit den regelmäßig behauenen, quaderförmigen Bruchsteinen verrät die Venezianer als Baumeister.

Über der pilastergerahmten Rundbogentür spannt sich ein Giebelfeld. Über einem Ochsenauge ist ein Wappen (Kreuz, mit Blumen verziert) eingelassen.

Es lohnt nicht, sich die Kirche aufsperren zu lassen. Das Kircheninnere ist heruntergekommen. Sehenswert ist lediglich die geschnitzte Ikonostase aus dem 13. Jahrhundert mit ihren üppigen Verzierungen. Der naiv gearbeitete Aufsatz der Ikonostase (Kreuz, das von zwei Drachen gerahmt ist) stammt sicherlich aus einer späteren Epoche.

Wer sich an den Sehenswürdigkeiten sattgesehen hat, sollte ziellos durch die Gassen bummeln, sich vom alten Mauerwerk beeindrucken lassen, antikem Marmor nachspüren, der in mittelalterlichen Gebäuden verbaut wurde, sich von der Blumenpracht der winzigen Höfe berauschen lassen. Er kann auch den Spuren des Lyrikers Rítsos folgen. Einige Einheimische wissen von ihm zu berichten.

Vom Platz der Moschee steigt der Weg zur Oberstadt in nördlicher Richtung an. Ein Umweg zur Ajía Ánna-Kirche (13) ist nicht zu empfehlen. Das Bauwerk steht ohnehin nur noch zur Hälfte.

Oberstadt

Auf einem Serpentinenweg erreicht man das Tor, das Unter- und Oberstadt miteinander verbindet. Bastionen und natürliche Felsvorsprünge erlaubten den Verteidigern der Oberstadt, den Angreifer von mehreren Seiten unter Beschuß zu nehmen.

Das Haupttor der Oberstadt (14) ist mit Porossteinen verblendet. Über dem Tor verkündet eine Inschrift: »Jesus Christos siegt« (»Jesus Christós níki«). Die eisenbeschlagenen Holztüren zeigen Kampfspuren.

Angreifer hatten es schwer, in die Oberburg vorzudringen. Wenn sie endlich den Serpentinenaufstieg zum Tor überwunden hatten, stellten sich ihnen Soldaten aus den Wachstuben beiderseits des Tores entgegen. Aus einem Gewölbeloch wurden sie zudem mit loderndem Pech überschüttet.

In der Torpassage und im Pflaster des Weges sind antike Marmorteile verarbeitet.

Nördlich des Tores lädt ein eukalyptusbaumbeschatteter Platz zur Betrachtung der Unterstadt ein. An diesem Platz zweigen die Wege zur Ostspitze, zum Haus des Festungskommandanten und zum Kastell ab. Der Pfad nach Norden läuft direkt auf die Ajía Sofía-Kirche (15) zu.

Die Oberstadt war an der Süd- und Ostflanke stark befestigt. Die Westseite sicherte ein Kastell. An der steilen Nordseite konnte man auf Mauern verzichten.

Die heute zu sehende Festungsanlage stammt aus der venezianischen und türkischen Zeit. Von der ehemaligen Oberstadt stehen nur noch Ruinen. Zwischen diesen wuchert Unkraut. Die Straßenführung ist kaum noch auszumachen.

Es empfiehlt sich, den Weg über Ostspitze, Ajía Sofía-Kirche, Kastell, Haus des Festungskommandanten zu nehmen.

Die Ostspitze mit ihrer Bastion diente ausschließlich militärischen Zwecken. Von hier konnten Angreifer auf offener See unter Beschuß genommen werden, die den Hafen anlaufen wollten. Westlich der Bastion schloß sich ein Wohnviertel an. Von ihm sind nur noch Ruinen zu sehen.

Auf einem Pfad parallel zur Kante des nördlichen Steilabfalles gelangt man zur Ajía Sofía-Kirche (15).

Die Kirche aus behauenem Bruchstein – verziert durch Ziegel zwischen den Steinquadern – droht den Steilabhang hinunter zu stürzen. Es ist nicht genau bekannt, wann sie erbaut wurde. Die Spanne reicht vom 11. bis zum 13. Jahrhundert. Die Stiftungsurkunde beiderseits der mittleren Tür des Narthex könnte Auskunft geben – wenn sie entziffert werden könnte.

Die Kirche war Teil eines Klosters. Die Ruinen südlich von ihr gehören zu diesem Kloster.

Die Kuppel ruht auf acht Pfeilern oder Wandenden der

Kreuzarme. Diese stehen im Quadrat. Die Kirche gehört zu den wenigen Achtstützenkirchen Griechenlands.

16 Fenster geben dem Kircheninneren ausreichend Licht. Der Außenbau ist durch mehrreihige Ziegelbögen verziert. Säulen »strecken« den Tambour, Ziegelbögen über den Fenstern nehmen ihm die Strenge. Über der Eingangstür zum Narthex sind in einem byzantinischen Marmorrelief zwei Lämmer und zwei Vögel (Tauben?, Pfaue?) und ein nach unten zeigendes Schwert dargestellt.

Die quadratische Kreuzform läßt Raum für vier Eckkapellen. Die westliche Eckkapelle kann nur vom Narthex aus betreten werden.

Die Türken verwandelten die Kirche in eine Moschee. Sie richteten zwischen den beiden südlichen Eckkapellen eine moslemische Gebetnische ein. An dieser Stelle lag auch der Zugang zum Kloster.

Die Fresken im Narthex sind nur noch in Resten erhalten. Der Pantokrator in der Bema hingegen ist noch in gutem Zustand. In der Hauptapsis sind Bischofsfresken erkennbar. Sehenswert sind die Medaillonsfresken in den Zwickeln der Trommeln.

In der Westwand des Narthex waren ursprünglich – ähnlich wie in den Kreuzarmen – doppelbögige Fenster. Ornamentale Verzierungen – zum Beispiel Tierdarstellungen – schmücken die Kämpferkapitelle der Fenster. Am östlichen Südfenster ist der Tanz der Salome dargestellt.

In der zweiten venezianischen Zeit wurde westlich des Narthex eine zweistöckige Loggia angebaut. Deren Untergeschoß ist eine offene Halle mit drei Bögen, deren Obergeschoß ein Raum mit Renaissancefenstern.

Von der Nordseite kann man den Blick bis zur Bucht von Kremmídhi schweifen lassen, erahnt das antike Epídhavros Limerá, sieht vielleicht einen Flying Dolphin von Kyparíssi heranfliegen.

Der Pfad nach Westen parallel zum Steilabfall führt zur Festung an der Westseite des Felsrückens. Auf den Fundamenten der Byzantiner bauten Venezianer und Türken das Kastell weiter aus.

Der rechteckige Festungsbau – die Griechen nennen ihn »Anáktoron« (=Schloß) oder »to Kefáli tis Piritidhapótikis« (=Turm des Pulvermagazins) – ist an drei Seiten durch

Ajía Sofía-Kirche in Monemvasía

quadratische Türme verstärkt. An der Nordostecke ist ein Rundturm in einen Steilhang vorgeschoben.

Vom Kastell aus ließ sich die Ostküste der Peloponnes gut mit Kanonen bestreichen.

Außerhalb der Kastellmauern gibt es nichts als Ruinen und Zisternenfragmente. Kanten und Türeinfassungen sind oft mit Steinarbeiten verziert.

Vom Kastell – so erzählen die Einheimischen – soll man an klaren Tagen bis nach Kreta blicken können.

Der kürzeste Weg in die Unterstadt führt an den Zisternen (16) und am angeblichen Haus des Festungskommandanten (18) vorbei. Das kleine Gebäude nordwestlich des Hauses soll ein Brunnenhaus (17) sein. In ihm wurde das Wasser der Zisternen gesammelt.

In den Zisternen wurde das Regenwasser in zementierten Becken aufgefangen und über Löcher in das überwölbte Brunnenhaus geleitet.

Der Festungskommandant konnte von seinem Haus aus die Lage in der Unterstadt gut überblicken.

Nächstes Ziel ist der Platz der Moschee. Anlaufpunkt ist der weithin sichtbare Campanile. Von der Platía Dsámi senkt sich die Hauptgasse hinunter zum Haupteingang der Unterstadt. Nahe der Moschee stehen die Häuser nicht so dicht gedrängt wie vor dem Haupteingang. Hier haben sich Restaurants und Kafenia eingenistet. Tische stehen auf der Gasse, beschattet von Weingirlanden. Im Spätsommer hängen satte Trauben über den Gästen.

Nahe dem Haupteingang lassen die hohen Häuser die Gasse noch enger erscheinen. Türen und Fenster der älteren Gebäude werden von Bögen überwölbt. Die Krümmung setzt sich in den Tonnengewölben der Ergeschoßräume fort.

In den Gewölben arbeiteten einst Handwerker und Kaufleute. Ihre Wohnungen lagen in den darüberliegenden Stockwerken. Häuser, die nach 1821 gebaut worden sind, kann man an ihrer großzügigeren Anlage und an den neoklassischen Zierziegeln erkennen, die die Dachtraufen schmücken.

Die Sonne ist in den Bergen der Peloponnés verglüht. In der Hauptgasse kämpfen die Touristen um Tische und

Stühle in den Restaurants und Kafenía. Bunte Lampen vemitteln Volksfeststimmung. Das Restaurant »Matoúla« lockt mit dem Namen Rítsos. Aber wer von den fremden weiß schon, wer Rítsos ist?

Marga und ich sind dem Rummel entflohen. Hoch über den Dächerns der Stadt betreibt ein alter Grieche eine Terrassentaverne. Seine Speisen sind einfach, seine Preise menschlich. Zu ihm finden nur Eingeweihte den Weg. Wie lange noch? Jedes Jahr wird die Schlange der Eingeweihten länger.

In der Abgeschiedenheit der Taverne fällt der Abschied von Monemvasía schwer. Morgen geht es weiter, in die Krithína-Berge an der Spitze des Zeigefingers der Halbinsel. Dort erwartet uns Einsamkeit, Ursprünglichkeit und heilige Stille. So hoffen wir wenigstens.

Wir müssen uns zu unserem Zimmer durch den Rummel der Hauptgasse kämpfen. Der Trubel macht uns den Abschied leicht.

Neápoli am Fuße der Krithína-Berge, unser nächstes Ziel, ist am einfachsten mit den Flying Dolphins oder mit der Fähre zu erreichen. Leider verkehrt nicht jeden Tag ein Schiff. Mit dem öffentlichen Bus ist ein zeitraubender Umweg über Mólai unumgänglich. In dieser Ortschaft steigt man in den Bus nach Neápoli um. Man zahlt für die gesamte Strecke etwa 7.50 DM und ist – einschließlich des Aufenthalts in Mólai – fast fünf Stunden unterwegs. Ein halber Tag ist verloren.

Eine Taxifahrt nach Neápoli dauert eine gute Stunde und kostet etwa 25 DM. Wenn sich vier Personen zusammentun, ist die Taxifahrt nach Neápoli billiger als die Busfahrt.

5. Durch die Krithína-Berge zum Kap Maléas

Überblick

Die Wanderung ist so angelegt, daß der Weg teilweise relativ eben entlang der Küste, teilweise über die Höhen der Krithína-Berge führt. Die Pfade der Wanderstrecke sind in der Regel gut zu finden. Die Einsamkeit ist ein ständiger Begleiter. Fremden begegnet man höchstens – von Neápoli abgesehen – in den größeren Orten Láchio, Ájios Nikólaos, Velanídhia und allenfalls noch in Profítis Ilías.

Die Krithína-Berge steigen bis in Höhen von knapp 800 Meter an. So hoch muß man allerdings nicht aufsteigen. Gute 450 Meter aber müssen nördlich von Kap Maléas schon überklettert werden.

Der Fußpfad entlang der Küste zum Kap Maléas erfordert Trittfestigkeit. Der Weg ist nicht zu verfehlen. Am östlichsten Punkt der Wanderung, der Kirche Ajía Iríni am Kap Maléas, tritt man in eine andere Welt. Göttliche Stille umfängt den Wanderer. Schiffe ziehen geräuschlos am Kap vorbei. In den Zellen des aufgegebenen Klosters kann man übernachten. Fast scheue ich mich, diesen idyllischen Ort preiszugeben.

Die größeren Orte Láchio, Ájios Nikólaos und Velanídhia sind moderne Sommerdörfer. Reiche Griechen verbringen hier in ihren Sommerhäusern die heiße Jahreszeit. Auch Rückwanderer aus Australien und Kanada haben sich mit dem Geld, das sie im Ausland verdient haben, in diesen Orten Häuser gebaut.

Entlang der Westküste stößt man immer wieder auf Strände. An ihnen kann man ungestört sein Schlafsackhotel aufbauen. Offizielle Unterkünfte hingegen kann nur Neápoli offerieren. In der Hochsaison sind in diesem Ort die Betten rar.

Wer von Velanídhia zu Fuß in einem Tagesmarsch nach Neápoli wandern will, kommt – trotz der Schotterstraße – durch eine noch unberührte Gegend. Velanídhia ist zwar an das öffentliche Busnetz angeschlossen. Wer aber den letzten Bus verpaßt hat und die mehrstündige Fußwanderung (etwa 20 km) scheut, kann nur noch hoffen, von einem Griechen in dessen Fahrzeug mitgenommen zu werden. Seine allerletzte Chance ist das von Neápoli herbeizitierte Taxi (Fahrpreis etwa 25 DM).

Für mich gehört Ajía Iríni zu den letzten, noch unberührten Paradiesen Griechenlands. Für Marga auch!

Praktische Hinweise

Vorschlag für Fußwanderung

1. *Tag:* Ankunft in Neápoli; über Palékastro und Limnáki nach Profítis Ilías (ca. 13 km).
2. *Tag:* Profítis Ilías – Ajía Marína – Ajía Iríni am Kap Maléas (ca. 10 km).
3. *Tag:* Ajía Iríni – Ajía Marína – über die Krithína-Berge zur Ájios Míron-Kirche, von da weiter nach Velanídhia (ca. 15 km) u.U. Rückfahrt nach Neápoli.
4. *Tag:* Velanídhia – Neápoli (ca. 20 km).

Fahrstrecke für Autowanderer
Entlang der Westküste auf Schotterstraße bis Palékastro und zu den Stränden südlich davon; Rückfahrt nach Neápoli; von da weiter über Láchio und Ájios Nikólaos nach Profítis Ilías (ab Ájios Nikólaos Schotterstraße); von da Weiterfahrt nach Ajía Marína; von hier Rückfahrt über Ájios Nikólaos nach Neápoli; u.U. Umweg über Velanídhia.

Bahnverbindungen
Keine

Busverbindungen
Bushaltestelle in Neápoli: Platz des 25. März (Platía 25 Martíou)/Leof. Vión Nr. 67 (gegenüber der Commercial Bank of Greece).
Verbindungen von Neápoli nach:
Ájios Nikólaos über Láchio;

Athen über Mólai (u.U. umsteigen) und Sparti;
Láchio;
Mólai;
Profítis Ilías über Ájios Nikólaos;
Velanídhia über Láchio.

Bushaltestellen
Ájios Nikólaos
Láchio
Profítis Ilías
Velanídhia

Schiffsverbindungen
Mit Flying Dolphins, in der Hochsaison etwa jeden zweiten Tag, über Monemvasía nach Piräas.

Mit Fährschiffen, in der Hochsaison zwei Mal in der Woche, über Jíthio nach Kastélli auf Kreta und über Monemvasía nach Piräas.

Unterkünfte
Hotels, Pensionen und Privatzimmer nur in Neápoli.

Campingplatz
Wilder Campingplatz 500 Meter südlich von Palékastro.

Jugendherberge
Keine.

Sehenswürdigkeiten
Nur landschaftliche Sehenswürdigkeiten; Meiner Ansicht unverzichtbar: Ajía Iríni am Kap Maléas (nur zu Fuß zu erreichen).

Neápoli – Hafenstadt mit Landatmosphäre

Neápoli ist ein freundliches Provinzstädtchen an der Westküste des Zeigefingers. Der Hafen verleiht dem Ort bescheidene Bedeutung und etwas Fischeratmosphäre. In Neápoli legt zwei Mal in der Woche das Fährschiff nach Kreta und nach Piräas über Monemvasía und etwa jeden zweiten Tag ein Flying Dolphin nach Piräas an. Täglich kann man zu den Inseln Kíthira und Elafónisos (Sandstrände!) übersetzen.

Neápoli liegt in einer Küstenebene, die sich im Halbkreis um die Bucht von Neápoli – auch Bucht von Vátika genannt – legt. In diesem Küstenstrich gedeihen Obst (Zitrusfrüchte, Feigen, Oliven) und Gemüse gut.

So die Einheimischen nicht von der Landwirtschaft leben, betreiben sie die Fischerei oder leben von den Fremden, die es in den Südzipfel der Peloponnés verschlägt.

An der Stelle von Neápoli stand das antike Boiai (neugriechisch: Viä). Im Westen der Stadt und beim venezianischen Kastell Palékastro (zwei Kilometer südlich von Neápoli) wurden bescheidene Reste der antiken Siedlung entdeckt. Pausanias (III.21) erzählt, daß Boiai zu den 18 Städten gehörte, die unabhängige lakonische Städte waren. Auch Strabo (VIII.5) erwähnt Boiai, kann aber, ebenso wie Pausanias, keine Einzelheiten über die Stadt berichten.

Neápoli wurde im 19. Jahrhundert neu besiedelt. Die Straßen der Stadt wurden – wie in Spárta und Korínth – rechtwinklig angelegt. Der Ort zieht sich einen Hang hinauf.

Die Hauptstraße ist die Kaistraße (Leofóros Vión = Leof. Boión). Die Straße ist die Promenade der Stadt. Hier konzentrieren sich Restaurants und Kafenia. Hier haben auch die Schiffsagenturen ihren Platz. Von hier fahren die Busse ab.

Der Platz des 25. März ist das Zentrum des Ortes. Hier warten die Fremden auf Bus oder Schiff, hier bieten die Einheimischen an Straßenständen gegrillte Tintenfische an, hier halten die Griechen in den Kafenia ihre Pläusche und beobachten dabei die Touristen.

Baden kann man in klarem Wasser an dem gepflegten Strand, der die Uferstraße begleitet. Wer will, kann südlich des Ortes sogar in einer offiziellen Badeanstalt schwimmen.

Alles in allem ist Neápoli für die Fremden eher eine Durchgangsstation als das Ziel für einen längeren Aufenthalt.

Entlang der Westküste nach Profítis Ilías

Die Schotterstraße verläßt Neápoli in südlicher Richtung. Sie hält sich genau an die Küstenlinie. Rechter Hand locken zuerst der saubere Strand der Stadt, später das offizielle Schwimmbad. Linker Hand demonstriert über einer Diskothek eine natürlich weiße, pompöse Kirche die Bedeutung des orthodoxen Glaubens für Griechenland.

Palékastro ist ein kleiner Ort mit einer Kiesbucht, die als Fischerhafen genutzt wird. Im Schatten einer mächtigen Palme versammeln sich einige heruntergekommene Häuser in Küstennähe. Abseits der Bucht sind die Gebäude moderner, großzügiger. Dies sind wohl Sommerhäuser reicher Griechen.

In der Kiesbucht torkeln kaum mehr seetüchtige Fischerkähne auf den Wogen.

Wir schöpfen Wasser aus dem Brunnen direkt neben dem Weg. Brrr, das Wasser ist ungenießbar!

In der venezianischen Zeit sicherte ein Kastell auf dem Küstenvorsprung vor Palékastro den Zugang zur Bucht von Neápoli. Hier müßten auch noch Spuren der antiken Stadt Viä (Boiai) zu entdecken sein. In unseren Tagen wird der Küstenvorsprung von der im Sonnenlicht gleißenden Ajía Paraskeví-Kirche beherrscht.

Südlich von Palékastro sind in die felsige Uferlandschaft immer wieder Kiesbuchten – ein bißchen Sand ist meist auch dabei – eingestreut. Die Schotterstraße ist für Fahrzeuge noch gut befahrbar. So können Camper problemlos den kleinen wilden Campingplatz unter Tamarisken (Almiríkia) 500 Meter südlich von Palékastro erreichen. Dieser versteckt sich hinter einer Opuntienwand.

Vielleicht 20 Wanderminuten südlich von Palékastro endet die Schotterstraße. Wieder locken Kiesbuchten. Marga und ich widerstehen der Versuchung. Wir hoffen, auf einen noch idyllischeren Strand zu stoßen. Der Mensch ist eben schwer zufrieden zu stellen. Und wirklich! Unser Pfad führt uns zu zwei kleinen und einer großen Kiesbucht. Kein Mensch ist weit und breit zu sehen. Hier geben wir der Verführung des Meeres nach.

Im Norden schiebt sich der Küstenvorsprung von Palékastro wie ein Riegel ins Meer. Blickfang ist die Ajía

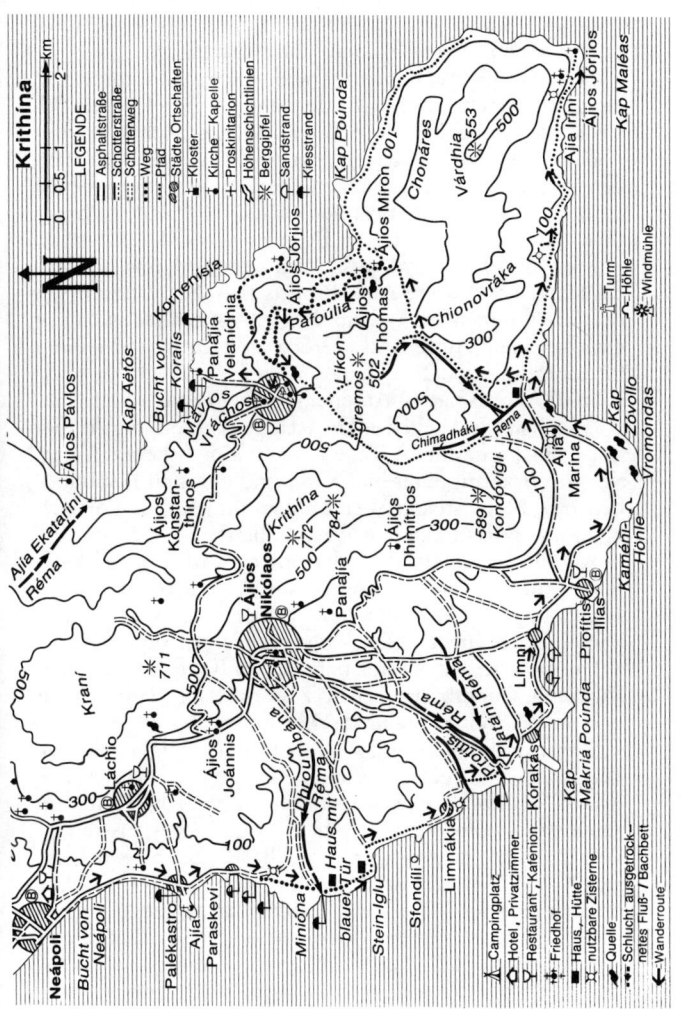

Paraskeví-Kirche. Im Nordosten flüchtet das weiße Dorf Láchio einen olivenfarbenen Hang hinauf.

Durch das Schilf, das den Strand begrenzt, schimmern in einigen hundert Metern Entfernung wenige Häuser. Ich suche die Umgebung nach Trinkwasser ab. Ich kehre mit reicher Beute zu Marga zurück: reifen wilden Weintrauben, prallen Feigen, fleischigen Tomaten aus aufgegebenen Feldern und kühlem Brunnenwasser. Hier läßt sich aus dem Land leben, ohne zum Dieb zu werden.

Hier ließe sich gut aushalten! Aber Marga und ich wollen ja noch heute nach Profítis Ilías. So wandern wir wieder, kommen etwas vom Weg ab, stehen plötzlich vor einer kleinen Hütte und werden in Deutsch von einer Griechin begrüßt. Ein kleines Wunder!

Iréni Aliféris hat im Athener Goetheinstitut – recht gut, wie wir bald feststellen – Deutsch gelernt. Sie macht hier mit einer Freundin 14 Tage Urlaub vom Athener Alltag. Sie ist Lyrikerin, tankt hier Kraft und gibt sich Inspirationen hin. Flugs stehen Weintrauben und Kaffee vor uns. Spontane griechische Gastfreundschaft!

Wir finden einen Pfad, der uns ostwärts am Felsklotz von Minióna vorbeibringt. Wir kommen an einem schmächtigen Häuschen mit blauer Tür und blauen Fensterläden vorbei. Neugierige Augen starren uns nach.

Unsere nächste Anlaufstelle ist ein Turm in südlicher Richtung. Er entpuppt sich als Zisterne. Der »Turm« lehnt sich an ein weißes Steinhäuschen an.

Unser Pfad läuft links an einem »Steiniglu« vorbei, knickt dann im rechten Winkel – entlang der Küstenlinie – nach Nordosten ab, erweitert sich nach etwa 400 Metern zu einem Schotterweg, der auf Ájios Nikólaos zustrebt.

Wir halten uns weiterhin an die Küste, biegen beim Schotterweg in südostwärtige Richtung ab. Allmählich verläuft sich der Pfad. Kein Problem! Die Küstenlinie, zu der wir parallel weiterwandern, ist uns Bauernlineal.

Wir treffen bald wieder auf einen Schotterweg. Dieser zielt direkt auf die wenigen, winzigen Häuser des Weilers Limnákia. Rechter Hand ziehen leise vor sich hinsummende, majestätische Ozeanriesen und wild und holprig tuckernde, rostige Kähne durch die Enge bei der Insel Elafónisos.

Boote in einer Bucht bei Palékastro

Einheimische reichen uns in Limnákia aus dem Brunnen Wasser, begleiten uns ein Stück des Weges, damit wir uns ja nicht verlaufen.

Wir halten uns weiter an die Küstenlinie, queren zwei Schluchten. Bald stoßen wir wieder auf eine Schotterstraße. Diese spart die Felsvorsprünge von Kap Makriá Poúnda aus, nähert sich dann wieder der Küste. An zwei Stränden tummeln sich eine Handvoll Griechen. Auch ein Wohnmobil eines Griechen hat sich an einen der Strände verirrt.

Das markantweiße Kirchlein von Profítis Ilías ist schon von weitem auszumachen. In Límni kürzen wir über einen Pfad den Weg ab. Nach Profítis Ilías sind wir – ohne Pausen – etwa fünf Stunden unterwegs gewesen.

In Profítis Ilías gruppieren sich in einem engeren Kreis einige kleine, bescheidene Häuschen um den romantischen, von der Kirche beherrschten Hafen. Die Hafeneinfahrt rahmen bizarre Felsen. Die Häuser in etwas größerem Abstand zum Hafen sind aufwendiger und pompöser gebaut. Es sind meist Sommersitze reicher Griechen.

Profítis Ilías liegt in etwa an der Stelle des antiken Nymphaíon. Glaubt man Pausánias, so stand hier eine Statue des Meeresgottes Poseídon. Die von Pausánias benannte Höhle mit der Süßwasserquelle könnte die 1,5 Kilometer südostwärts von Profítis Ilías gelegene Kaméni-Höhle sein.

Unser erster Gang gilt dem einzigen Kafeníon des Ortes, das Jórjios Stathákis gehört. Dieses Jahr wird es von seiner Tochter – auch nur in der Sommerzeit – bewirtschaftet. Das Kafeníon ist auf hungrige Touristen nicht eingestellt. Aber es reicht noch zu Salat, Brot und Wein, am nächsten Morgen sogar zu einem Frühstück. Vielleicht muß die Wirtsfamilie auf einen Teil ihrer Mahlzeit verzichten.

Das Meer ist heute unruhig. Jórjios ist darüber ungehalten. So kann er nicht auf die See zum Fischen hinaus. Mit seinen etwa 70 Jahren und seiner angeschlagenen Gesundheit ist jede Bootsfahrt ohnehin ein Wagnis. Schade! Marga und ich wären gerne beim Fischen dabeigewesen.

Die Abendsonne ertrinkt im Lakonischen Golf. Die Kafeniongäste haben ihre Zeche bezahlt. Die Wirtsfamilie bereitet sich darauf vor, auf der Kafenionterasse zu schlafen.

Marga und ich finden ein Schlafplätzchen auf der Terrasse eines gerade nicht bewohnten Sommerhauses.

Ajía Iríni – Ort heiliger Stille

Marga und ich brechen aus Profítis Ilías auf. Das Meer hat sich beruhigt. Heute wird Jórjios zum Fischen auf die See hinausfahren können. Wir kommen nicht weit. Auf unseren Morgengruß werden wir in ein Haus gebeten, von einer gut Englisch sprechenden Griechin mit Weintrau-

Ajía Iríni-Kirche, das Wahrzeichen des Kap Maléas

ben, Feigen und Neskaffee verwöhnt. Der gebrechliche Großvater wird extra ausgeschickt, frische Früchte zu pflücken.

Neskaffee ist eine Rarität in dieser Abgeschiedenheit. Nicht einmal das Kafenion konnte damit aufwarten. Und Eléni – so heißt unsere Gastfreundin – gibt uns die Neskaffeedose auf den Weg mit. Dazu eine Hochzeitsschleife und ein Foto ihrer Tochter.

Elénis Mutter liegt todkrank zu Bett: Diabetes. Sie ist auf einem Auge blind. Beide Beine mußten ihr amputiert werden. Sie freut sich über unser Kommen, unsere Worte. Wir sind ein Lichtblick in ihrem eintönigen, tristen Leben im abgedunkelten Zimmer. Als Eléni hört, daß wir auf dem

Weg zur Ajía Iríni-Kirche sind, steckt sie mir 50 Drachmen zu. Für Kerzen! »Der schönste Platz dieser Welt«, meint Eleni. »Nein, nicht von dieser, sondern schon von einer anderen Welt«.

Eléni findet immer wieder einen Grund, unseren Aufbruch hinauszuzögern.

Endlich sind wir doch wieder unterwegs. Die Schotterstraße verläßt Profítis Ilías in nördlicher Richtung. An der nächsten Abzweigung biegen wir nach Osten (rechts) ab. Wenige Häuser säumen noch den Weg.

Die Schotterstraße klettert einen Hügel hinauf. Marga entdeckt auf dem Weg immer wieder in Steinen der Straße Versteinerungen von Meerestieren. Stand dieser Teil der Halbinsel einst unter Wasser?

Die Schotterstraße zielt nach einer großzügigen Linksschleife auf die weiße Ajía Marína-Kirche zu. Die Gegend um Vromóndas ist eine fruchtbare, grüne Oase. In sie sind einige weiße Häuser gebettet.

Wir rasten an der rotgedeckten Ajía Marína-Kirche. In die Betontreppe ist die Jahreszahl 1978 eingelassen. Vielleicht wurde in diesem Jahr die Kirche renoviert, die Treppe neu gegossen. An einem Brunnen, 200 Meter westlich der Kirche, nahe einem Gebäude, kann man den Wasservorrat auffrischen.

Die Schotterstraße strebt nun auf ein weißes Haus zu. Dieses gehört zum Dorf Ajía Marína, das sich beiderseits der Chimadháki-, zum Teil sogar in der Chimadháki-Schlucht, breit macht. Hütten und Ställe sind in Felshöhlen der Schlucht hineingebaut. Ostwärts der Schlucht endet die Schotterstraße. Von Profítis Ilías bis hierher sind wir etwa 1 1/4 Stunden gewandert.

Der rostbraune Pfad, der entlang der Küste auf Kap Maléas zuläuft, ist mal besser, mal schlechter erkennbar. Der Weg ist dennoch nicht zu verfehlen. Für ihn bleibt nur wenig Raum zwischen dem Meer und dem Chionovráka-Berg.

Die Küste schwingt in mehreren Bögen nach Osten auf Kap Maléas zu. Schattenplätze sind selten. Man sollte sie deshalb zum Rasten nutzen. An das rechter Hand lockende Meer kommt man zum Baden nicht heran.

In der zweiten großen Einbuchtung passiert der Pfad

einen Brunnen rechter Hand. Man sollte ihn liegen lassen. Etwa 100 Meter weiter ostwärts ist eine Zisterne auf einer Terrasse viel besser als Rastplatz geeignet.

Der Durst ist gelöscht, der Körper gekühlt. Mit frischen Kräften steigen wir zu einem Felsvorsprung auf und hinter diesem wieder zum Meer ab. Der Weg ist nun teilweise ausgesetzt, erfordert gutes Schuhwerk und Trittsicherheit.

Die weiße Ajía Iríni-Kirche taucht kurz vor uns auf, verschwindet aber bald wieder aus unserem Blickfeld.

Der Weg zieht sich dahin. Hinter jedem Felsvorsprung erwarten wir, die Ajía Iríni-Kirche zu sehen. Aber die Kirche hält sich versteckt. Marga spricht einmal sogar ein Proskinitário als die Spitze der Ajía Iríni-Kirche an.

Ein letzter Felsvorsprung wird auf Meereshöhe überwunden. Ein langer Anstieg führt himmelwärts. Marga schleppt sich, geduckt unter ihrem Rucksack, dem Firmament entgegen. Ein griechischer Bauer hat sie einmal wegen ihrer Bepackung mit einem Maulesel (Griechisch: Moulári) verglichen. Seit dieser Zeit hängt ihr der Spitzname Moulári an.

Warum, denkt Marga nun sicherlich, bauen die Griechen ihre Kirchen immer an die entlegensten und am schwersten zugänglichen Stellen?

Ajía Iríni ist ein aufgegebenes Kloster. Das weiße Kirchlein mit seiner massiven Kuppel und dem markanten Glockenturm ist das Wahrzeichen des Kap Maléas. Bereits in der Antike war das Kap gefürchtet. Hier erlitten die homerischen Helden Agamémnon (Odyssee, IV.514) und Odýsseus (Odyssee, IX.80 und XIX.189) Unbill durch Sturm und Klippen.

Das Gelände um das ehemalige Kloster ist ein Ort heiliger Stille. Die Zypresse neben der Kirche ist der Wächter der himmlischen Ruhe, eine Kerze, die in der Landschaft flammt. Die Schiffe, die in gebotenem Abstand um Kap Maléas ziehen, passen in dieses Bild des Friedens. Ein gefährliches Kap? Wir können es uns an diesem Tag der Stille einfach nicht vorstellen.

Wer ausreichend Verpflegung mit sich führt, kann in dieser Atmosphäre der Abgeschiedenheit einige Tage des Friedens an Kap Maléas verbringen. Trinkwasser liefern zwei Zisternen. In den Klosterzellen kann man den alten

Backofen in Betrieb nehmen, unter den Tamarisken Grillspeisen zubereiten. Die Klosterzellen reichen als Schlafsäle völlig aus.

Ein himmlischer Ort! Ein Ort, um zu sich selbst zu finden!

Nur einmal im Jahr, am Tage des Patronats der Heiligen Iríni (15. Juni), erwacht Ajía Iríni zum Leben. Zu Fuß und zu Schiff eilen die Griechen mit Kind und Kegel zu dieser heiligen Stätte, um zuerst die Heilige Iríni zu verehren, dann aber, unter den Tamarisken, sich selbst bei Wein und Speisen zu feiern.

Ostwärts der Ajía Iríni-Kirche, fast an der Kapspitze, belohnt das winzige, weiße Ájios Jórjios-Kirchlein einen Besuch mit sehenswerten Fresken.

Wer in Ajía Iríni übernachtet, sieht die Abendsonne im Lakonischen Golf ertrinken und die Morgensonne aus dem Myrtischen Golf emporsteigen. Nachts ziehen unter dem peloponnesischen Sternenzelt leise murmelnde Schiffe silberne Spuren durch die See vor Kap Maléas.

Ajía Iríni – Velanídhia

Ich habe vergeblich nach dem Pfad von Ajía Iríni direkt nach Velanídhia über den Várdhía-Berg gesucht. Die Einheimischen haben mich auch vor diesem Weg gewarnt. »Zu gefährlich, zu schwer«, meinten sie. Das Problem löste sich von selbst. Ich habe den Pfad nicht gefunden. So wandern Marga und ich auf dem gleichen Weg nach Ajía Marína zurück. Die Strecke kommt uns nicht mehr so lang vor wie auf dem Hinweg. Gut eineinhalb Stunden brauchen wir dennoch bis zur Chimadháki-Schlucht.

Kurz vor der Ortschaft stoßen wir auf einen Pfad, der am Ostrand der Chimadháki-Schlucht nach Norden ansteigt. Der Weg verliert sich, findet sich wieder. Die nach Nordosten verlaufende Schlucht – die Chimadháki-Schlucht ist längst nach Nordwesten abgezweigt – wird immer enger. Der Pfad bleibt auf der Ostseite.

Nach etwa einer Wanderstunde ab Ajía Marína mündet in unseren Wanderpfad eine von Südosten (rechts) kommende Spur. Dies muß der Weg über den Vardhía-

Berg sein, den ich vergeblich gesucht hatte. Wir halten uns nach Nordwesten (links). Nach fünf Minuten stellt sich uns ein markanter Felsen in den Weg. Die Hirten haben ihn durch Mauerwerk zu einem Unterstand ausgebaut.

Eigentlich müßten wir jetzt nach Nordosten (rechts) abbiegen. Sind wir bereits an der Wegegabel vorbeigewandert? Wir steigen – ohne Pfad – auf den Sattel südostwärts des Likóngremos-Berges auf. Über den Sattel muß der Weg zum Kap Poúnda führen. Nach 15 Minuten sind wir auf dem Sattel. Da ist tatsächlich der Pfad. Wir können seinen Verlauf bis zu zwei Kirchen fast an der Küste verfolgen.

Die beiden Kirchen sind unser nächstes Ziel. Aber der Weg zieht sich dahin. Bis zu den Kirchen steigen wir eine Stunde ab. Um die Kirchen liegen versteckt einige Häuser. Sie bilden die Ortschaft Pafoúlia.

Vergeblich suchen wir bei der ostwärtigeren Kirche, der Ájios Míron-Kirche, nach einem Brunnen. In dem Haus zwischen den beiden Kirchen wird uns kühles Wasser gereicht, der Weg nach Velanídhia erklärt. Marga runzelt die Stirn, als des Bauern Hand wieder in die Berge deutet. Dort oben, bei dem Windmühlenturm, müssen wir vorbeikommen, wenn wir nach Velanídhia wollen.

Bei der nahen Ájios Thomás-Kirche sprudelt eine kräftige Quelle. Aber es ist gar nicht so einfach, an sie heranzukommen. Ein Wespen- und Hornissenschwarm hält sie besetzt.

Die beiden Kirchen sind keine Sehenswürdigkeiten. Aber sie sind kühl. Und das ist bei den bösen Stichen der Sonne auch nicht zu verachten.

Der Weg von Pafoúlia nach Velanídhia zählt für mich zu den schönsten Wanderstrecken Griechenlands. Er ist einsam, nicht zu schwierig und anstrengend zu wandern, oftmals von Bäumen überschattet und eröffnet Ausblicke auf malerische Meeresbuchten.

Der Pfad ist sicher bereits hunderte von Jahren alt. Eselspuren und Eselkot markieren ihn unverirrbar. Durch ihn sind die Bauern von Pafoúlia mit dem Rest der Welt verbunden.

Der Pfad durchquert eine Schlucht, kommt an einem großen weißen Gehöft mit einem Schafskral vorbei, steigt ständig leicht an. Er quält sich durch kleine Schluchten und Rinnen auf den Windmühlenturm zu.

Eine halbe Wanderstunde nach der Quelle rasten Marga und ich nahe einem grünen Proskinitário, das dem Heiligen Antónios geweiht ist.

Immer noch plagt sich unser Pfad bergauf. Ein winziges Häuschen mit einer blauen Tür bleibt rechts liegen. Zwei Zypressen werfen einen schützenden Schatten auf das Gebäude.

Endlich haben wir den höchsten Punkt, nahe dem Windmühlenturm, erreicht. Über dem Turm zieht ein Raubvogel unermüdlich seine Kreise.

Nach einer Wanderstunde ab der Quelle blicken wir in die malerische Bucht von Koralís. Inseln schwimmen im Meer. Goldene Strände locken tief unter uns.

Der Wanderweg knickt nun nach Westen (links) ab, senkt sich auf Velanídhia zu. Der Ort wirkt wie ein Schachteldorf. Die einzelnen Schachteln sind einen Hang hinauf gestapelt.

Es geht ständig bergab, auf Velanídhia hinunter, vorbei an einer kleinen Kapelle mit grünen Türen und Fenstern. Der nach rechts abgehende Pfad zeigt auf einen Windmühlenturm nahe der Küste. Kurz vor Velanídhia sprudelt in einer Schlucht klares Wasser aus einem Schlauch.

Wir sparen uns Velanídhia für etwas später auf. Wir wollen uns erst durch ein Bad erfrischen. Eine Schotterstraße senkt sich aus dem Ort zum Hafen von Velanídhia hinunter. Nach 20 Minuten stehen wir am Meer. Wir sind enttäuscht. In der armseligen Kiesbucht modern einige marode Kähne. Ein Kafenion kann sich der Hafen nicht leisten. Auch der Kiesstrand westlich des Hafens ist keine Offenbarung. Gerümpel und Treibgut stoßen uns ab. In der Westecke finden wir schließlich doch noch eine zwischen Felsen eingeklemmte gemütliche Badebucht.

Velanídhia ist ein Feriendorf. Nur im Sommer, wenn aus ganz Griechenland die »Einwohner« anreisen, lebt dieser Ort. Dann wird Velanídhia zunächst einmal in Schuß gebracht. Die Häuser werden gestrichen, die Gärten auf Grün und Blumenorgie getrimmt, die Gassen gefegt. Die Kafenía und Geschäfte öffnen; das Leben in Velanídhia kann beginnen.

Wir streifen durch die engen, sauberen Gassen. Vor den Häusern sitzen Männer beim Plausch, Frauen bei Strick- und Häkelarbeit. Kinder umspielen uns. In den Kafenía treffen sich die Männer zum Karten- und Távlispielen. Zeit scheinen alle Einheimischen zu haben. Verständlich! Sie sind ja auf Urlaub hier. In der Zeit von Oktober bis Mai werden wohl nur noch die Alten in Velanídhia leben. Gleichsam als Stallwache!

Wir sind von der Wanderung »ausgetrocknet«. Wir trinken uns von Kafenion zu Kafenion. Erstaunlich, die Menschen in Velanídhia scheinen trotz ihrer begrenzten Anwesenheit zu einem sozialen Gebilde zusammengewachsen zu sein.

Fremde finden nur selten den Weg in diesen Ort. Warum auch? Velanídhia hat keine Sehenswürdigkeiten. Der Hafen ist keine Idylle. Übernachten kann man im Ort auch nicht. Nein, für die Touristen ist Velanídhia keinen Umweg wert! Für Marga und mich schon!

Über die Berge von Velanídhia nach Neápoli

Die Wanderung ist eine Tour durch die Einsamkeit peloponnesischer Berge. Der Weg steigt bis in eine Höhe von 500 Metern an, hält sich einige Zeit auf dieser Höhe und fällt anschließend zum Meer ab.

Die Schotterstraße ist der einzige, für Fahrzeuge passierbare Verbindungsweg nach Neápoli. Da man sich auf ihr nicht verlaufen kann, kann ich mich bei der Beschreibung kurz fassen.

Die Schotterstraße gewinnt zunächst über Serpentinen an Höhe, läuft dann einige Zeit parallel zum Meer. Badebuchten, die mit dem Fahrzeug nicht zu erreichen sind, locken in der Tiefe.

Die Straße kommt an einer natürlich weißen Kirche linker Hand vorbei, erreicht eine Art Hochplateau, schlängelt sich zwischen einigen Gipfeln hindurch. Nichts als riesige Felslaibe, von Kyklopenhänden im Gelände verstreut, begleiten den Wanderer. Höchst selten wird er von Fahrzeugen eingestaubt. Höchst selten hat er die Chance, mitgenommen zu werden. Eine der wenigen

Abwechslungen ist die Ájios Andréas-Kirche rechter Hand.

Endlich senkt sich die Straße nach Westen hinunter. Man blickt in das relativ ebene Gelände zwischen Profítis Ilías und Neápoli hinein. In ständigen Schleifen geht es in die Tiefe, trifft schließlich zwischen Ájios Nikólaos und Láchio auf eine etwas komfortablere Schotterstraße.

Láchio – auch so ein Sommerdorf! – kann umgangen oder durchwandert werden. Nach dem Ort gewinnt die Straße an Breite, wird schließlich zur Asphaltstraße, die Neápoli anläuft.

Wer die Teerstraße nach Neápoli meiden will, kann nördlich von Láchio in einen Schotterweg nach Westen (links) einbiegen.

Für die Fußwanderung sollte man – ohne Pausen – fünf Stunden ansetzen.

Das nächste Wandergebiet ist die Innere Máni. Die Fahrt nach Stavrós, dem Ausgangspunkt der Wanderung, ist eine Weltreise. Man steigt mit dem öffentlichen Bus in Mólai, Skála und Jíthio um. Klappt es mit den Busanschlüssen, so ist man einen halben Tag unterwegs. Ist dies nicht der Fall, ist ein ganzer Tag verloren.

Bei zu langen Wartezeiten – zum Beispiel von Skála nach Jíthio – ist die Nutzung eines Taxis zu überlegen.

6. Byzantinische Kirchen, Schmuckstücke einer steinernen Landschaft

Überblick

Kahle Kuppen, Steilküsten, uralte Steinpfade, Ruinen von mittelalterlichen Kastellen, früh- und mittelbyzantinische Kirchen und meist aufgegebene Klöster charakterisieren das Gebiet der Inneren Máni (Mésa Máni), durch die die mehrtägige Wanderung führt. In mattolivene Phryganaflächen sind Ortschaften eingebettet, die durch ihre bis zu 25 Meter hohen Wehrtürme eher wie Festungen wirken. Im Sommer peinigt die Sonne, im Winter quälen die Winde die Máni.

Die Máni ist eine arme Gegend. Sogar die anspruchslosen Olivenbäume wachsen hier nur verkrüppelt. So erzog die Natur die Manioten zu einer genügsamen Rasse. Was ihnen das Land nicht schenkte, erkämpften sie sich.

Zwei Tugenden zeichnen die Manioten aus: die Männer die Tapferkeit, die Frauen die Schönheit. So kam es immer wieder, daß tapfere Männer schöne Frauen entführten. Der Clan der entführten Frau mußte nun seinerseits Tapferkeit zeigen. Die Blutfehde nahm ihren Anfang. Sie dauerte oft fort, bis eine Familie männlicherseits ausgerottet war.

Die Kynouría und die Máni bekamen die fremden Herren der Peloponnés nie unter Kontrolle. In der Máni zogen sich die Freiheitskämpfer, wenn wieder einmal ein Aufstand gescheitert war, in die Berge des Taïjetos zurück. Bis in dessen Südausläufer, die Sangiás-Berge, wagten die Unterdrücker ihnen nicht zu folgen.

Mit Terrassenmauern und Wasser aus Zisternen sucht man seit ewigen Zeiten dem geizigen Boden Getreide, Früchte und Gemüse abzutrotzen. Nur in den westlichen Küstenstrichen stellt sich ein bescheidener Erfolg ein. Wein hat auf dem mißgünstigen Boden keine Chance zu reifen. Schattenspende Wälder wird man auf der Wanderung schmerzlich vermissen. So bleibt es nicht aus, daß die grausame Sonne der Peloponnés den Wanderer auf steinernen Wegen von Kirche zu Kirche, von Turmdorf zu

Turmdorf verfolgt. Einzige Schmuckstücke der Máni sind die byzantinischen Kirchen.

Auf bescheidene Hotel- und Privatbetten stößt man nur in Areópoli, Pírgos Dhiroú, Mézapos und Jeroliménas.

Bereits in der Steinzeit war die Máni, wie die Höhlen von Dhirós beweisen, besiedelt. In der Antike stand der Landstrich unter dem Einfluß Spartas. In den Buchten der Westküste suchten die Schiffe vor den tückischen Winden um Kap Ténaro (Kap Metapás) Zuflucht.

Schon in antiker Zeit war die Máni Zufluchtstätte von Flüchtlingen. Hierher zogen sich im 2. Jahrhundert v. Chr. die Spartaner nach der Zerschlagung ihres Reiches zurück, hierher flohen die Peloponnesier vor den anstürmenden Goten (396 n. Chr.), Slawen und Bulgaren. In den Felsenhöhlen der Mániberge hatten auch die Seeräuber ihre Verstecke.

Die Franken sicherten im 13. Jahrhundert die Máni durch Festungen. Von der Burg Groß-Maina soll die maniotische Halbinsel ihren Namen haben. Möglich ist jedoch auch, daß sich der Name von der byzantinischen Festung Maines herleitet.

Die Franken mußten die Máni bald an die Byzantiner wieder abtreten. Den Türken gelang es nie, den maniotischen Landstrich vollends zu unterwerfen. Die Máni wurde zum Ziel von griechischen Flüchtlingen, zum Beispiel Kretern, die ihre Freiheit nicht aufgeben wollten.

Ab dem 17. Jahrhundert kämpften die Manioten nicht nur gegen fremde Herren, sondern auch untereinander, um den Lebensraum ihrer Familien zu behaupten. Jeder Clan baute sich seinen Wohnturm so hoch wie möglich. Der Turm ist das Symbol der sozialen Stellung der Familie. Im Erdgeschoß hausten die Haustiere, in den Obergeschossen wohnten die Familien. Bei Gefahr wurden die Leitern ins Obergeschoß gezogen, die Feinde von den Fenstern, die zu Schießscharten wurden, bekämpft. Die Zerstörung eines Wohnturmes war das Zeichen des Untergangs einer Familie.

Kreuze an einsamen Stellen – oft primitiv ins Gestein geritzt – künden von maniotischen Blutfehden. Verletzte Clanehre konnte nur mit Blut wiederhergestellt werden.

Wohntürme durften übrigens nur die Flüchtlinge aus

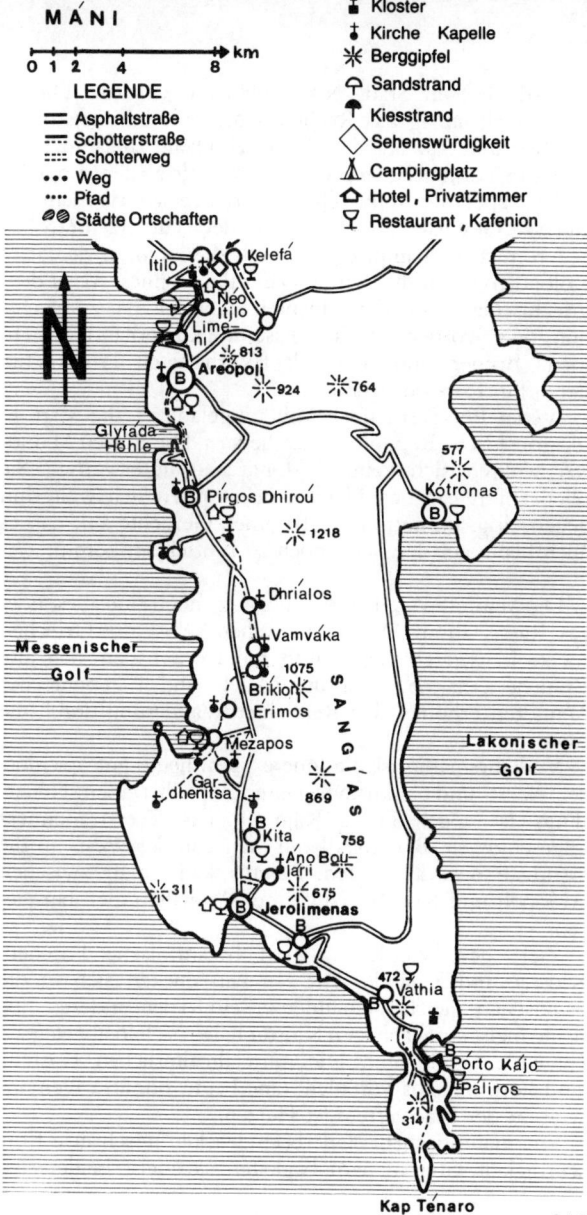

der arkadischen Stadt Níkli (Niklianer) bauen. Diesen stand auch einzig das Recht zu, Marmor im Taïjetos zu brechen und Salz auf der Halbinsel Tigáni zu sammeln.

In der Türkenzeit herrschten – im Auftrag der Osmanen – Beys über die Máni. Diese betrieben jedoch mehr ihr eigenes Geschäft als die Sache der Türken. Petrobey Mavromichális kämpfte mit 3000 Manioten an der Seite Kolokotrónis für die Befreiung der Peloponnés. Als er dem griechischen Ministerpräsidenten Kapodhístrias zu machthungrig geworden war, ließ dieser ihn kurzerhand festnehmen. Bruder und Sohn des Verhafteten ermordeten daraufhin Kapodhístrias.

Weder Politikern noch Militärs gelang es, die Máni in die griechische Republik einzugliedern. Die stolzen Manioten wollten sich keinem Monarchen unterwerfen. Sie blieben ihre eigenen Herren, bekämpften sich weiterhin gegenseitig. Immer wieder flammen Gerüchte auf, daß es auch heute auf der Máni noch zu Blutfehden kommt.

Die Manioten sind auch heutzutage noch eine »besondere« Rasse. Ihren Dialekt verstehen selbst die Griechen nicht. In den abgelegenen Bergdörfern haben sich alte Bräuche erhalten. Ursprünglichkeit und Eigenheit der Manioten erhöhen den Reiz einer Wanderung durch die Máni.

Verkehrsmäßig ist die innere Máni heute gut erschlossen. West- und Ostküste begleiten Asphaltstraßen. Neuerdings ist sogar Pórto Kájo an das Teerstraßennetz angeschlossen. Bei Álika kann man von der West- an die Ostküste wechseln. Den Taïjetos kann man zwischen Areópoli und Kotronás auf einer Asphaltstraße überqueren.

Ziele der Wanderung sind byzantinische Kirchen, Klöster und Kastelle. Die Kirchen ducken sich in die Landschaft, gleichen einander wie ein Ei dem anderen. Die heute meist aufgegebenen Klöster haben sich in abgelegene Gegenden geflüchtet. Die mittelaltealterlichen Kastelle sind hoffnungslos verfallen, eine heute sinnlose Demonstration der Macht fremder Herren.

Die maniotischen Pfade beeindrucken durch ihre Ehrwürdigkeit. Steinmauern begleiten sie meist beiderseits.

Manchmal glaubt man, die ganze Mani sei früher ein einziger Steinhaufen gewesen. Diese Steinpfade verbinden Kirchen und Kastelle, Klöster und Wehrdörfer.

Zahlreich sind die bekannten byzantinischen Kirchen der Inneren Máni. Trotzdem kann man unversehens vor einem Kirchlein stehen, das alt und ehrwürdig und voller kirchlicher Schätze ist, das aber noch kein Autor eines Reiseführers entdeckt hat. Verfallende Rundapsiden sind ein untrügliches Kennzeichen einer frühchristlichen Basilika.

Die Wanderung ist von seltsamem Reiz. Schüttere Olivenbäume sprießen in einer Steinwüste, Opuntienwälle versperren dem Wanderer den Weg, kahle Bergkuppen, die nicht einmal der genügsamen Macchia und Phrygana eine Chance lassen, schrecken von einer Besteigung ab.

Die maniotische Landschaft lockt und bedrückt zugleich. Vielleicht erlebt nur der die Máni intensiv, der sie auch erleidet.

Praktische Hinweise

Vorschlag für Fußwanderung

1. *Tag:* Stavrós – Ortschaft Kelafá – Kastell Kelayá – Néo Ítilo – Kloster Dhekoúlon – Néo Ítilo – Liméni – Areópoli (ca. 20 km).
2. *Tag:* Areópoli – Glyfadha-Höhle – Pírgos Dhiroú (ca. 10 km).
3. *Tag:* Pírgos Dhiroú – Charoúdha – Ájios Pétros-Kirche – Dhríalos – Vámvaka – Bríkion – Érimos – Mézapos (ca. 20 km).
4. *Tag:* Mézapos – Káto Gardhenítsa – Tourlóti-Kirche – Kíta – Áno Boulárii – Jeroliménas (ca. 15 km).

Fahrstrecke für Autowanderer

Stavrós – Ortschaft Kelefá – Fußwanderung zum Kastell Kelefá – Stavrós – Néo Ítilo – Fußwanderung zum Kloster Dhekoúlon – Liméni – Areópoli – Pírgos Dhiroú – Glyfádha-Höhle – Pírgos Dhiroú – Charoúdha – Fußwanderung zur Ájios Pétros-Kirche – Dhríalos – Vámvaka – Bríkion – Érimos – Mézapos – Fußwanderung zur Panajía

Vlachérna-Kirche – Káto Gardhenítsa – Fußwanderung zur Tourlóti-Kirche – Áno Boulárii – Jeroliménas.

Bahnstationen
Keine

Busstationen
Areópoli mit Anschluß nach
  – Athen über Kalamáta
  – Glyfádha-Höhle
  – Jeroliménas
  – Jíthio
  – Kalamáta
  – Pírgos Dhiroú
  – Váthia über Jeroliménas
Bríkion
Dhríalos
Ítilo

Jeroliménas mit Anschluß nach
  – Athen über Kalamáta
  – Areópoli über Pírgos
  – Dhiroú
  – Glyfádha-Höhle
  – Pírgos Dhiroú
  – Pórto Kájo über Váthia
  – Váthia.
Kelefá
Kíta
Liméni
Mézapos
Néo Ítilo
Pírgos Dhiroú
Vámvaka

Schiffsverbindungen
Keine offiziellen Schiffsverbindungen; Fischerhäfen in Jeroliménas, Liméni und Mézapos.

Unterkünfte
Hotels, Pensionen (Wohntürme) und Privatzimmer in

Areópoli, Jeroliménas, Néo Ítilo und Pírgos Dhiroú; in Mézapos Privatzimmer.

Campingplätze
Keine offiziellen Campingplätze; in Néo Ítilo am Strand Camping möglich.

Jugendherbergen
Keine

Sehenswürdigkeiten

Kastell Kelefá
Öffnungszeiten: ganztägig
Eintritt: frei

Kloster Dhekoúlon
Öffnungszeiten: ganztägig
Eintritt: frei

Ájios Sotíros-Kirche südlich von Ítilo
Öffnungszeiten: meist geschlossen
Eintritt: frei

Wohnturm des Petrobey Mavromichális in Liméni

Kirchen in Areópoli (Ájios Joánnis-Kirche u.a.)
Öffnungszeiten: ganztägig
Eintritt: frei

Glyfádha-Höhle bei Dhirós
Öffnungszeiten: täglich 8.00 – 17.30 Uhr
Eintritt: 400 Dra

Katafýnghi-Höhle bei Dhirós
Öffnungszeiten: z.Z. geschlossen

Alepótrypa-Höhle bei Dhirós
Öffnungszeiten: z.Z. geschlossen

Kirchen in Pírgos Dhiroú (Ájios Joánnis-Kirche u.a.)
Öffnungszeiten: meist geschlossen
Eintritt: frei

Taxiarchenkirche in Gléssou
Öffnungszeiten: ganztägig, Eintritt: frei

Taxiarchenkirche in Charoúdha
Öffnungszeiten: meist geschlossen
Eintritt: frei

Ájios Jórjios-Kirche in Nikándrio
Öffnungszeiten: meist geschlossen
Eintritt: frei

Ájios Pétros-Kirche ostwärts von Nikándrio
Öffnungszeiten: ganztägig
Eintritt: frei

Ájios Jórjios-Kirche in Dhríalos
Öffnungszeiten: ganztägig
Eintritt: frei

Ájii Theódhori-Kirche in Vámvaka
Öffnungszeiten: ganztägig
Eintritt: frei

Ájios Nikólaos-Kirche in Bríkion
Öffnungszeiten: ganztägig
Eintritt: frei

Ájía Varvára-Kirche in Érimos
Öffnungszeiten: ganztägig
Eintritt: frei

Panajía Vlachérna-Kirche südwestlich von Mézapos
Öffnungszeiten: ganztägig
Eintritt: frei

Festung von Tigáni (Drósos)
Öffnungszeiten: ganztägig
Eintritt: frei

Ájii Epískopi-Kirche westlich von Kíta
Öffnungszeiten: ganztägig
Eintritt: frei

Ájios Sotíros-Kirche in Káto Gardhenítsa
Öffnungszeiten: Schlüssel im Haus neben der Kirche
Eintritt: frei

Tourlóti-Kirche nördlich von Kíta
Öffnungszeiten: ganztägig
Eintritt: frei

Ájios Strategós-Kirche von Áno Boulárii
Öffnungszeiten: ganztägig
Eintritt: frei

Stavrós – Kastell Kelefá

Wer mit dem Bus aus Richtung Jíthio anreist, sollte dem Busfahrer unbedingt anzeigen, daß er in Stavrós aussteigen möchte. Der Bus hält sonst möglicherweise in diesem unscheinbaren Ort nicht.

Die Abzweigung von der Asphaltstraße nach Kelefá ist durch das Schild »Kelefá, 4 km« gekennzeichnet. Die anfangs geteerte Straße verwandelt sich bald in eine gut fahrbaren Schotterstraße. Sie quert ein Meer von Steinen. Die Manioten haben diese beiderseits der Straße zu Mauern aufgeschichtet. Dennoch sind in den Feldern noch viele Steinlaiber – große und kleine – liegengeblieben.

Die kahlen Mániberge sind durch Wolkenfetzen verhüllt. Irgendwo scheint in der Máni immer eine Wolke zu hängen.

Nur an wenigen Stellen ist es der Macchia und Phrygana gelungen, sich in den Boden zu krallen.

Die Schotterstraße läuft in einer kaum wahrnehmbaren Rechtsschleife am Westhang des Mavrovoúni auf die Ortschaft Kelefá zu, schlägt vor dem Ort einen weiten Rechts- und anschließend einen engen Linksbogen. Linker Hand taucht während der Wanderung ab und zu das Kastell Kelefá auf, um sich bald wieder im Gelände zu verstecken.

Die Häuser von Kelefá sind in das Grün von Feigen- und Olivenbäumen eingebettet. Zahlreiche dunkelgrüne Zypressen recken ihre Finger klagend in den Himmel. Die stechende Sonne hat einen Großteil ihrer Artgenossen rostbraun verdörrt. Oder sollte selbst in der Máni der Mensch die Natur gefährden?

Auf dem heimeligen Dorfplatz von Kelefá scharen sich saubere, kleine Häuser um die Ájios Vassílios-Kirche und das niedliche Kafenion. Schade daß der Maulbeerbaum gerade keine Früchte trägt!

Im Schatten der Weinlaube des Kafenion lassen Marga und ich uns mit kaltem Kaffee verwöhnen.

Die Ájios Vassílios-Kirche, ein Natursteinbau, in dessen Mauerwerk antike Spolien eingelassen wurden, ist leider geschlossen. Die Wirtin des Kafenions »I Psistaría« zieht auf die Frage nach dem Schlüssel die Stirn in Falten, rollt die Augen nach oben. »Papás, Papás«, murmelt sie. Sie meint wohl, daß der Papás den Schlüssel habe. Und dieser ist nirgends zu finden. So bekommen Marga und ich die nachbyzantinischen Fresken nicht zu Gesicht.

Ein Schild am Dorfplatz weist zum »Kástro« und zur Quelle (»Vrísi«). Wir entscheiden uns für die Quelle. Vielleicht quert der Weg zur Quelle die Mitolangádho-Schlucht. Auf der Karte ist eine direkte Verbindung Kelefá – Ítilo eingezeichnet.

Die Einheimischen ziehen wieder die Stirn in Falten. Nein, einen Weg über die Schlucht – eine Brücke – gäbe es nicht. Nicht einmal einen Pfad durch die Schlucht.

Da hat uns die Landkarte ganz schön hereingelegt.

Wir steigen etwa 200 Meter zur Quelle ab. Ihr Wasser wird in drei Becken aufgefangen. Nein, einen Pfad durch die Schlucht können auch wir nicht entdecken. Wir pflücken an der Quelle pralle Feigen vom Baum, stillen den Durst mit kühlem Wasser. Feigen, stellen wir wieder einmal fest, machen Durst.

Wir steigen wieder zum Dorfplatz auf, folgen diesmal dem Hinweis »Kástro«. Wir wollen über Néo Ítilo nach Ítilo. Die Schlucht könnte man auch über Krionério überwinden. Man könnte auf dieser Strecke einen Abstecher zum Kloster Spiliótissa und der Panajía Spiliótissa-Höhle (Madonna in der Höhle) unternehmen.

Die Schotterstraße schlängelt sich durch das Dorf. Unversehens stehen wir vor der Ájios Jórjios-Kirche am Westausgang des Ortes. Auch diese Kirche ist aus Natursteinen erbaut. Der Glockenturm wird von Zypressen flankiert. Die Kirchentür ist geöffnet. Die Fresken sind so gut erhalten, daß sie unmöglich aus der byzantinischen Zeit stammen können.

Der Schotterweg zum Kastell Kelefá hält sich an den Südrand der Mitolangádho-Schlucht. Er steigt leicht an. Für Fahrzeuge ist er nicht befahrbar. Nach gut 20 Minuten ab der Ortschaft stehen wir vor der Festung.

Das relativ gut erhaltene Kastell (etwa 200 x 150 Meter)

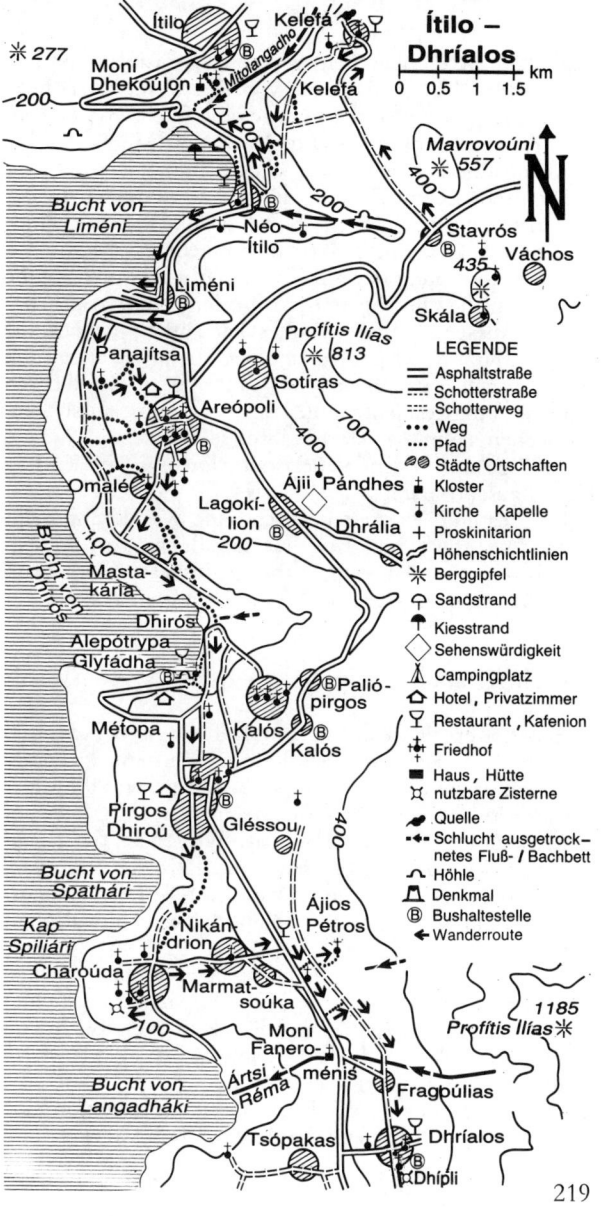

liegt 220 Meter über dem Meer. Es wurde vermutlich anfangs des 17. Jahrhunderts von den Türken errichtet. Die Festung ist am stärksten gegen die Bucht von Liméni (drei Rundbastionen) bewehrt. Nach Norden gewährt die Mitolangádho-Schlucht natürlichen Schutz.

Die Gebäude im Kastellinneren sind verfallen. In der Nordostecke sind ein Bauwerk mit quadratischem Grundriß und Gebäude mit Zisternen zu erkennen.

Die Erforschung des Kastellinneren wird durch Zäune erschwert, die Olivengärten im Westen schützen sollen.

Trotz dieser Festung gelang es den Türken niemals, die Innere Máni zu kontrollieren. Die Manioten erkannten zwar formell die Türken als Oberherren an. Sie durften sich aber ihre Residenten, die Petrobeys, selbst aussuchen. So blieben sie immer Herren ihrer selbst.

1685 gelang es dem Venezianer Morosini, den Türken Kelefá zu entreißen.

Die Festung selbst ist vielleicht eine Wanderung nicht wert. Der Blick hingegen auf die Bucht von Liméni entschädigt für den Anmarschweg, insbesondere, wenn man 220 Höhenmeter von Néo Ítilo aufgestiegen ist.

Kastell Kelefá – Areópoli

Der Schotterweg senkt sich in Kehren nach Néo Ítilo hinunter. In den roten Sand sind Mánisteine gebettet. Plötzlich bricht die Spur abrupt ab. Wir gehen 200 Meter zurück, steigen bei einem Steinmännchen 150 Meter auf einem kaum erkennbaren Pfad nach Westen ab, treffen auf einen zwei bis drei Meter breiten maniotischen Steinpfad. War er der ehemalige Zugang zum Kastell? Die Festungsbesucher mußten sich ganz schön nach Kelefá hinaufschinden!

Nach einigen Kehren mündet der Steinpfad in einen neuen, roterdigen Schotterweg. Dieser passiert nach einer Spitzkehre einen Betonbau und fällt dann in die Bucht von Liméni ab. Wer auf dem maniotischen Pfad weiter absteigt, kommt direkt nach Néo Ítilo.

Wir leisten uns an der Bucht in einem Kafenion eine Erfrischung. Das Meer stürmt, wirft hohe Wellen und

Unrat an den Sand-/Kiesstrand. Wildcamper haben ihre Wohnwagen inmitten von Abfall nahe am Strand abgestellt.

Die Bedienung unseres Kafenions zeigt uns die Ájios Sotíros-Kirche, unser nächstes Wanderziel, am Hang südlich von Ítilo. Wir basteln uns den Wanderweg so zusammen, daß wir auch am Kloster Dhekoúlon vorbeikommen.

Wir nutzen zunächst die Straße nach Norden, die der Strandlinie folgt, müssen dann aber doch auf die Asphaltstraße wechseln. Das Hotel linker und das Restaurant rechter Hand machen einen gepflegten Eindruck. Hier könnte man die Wanderung unterbrechen. Marga und ich aber wollen heute unbedingt Areópoli erreichen.

Etwa in der Mitte der Bucht macht die Teerstraße einen scharfen Knick. Wir biegen in den Pfad nach Norden ein, der sich den Hang hinaus in Richtung Ítilo plagt. Der Pfad hält sich grob an den Verlauf der Schlucht. Bei dem Proskinitário mit dem grünen Fliegengitter biegt man links in einen Eselspfad ein, der teilweise eine Rinne nutzt. Bei Häuserruinen laden Feigen und eine Quelle zur Rast ein.

Bei der Quelle mündet der bescheidene Eselspfad in einen besseren Steinweg. 100 Meter südlich der Quelle, bei einer imposanten Zypresse, muß man sich für Kloster Dhekoúlon oder Ájios Sotíros-Kirche entscheiden. Unser Ziel ist das Kloster. Der nicht zu verfehlende Pfad hält sich am Hang auf gleicher Höhe. Er kommt unmittelbar beim Kloster heraus!

Die Mönche haben das im 18. Jahrhundert errichtete Kloster Dhekoúlon verlassen. Schade! Sie haben einen Platz aufgegeben, der einen einzigartigen Blick auf die Bucht von Liméni hat. Aber wie viele kirchliche Stätten wird auch dieses Kloster Nachwuchssorgen gehabt haben. Die klösterliche Askese hat für die jungen Griechen wenig Anreiz. Als Papás bekommt man wenigstens noch ein, wenn auch knapp bemessenes, Salär aus der Regierungskasse. Die Mönche hingegen gehen leer aus.

Das Kloster steht nur noch als Ruine. Dennoch muß man der Klosterkirche einen guten Zustand bescheinigen. Wie lange noch?

Trotzig reckt sich der runde Tambour in den Himmel.

Fensterblenden nehmen ihm etwas von seiner Massivität. Etwas verloren wirkt der Glockenturm neben der Klosterkirche. Ob seine zwei Glocken noch zuweilen über die Bucht von Liméni hallen?

Der Eingang zur Kirche ist leider vergittert. Dennoch sieht man durch die geöffnete Tür einen Teil der noch recht gut erhaltenen Fresken. An der handgeschnitzten Ikonostase blättert der Goldbelag ab.

Die Mönche hatten einen idealen Beobachtungspunkt, als 1769 das russische Expeditionskorps unter den Gebrüdern Orloff in die Bucht von Liméni einlief, um Griechenland zu befreien. Aber die Griechen waren wieder einmal zerstritten und unentschlossen. Sie unterstützen die russischen Truppen nur unzureichend. Das russische Befreiungskorps wurde bei Tripolítsa (Trípoli) von den Türken geschlagen. Griechenland mußte weiterhin auf seine Souveränität warten.

Zur Ájios Sotíros-Kirche geht es auf dem gleichen Weg bis zur Riesenzypresse zurück. Von da folgt man dem Steinpfad entlang der Steinmauer, der – an der Kirche vorbei – nach Ítilo hinaufklettert.

Mit der Ájios Sotíros-Kirche beginnt die Wanderung durch die Máni von Kirche zu Kirche.

Das Alter der Ájios Sotíros-Kirche läßt sich schwer abschätzen. Ich ordne das Gotteshaus der nachbyzantinischen Epoche zu, obwohl mittel- und spätbyzantinische Stilelemente vertreten sind. Da das Kirchlein verschlossen ist, kann aus der Inneneinrichtung kein Schluß gezogen werden.

Die Kirche, aus Natursteinen, ist in den Hang hineingebaut. Langgestreckte, unterteilte, mit Ziegelbögen verzierte Fenster strecken den achteckigen Tambour.

Bei der Restaurierung wurden wohl die Ziegelzierleisten überputzt oder hinwegrestauriert. So sind diese typischen Elemente byzantinischer Kirchenbaukunst nur noch an wenigen Stellen erhalten geblieben.

Die orthodoxen Papás haben für ihre Gotteshäuser die schönsten, leider manchmal auch die entlegensten Plätze ausgesucht. Entlegen ist die Ájios Sotíros-Kirche nicht. Ihr Standort aber gehört zu den idyllischen Kirchenplätzen Griechenlands.

Vom Kirchlein steigt man nur noch wenige Höhenmeter zur Ortschaft Ítilo auf.

Ítilo gehört zu den größeren Dörfern der Máni. Es beherrscht die Bucht von Liméni. In der Antike hieß die Siedlung Oitylon. Sie gehörte zu den 18 freien, lakonischen Städten. Bedeutend scheint sie nicht gewesen zu sein. Pausanias (III.21) erwähnt den Ort nur am Rande.

Im Mittelalter war Ítilo eine wohlhabende Stadt. Die Einwohner zogen ihren Reichtum wechselweise aus Handel, Seefahrt, Piraterie und sogar aus dem Sklavenhandel. Und sie fuhren nicht schlecht dabei, wie die stattlichen Wohntürme und die geräumigen Häuser wissen lassen.

Im Jahr 1675 mußten 700 Einwohner den Ort verlassen. Sie suchten Zuflucht in Korsika. So kann die Legende, in Napoleons Adern sei maniotisches Blut geflossen, durchaus einen wahren Kern haben.

Nach Ítilo kommen kaum Touristen. Vielleicht ist dies ein Anreiz, durch diesen Ort mit offenen Augen zu bummeln.

Für den Rückweg nach Néo Ítilo schlage ich den gleichen Pfad vor.

Néo Ítilo beginnt sich auf die Fremden einzustellen. Ein Hotel wurde gebaut. Eine Taverne mit dem Namen »O Jermanós« (»Der Deutsche«) könnte durchaus zur Einkehr einladen, wenn sich nicht rings um das Lokal Abfall und Unrat häufen würden. Aber vielleicht ändert sich dies in nächster Zeit.

Das Restaurant am Südausgang – gegenüber der Kirche – wirkt einladend gepflegt.

Der leider geteerte Weg hält sich an die Küstenlinie, vereinigt sich mit der Teerstraße. Bis Liméni ist man – will man sich nicht über die Höhen mühen – auf die Asphaltstraße angewiesen. Kurz vor Liméni geht eine Straße nach rechts ab, die den Ort parallel zum Meer durchläuft und nach der Ortschaft wieder in die Asphaltstraße mündet.

Liméni gilt als der Hafen von Areópoli. Ein sehr bescheidener Hafen! Nur wenige Kähne tummeln sich an der Küste. Es wird fleißig gebaut. Baumaterial sind Natursteine. Das ist auch nicht verwunderlich, wo doch

Baumaterial überall billig herumliegt. Die Máni ist ein einziges Baulager.

Den Ort überragt der Wohnturm der Familie Mavromichális. Für die Fremden wurde der Turm restauriert. Zu geregelten Zeiten kann er besichtigt werden.

Zwischen Küstenstraße und Meer sind die Ruinen der Panajía-Kirche eingeklemmt. Nur der Glockenturm ist noch völlig heil. Das Bauwerk ist der nachbzyantinischen Epoche zuzuordnen. Die Gebäude rings um die Panajía-Kirche könnten zu einem Kloster gehört haben.

Vergebens suchen wir ein Kafenion in Liméni. Wo mag sich in diesem Ort nur die Männerwelt treffen?

Es gilt nun etwa 250 Höhenmeter nach Areópoli aufzusteigen. Vergeblich suchen wir nach einem Weg abseits der Teerstraße. Die Einheimischen ziehen wieder einmal ihre Stirn in Falten. So mühen wir uns auf der Asphaltstraße – Kehre um Kehre – bergaufwärts. In der zweiten Kehre, der Westkehre, überklettern wir ein Gatter. Auf einer Schotterstraße wandern wir in südliche Richtung. Kuhfladen auf der Straße lassen wissen, daß der eingezäunte Bezirk eine riesige Kuhweide ist. Marga blickt furchtsam um sich. Vor Kühen hat sie einen Heidenrespekt. Und wer weiß schon, welche Eigenheiten peloponnesische Kühe haben?

Linker Hand blickt die Panajítsa-Kirche von einer Höhenkante herunter. Kurz darauf zweigt ein Steinpfad bergaufwärts ab, schlägt auf der Höhe einen rasanten Haken. Jetzt können wir nicht mehr fehlgehen. Der Glockenturm der Taxiárchenkirche von Areópoli ist bereits auszumachen. Der von Steinmauern begleitete Steinpfad strebt in einem Bogen auf Areópoli zu.

Endlich laufen wir in der Stadt ein. Nach einer Wanderleistung von 20 Kilometern haben wir uns eine Erfrischung redlich verdient. Eine? Sicherlich viele. Seit Néo Ítilo freuen wir uns auf ein Kafenion.

Areópoli – Stadt der Kirchen und »des Kriegsgottes«

Areópoli hat keine Wurzeln in der Antike. Die Geschichte der Stadt beginnt mit dem Bau der Kirchen. Sie erreicht ihren Höhepunkt mit Petrobey Mavromichális, dem von den Türken berufenen – oder tolerierten – Regenten der Máni. Er erwarb sich im Befreiungskrieg gegen die verhaßten Moslems solche Verdienste, daß nach ihm Tsímova – so hieß Areópoli früher – umbenannt wurde. Für die Manioten ist Mavromichális Áres, der Kriegsgott.

Übersieht man die trutzigen Wohntürme, so hat Areópoli so gar nichts Kriegerisches an sich. Um den Athanáton Platz (Platía Athanáton) scharen sich zwei Kirchen, drei Restaurants, eine Pension und die Stadtbibliothek. Im kleinen Restaurant mit den blauen Türen und Fensterrahmen (»I kalí Kardhía«) werden die Busfahrkarten verkauft. Am Platz fahren die Busse ab. Wer einmal leckere Backwaren schlecken will, wird in der pikfeinen Konditorei am Westende des Platzes zu seiner vollsten Zufriedenheit bedient werden.

Areópoli ist der größte Ort der Inneren Máni. Etwa 1000 Einwohner leben hier. Überall wird gebaut oder restauriert. Areópoli lebt. Häuser aus Natursteinen, grüne Gärten und blumenüberladene Terrassen vermitteln eine freundliche Atmosphäre. Nein, Areópoli hat so gar nichts Kriegerisches an sich.

Bei einem Stadtrundgang reihen sich sehenswerte Kirchen fast nahtlos aneinander. In die Nordostecke des Athanáton-Platzes quetscht sich die Ájios Athanásios-Kirche. Die Fresken auf der Ikonostase bzw. links daneben sind noch in gutem Zustand.

Überquert man den Athanáton-Platz von der Athanásios-Kirche diagonal, so kommt man am Denkmal des Petrobey Mavromichális vorbei. Sein Lebensinhalt ist durch überproportionale Waffen (Schwert und Messer) markant charakterisiert.

Bei der Stadtbibliothek – sie ist durch das blaue Schild mit der Inschrift »Dhimosía Vivliotikí Areópolis« und einer Eule gekennzeichnet – gleitet eine Straße sanft bergab. Nach 150 Metern steht man vor der einschiffigen

Ájios Joánnis Pródhromos-Kirche aus behauenem Naturstein. Der Glockenstuhl ist seiner Glocken beraubt. So muß die Kirche stumm zum Gebet rufen.

Stützmauern parallel zum einzigen Kirchenschiff und die runde Apside vermitteln den Eindruck, als ob die Kirche einer Abstützung bedürfe. Die Kirche ist nicht verschlossen. Ihr Inneres ist mit Fresken überladen: Heilige sind fast lebensgroß dargestellt, das Leben Christi und Johannes des Täufers wird in Form einer »Bildgeschichte« vorgestellt. In einem Fresko ist dargestellt wie Petrus mit dem Kopf nach unten gekreuzigt wird.

Die Kirche soll in der nachbyzantinischen Zeit erbaut worden sein. Die Fresken halte ich für erheblich jünger. Die Angaben in Reiseführern schwanken zwischen 15. und 18. Jahrhundert. Die Kirche soll eine Stiftung der Familie Mavromichális sein.

Folgt man der Straße weiter hangabwärts, so trifft man nach 150 Metern auf die kleine Panajía-Kirche. Sie erkennt man gut an der fünfeckigen Apsis, deren Nischen mit Rundbögen verziert sind. Der achteckige Tambour – optisch gestreckt durch Säulen und Nischen – wird vom zweistöckigen, quadratischen Glockenturm überragt. Leider ist das Kirchlein meist verschlossen.

Die 150 Meter westlich von der Panajía-Kirche liegende Ájios Pétros-Kirche birgt an Ikonostase und Wänden einen reichen Freskenschatz. Leider sind in der letzten Zeit einige Fresken übertüncht worden.

Der sechsgeschossige Glockenturm der Taxiarchenkirche ist von jeder Stelle in Areópoli zu sehen. Zu diesem Turm sucht man sich seinen Weg durch die Gassen der Stadt.

Die Kirche beeindruckt weniger als die kleinen, mehr versteckten Gotteshäuser. Sie vermittelt kalte Kolossalität, aber keine Wärme und Ehrwürdigkeit. Der einschiffige Kirchenbau wurde aus grob behauenem, weißen Marmorgestein errichtet. Nur die Kantensteine wurden sorgfältig bearbeitet. Die Blendbögen der fünfeckigen Apsis ruhen auf Pilastern, deren Kapitelle blumenverziert sind. Über den Blendbögen laufen Friese mit Blumen-, Tier- und Sonnenmotiven.

Über Nord- und Südeingang überraschen Reliefs durch

einfache, rustikale Darstellung und üppige Formen. Über dem Nordportal wird ein byzantinischer Doppeladler – auf der Brust ein unbekanntes Wappen – von zwei Sonnen flankiert. Daneben sind zwei Löwen dargestellt. Unter dem Adler ist zwischen zwei Rosetten die Jahreszahl 1798 eingemeißelt. Sie erklärt das Erbauungsjahr der Kirche.

Den Doppeladler rahmen die beiden Schutzpatrone der Kirche, die Erzengel Michael (mit dem Kreuzstab) und Gabriel (mit dem Schwert) ein. Auf dem Sims ist eine Platte eingelassen mit einem Engelkopf und zwei Vögeln. Die Köpfe an beiden Seiten wirken maskenhaft.

Über dem Südportal werden die beiden Erzengel von den Soldaten Theódhoros und Jórjios flankiert. Über ihnen schwebt der Heilige Geist (Taube) und die segnende Hand Gottes.

Das Kircheninnere ist modern eingerichtet. Die Fresken dürften erst wenige Jahre alt sein. Die Kirche wirkt wie eine Machtdemonstration des orthodoxen Glaubens gegenüber dem Islam. Wenn es stimmt, daß die Kirche eine Stiftung der Familie Mavromichális ist, so ist sie wohl auch eine Demonstration der Macht des Mavromichális-Clans.

Vom Platz der Taxiarchen (Platía Ajíon Taxiárchon) schlendert man über die Kapetán Mátapas-Straße (Odós Kapetán Mátapa) zurück zum Athanáton-Platz. Beiderseits des Weges reihen sich einfache Geschäfte und Handwerksbetriebe.

Am Platz des Mírarchos P. Niárchakos (Platía Mirárchou P. Niarchákou) stellt sich dem Stadtbummler die Doppelkirche der Ájios Charálambos und der Panajía entgegen. Beide Kirchen sind reich an Fresken. Einige von ihnen wurden leider übertüncht. Waren sie nicht mehr zu retten? Die Ikonostase der Panajía-Kirche ist aus Holz geschnitzt, die der Charálambos-Kirche aus Stein gemauert.

Überall im Ort ragen Wohntürme auf. Der imposanteste ist wohl der Varélakos-Turm. Wer maniotisch und stilvoll übernachten will, kann sich ein Zimmer im Kapetánakos-Turm (Doppelzimmer: 50 DM) mieten.

Gut und preiswert (Doppelzimmer: 25 DM) kommt man in der Pension »Kóuris« in der Südostecke des Athanáton-Platzes unter.

Wir lassen den Abend im Restaurant »I kalí Kardhía« ausklingen. Die Speiseauswahl ist nicht gerade überwältigend. Aber das Essen kommt frisch vom Grill. Das Lokal wird im Familienbetrieb geführt. Sogar die Kleinsten müssen mithelfen. Die Mutter – sie ist wohl nicht »i kalí Kardhía« (»das gute Herz«) – treibt sie ständig an. Kinderschicksal in Griechenland!

Abends, wenn nur noch wenige Fremde an den Tischen der Restaurants und Kafenia sitzen, ist Areópoli wieder eine maniotische Stadt. Wie lange noch?

Areópoli – Höhlen von Dhirós

Auf dem Weg zu den Höhlen von Dhirós hat man noch einmal Gelegenheit, einen Blick auf die Ájios Joánnis- und die Panajía-Kirche zu werfen. Man folgt weiter der Straße hangabwärts. Die Teerstraße, die von Steinmauern eingeengt wird, löst bald eine Schotterstraße ab. Es geht fortwährend bergab, dem Meer entgegen.

In den Türmen des Weilers Omalé haben Fremde Wohnung bezogen.

Hinter einem Gatter senkt sich die Schotterstraße – parallel zur Küste – nach Dhirós hinunter. Ein Brunnen rechter Hand lockt mit Wasser, ein Turm mit Schatten.

In der Südostecke der Bucht von Dhirós liegen wenige Boote vor Anker. Ein Kiesstrand ist erkennbar. Fahrzeuge kommen und gehen. Dort muß die Glyfádha-Höhle sein.

Unterhalb eines markant weißen Hauses an der Südseite der Bucht klafft ein Loch im Küstenfels. Eine Mauer ist vor dem Loch hochgezogen. Es könnte der Eingang der Katafýngi-Höhle sein.

Auf mageren Weiden suchen dürre Kühe nach letzten Grashalmen. Für die Tiere müßten die fetten Almmatten in den Alpen das Paradies auf Erden sein!

Fast auf Meereshöhe stoßen wir auf einen weiteren Brunnen. Der Schöpfeimer ist größer als der Zisternenschacht. Ein griechischer Scherz?

Das alte Dorf Dhirós besteht nur noch aus Ruinen. In einer Schlucht südlich davon klammern sich einige Hütten an den Schluchtrand. Die Schlucht selbst wartet auf die

Ströme des Winters, um all den Unrat, der sich in ihr gesammelt hat, ins Meer zu schwemmen.

Der Kiesstrand zwischen der Schlucht und dem Felsklotz vor der Glyfádha-Höhle ist ein einziger Müllhaufen. Dies hat einige Camper dennoch nicht daran gehindert, hier ihre Wohnwägen abzustellen.

Wir quälen uns durch den Unrat der Schlucht, folgen dem Kiesstrand, überklettern den Felsklotz in der Südostecke der Bucht und stehen vor dem Eingang zur Glyfádha-Höhle.

Höhlen von Dhirós

Wir müssen zurück zum Kassenhäuschen oberhalb der Höhle. Nur dort werden Eintrittskarten verkauft. Und die Seriennummer regelt die Reihenfolge des Einlasses. In der Hochsaison kann das Warten auf den Einlaß Stunden dauern. Man kann dann im Selbstbedienungsrestaurant vor der Glyfádha-Höhle auf den Aufruf warten oder sich im kostenlosen Strandbad im Meer abkühlen.

Glyfádha-Höhle

Die Glyfádha-Höhle − auch Vlychádha-Höhle genannt − kann als einzige der drei Höhlen zur Zeit offiziell − und gegen Eintrittsgebühr − besichtigt werden. In Booten wird man in etwa 50 Minuten − in Stoßzeiten auch in etwas kürzerer Zeit − durch ein unterirdisches Seensystem gelotst. Die Gondolieri sind dabei gleichzeitig Fremdenführer, die in vielen Sprachen die Schönheiten der Höhle anpreisen.

Fahrzeuge müssen auf einem geräumigen Parkplatz vor dem Kassenhäuschen abgestellt werden. Leicht Bekleideten ist die Mitnahme eines Pullovers zu empfehlen.

Höhlen hatten in der Antike eine mystische Bedeutung. Sie galten oft als der Eingang zur Unterwelt, in der die Menschen als Schatten weiterlebten. Einer der bekanntesten Zugänge zum Tártaros lag bei Kap Ténaron. Die Höhle von Glyfádha wäre sicher zu mythologischen Ehren gekommen, wenn sie in der Antike bekannt gewesen wäre.

Für den Menschen unserer Zeit lassen sich Parallelen ziehen. Gondolieri fahren die Besucher durch die Seengänge gleich Cháron, dem Fährmann der Unterwelt, und halten am Ende der Bootsfahrt die Hände auf. Charon kassierte allerdings vor der Bootsfahrt.

Die Glyfádha-Höhle wurde vom Ehepaar Petrocheilos entdeckt. Ihr Führer ist eine gute Hilfe, die Höhle kennenzulernen. Mit dem Studium des Führers kann man sich die Wartezeit verkürzen.

Die Anlegestelle der Boote erreicht man durch einen künstlich angelegten Stollen. In gleicher Weise wird die Höhle durch einen künstlichen Ausgang verlassen.

Das unterirdische Seensystem der Höhle geht auf einen unterirdischen Flußlauf zurück. Der Fluß hat sich sein Bett durch den Kalkstein, der später zu Marmor wurde, gegraben. Die Wasserläufe haben eine Gesamtlänge von 3100 Meter. Nur ein Teil davon kann allerdings besichtigt werden. Der unterirdische Fluß besteht aus zwei Armen, die sich ihrerseits wieder verästeln. Durch diese beiden Flußarme führt die Besichtigungsfahrt.

Da die Gondolieri während der Fahrt Erklärungen abgeben, kann ich mich kurz fassen. Von der Bootsanlegestelle steuern die »Fährleute« zunächst die Kreuzung der beiden Arme an, die »Großer See« genannt wird. Im Westarm werden »Kathedrale« (mit den Attraktionen »Bischofsthron, Baldachin, Kanzel«), »Rosa Gemächer« (»Schöne Pforte«), »Schwebende Elfenbetten« und »Weiße Gemächer« durchfahren.

Bei der »Kapelle« zweigt der Südgang ab, in den die Boote nicht einlaufen. Kurz darauf folgt die Abzweigung in den Südostgang. Im Ostgang werden der »Rote Saal« – die Stalagmiten und Stalaktiten sind mit Eisenoxyden überzogen und wirken deshalb rötlich –, die »Drachengrotte« – mit einem von der Decke hängenden Felsen, der einem Drachen mit geöffnetem Rachen gleicht –, und der »Große Ozean« durchschifft. Letzterer hat eine Länge von 160 Metern. Die Stalaktiten ragen bis zur Wasserfläche herunter.

Nach dem »Malerischen See« gelangen die Bootsfahrer wieder zur Kreuzung (»Großer See«). Im Nordwestgang werden die Besucher ausgeladen. Sie gelangen durch einen wasserfreien Abschnitt zum Ausgang. Im Nordwestgang fließt durch einen Siphon das Höhlenwasser ins Meer ab.

Beim Verlassen des Bootes sollte man seinen Kopf tief einziehen. Ich habe mir eine blutige Wunde geholt.

Alepótrypa-Höhle

Die Alepótrypa-Höhle liegt 200 Meter ostwärts der Glyfádha-Höhle. Ihr Zugang ist ein langgestrecktes, weißes Gebäude in der Linkskurve der Straße, die zum Eingang der Glyfádha-Höhle führt. Die Höhle wird zur Zeit umgebaut. Der Wärter zuckte nur hilflos die Schultern, als ich ihn nach der Wiedereröffnung fragte.

Die Alepótrypa-Höhle erbringt den Beweis, daß zwischen 25 000 und 5 000 v. Chr. in der Máni Menschen lebten. Ihre Funde sind eine Brücke zwischen den asiatischen und europäischen Steinzeitkulturen. Die Höhle war in der Steinzeit Kult-, Wohn- und Grabraum zugleich. Die Steinzeitmenschen bildeten an den Wänden ihr Leben, ihre Bedürfnisse und ihre Wünsche ab.

Funde runden das Bild der Steinzeit ab. Werkzeuge und Schmuck wurden aus Metall, Stein oder Knochen gewonnen, Gebrauchsgegenstände und Schmuck wurden getöpfert. Aus Ton waren auch die gefundenen Idole.

Die Höhle verdankt ihre Entstehung der Erosion eines unterirdischen, doppelstöckig fließenden Flusses. Die Höhle ist etwa 600 Meter lang und unterteilt sich in einen zentralen Saal und Galerien.

Alepótrypa heißt »Fuchsloch«. Im Jahr 1958 schlüpfte der Hund des Lamprίkanos in einen Höhlenschlund und fand erst nach drei Tagen wieder den Ausgang. Der Hund wurde gesucht, die Höhle entdeckt. Sie erhielt den Namen »Fuchsloch«.

Da das Ergebnis des Umbaus ungewiß ist, wird nur kurz auf das Höhleninnere eingegangen.

Die Höhle wird durch die »Ölbaumhalle« betreten. Diese ist nach einem Stalagmiten benannt, der die Form eines Ölbaumes hat. Hier wurde Töpfergerät gefunden.

Nach der »Halle mit dem kristallenen Regen« steigt man über den »Geheimen Gang« zur »Empore« hoch. Im »Geheimen Gang« wurden in einem Tongefäß menschliche Knochen und zwischen zwei Stalagmiten ein menschlicher Schädel gefunden.

Von der Empore geht es über künstlich geschaffene Treppen hinunter zur »Kultstätte«. Über die »Kluft« kommt man anschließend in die »Königsloge« und von da in die »Große Halle«, die eine Ausdehnung von 100 x 60 Meter hat.

Attraktion der »Großen Halle« sind ein »Versteinerter Wasserfall«, »Durchsichtige Stalagmiten« und die »Große Orgel«.

Der »Große See« – 15 Meter tiefer als die »Große Halle« gelegen – zwingt zur Umkehr. Es geht nun auf der Nordseite der Höhle zurück zum Eingang.

Das Wasser des »Alepótrypa-Sees« – der obere Teil ist Süßwasser – versorgt heutzutage die Umgebung mit Trinkwasser.

Katafýngi-Höhle

Zur Katafýngi-Höhle – sie liegt etwa 300 Meter westlich der Glyfádha-Höhle – zweigt von der Asphaltstraße ein nur schwer auffindbarer Pfad ab.

Die Höhle – gut 20 Meter über dem Meeresspiegel – war in der Türkenzeit Zufluchtstätte der Griechen. Der Name »Katafýngi« (= Zufluchtsstätte) spiegelt diese Funktion der Höhle wieder. Die Frauen und Kinder versteckten sich im Höhleninneren, die Männer verteidigten den Höhleneingang, der durch eine Mauer mit Schießscharten verstärkt war.

Die Höhle wurde Zeuge eines fürchterlichen Desasters der Freiheitskämpfer. Als einmal die Munition ausgegangen war, mußten sich die Männer ins Höhleninnere zurückziehen. Die Türken entfachten vor dem Eingang Schwefel. Die Griechen erstickten jämmerlich in der Höhle. Herumliegende Knochen erinnern noch immer an dieses Drama.

Die 700 Meter lange Höhle ist in zwei Stockwerke unterteilt. Der Riesensaal der oberen Etage konnte durch einen Steinblock versperrt werden. Im unteren Stockwerk gelangt man vom »Raum mit der Empore« über gewundene Gänge in die »Halle der Apotheose«, einem Traumland von Stalagmiten und bis zum Boden herunterhängenden Stalaktiten. Ein ansteigender Gang gabelt sich. Eine Abzweigung mündet in den »Gang der Wissenschaften« mit seinen innen hohlen, kartoffelförmigen Stalagmiten, der andere in den »Gang mit den Baumstümpfen«, von dem ein Nebengang in den »Saal mit dem malerischen See« abzweigt.

Der Besuch der Katafýngi-Höhle ist nur mit einem Führer zu empfehlen.

Übernachten kann man in der Psistaría/Kaffeebar »To Panoráma«.

Pírgos Dhiroú

Autofahrer fahren natürlich auf der Asphaltstraße nach Pírgos Dhiroú, Fußwanderer klettern über den Felsklotz in der Südostecke der Bucht von Dhirós und wandern dann auf dem Schotterweg direkt nach Pírgos Dhiroú.

Der Ort hat in letzter Zeit durch den Tourismus einen starken Aufschwung erfahren. Stattliche Häuser beweisen, daß es den Bewohnern gut geht. Immer neue Hotels (Pensionen) und Restaurants kommen hinzu. Im Motel-Restaurant »Dirós« kann man sogar kampieren. Deutschsprachigen Touristen ist Frau Lagoúdhis – Hinweisschilder machen an vielen Stellen darauf aufmerksam – im Andenkenladen nahe der Post gerne mit Rat und Tat behilflich.

Historisch ist Pírgos Dhiroú nur einmal hervorgetreten. Im Jahr 1826 schlugen hier maniotische Truppen ägyptische Kräfte unter Ibrahim Pascha. Die maniotischen Frauen sollen besonders tapfer gekämpft haben.

Attraktionen sind die Höhlen von Dhirós und die byzantinischen Kirchen in der Umgebung. Pírgos Dhiroú ist selbst auf einige Kirchen stolz.

Die Straße zur Panajía-Kirche (Theótokos-Kirche) zweigt beim Restaurant »O Beys« von der Asphaltstraße Areópoli – Pírgos Dhiroú nach Westen ab. Die Panajía-Kirche ist ein treffendes Beispiel geschmackloser, kulturhistorische Grundsätze mißachtender Restaurierung. Der Fußboden wurde mit einem »modernen« Belag ausgelegt, der so garnicht einer byzantinischen Kirche gerecht wird.

Das kleine, einschiffige Kirchlein ist äußerlich von geringem Reiz. In die Außenmauern sind antike Spolien integriert. Manchmal habe ich den Eindruck, als ob diese Relikte der Antike oftmals im Nachhinein eingebaut wurden, um den Fremden etwas zum Bestaunen zu bescheren.

Die Fresken im Kircheninneren sind noch gut erhalten. An der Ikonostase haben links Joánnis, der Theologe und die Panajía, rechts Christós und ein Joánnis der Täufer, im Zugang zum Allerheiligsten Joachim und Anna, die Großeltern von Christós, ihren Platz. Die Kreuzigungsszene im Allerheiligsten ist mehr zu erahnen als zu erkennen.

An der Nordwand des Naos wird der Tod der »Gottesmutter« (= Theótokos) dargestellt. Ihr stehen die vier Heiligen Joánnis, Jórjios, Nikólaos und Konstanthínos zur Seite. An den Seitenwänden haben sich Stifter verewigt.

Etwa im Ortskern, nahe der Post und dem Souvenirgeschäft der »Deutschen Frau«, biegt man zu den Höhlen nach rechts ab. Dieser Straße folgt auch, wer einigen anderen ehrwürdigen Kirchen des Ortes einen Besuch abstatten will.

Noch vor dem Motel/Restaurant »Dirós« steuert eine rechts abgehende Stichstraße die würdige Ájios Jórjios-Kirche an. Leider ist das Gotteshaus meist abgeschlossen.

Die hinter dem Motel/Restaurant »Dirós« nach links abknickende Straße führt zur Ájios Joánnis-Kirche. Da sich die Kirche geschickt versteckt, sollte man Einheimische um Wegweisung bitten. Der Schlüssel zur Kirche wird im Nachbarhaus aufbewahrt.

Die Kreuzkuppelkirche wird dem 12. Jahrhundert zugerechnet. In ihr Mauerwerk wurden ebenfalls antike Relikte eingebaut. Neben Natursteinen wurden auch riesige Quadersteine – vertikal und horizontal – verbaut. Der Zement ist wohl eine Restaurierungszugabe.

Im Kircheninneren können Freskenreste und eine skulptierte marmorne Chorschranke (Templon) bewundert werden. Das Nischengrab an der Südseite der Kirche trägt die byzantinische Zahl 7106. Zieht man davon die Zahl 5508 ab – das ist nach byzantinischer Zeitrechnung das Alter der Welt zum Zeitpunkt der Geburt Christi – so erhält man das Jahr 1588 unserer Zeitrechnung.

Eine sicher uralte Kirche steht westlich der Straße zu den Höhlen. Die Athanásios-Kirche ist reich an Fresken. Sie ist an dem eisernen Glockenstuhl zu erkennen.

Pírgos Dhiroú – Charoúdha

Nächstes Wanderziel ist die Taxiarchenkirche in Charoúdha. Wir biegen von der Straße zu den Höhlen hinter dem Motel/Restaurant »Dirós« in südwestliche Richtung (links) ab, kommen an der riesigen Ájios Nikólaos-Kirche mit dem blauem Tambour und am Wasserreservoir des Ortes vorbei. Die Schotterstraße knickt 100 Meter südlich des Ortes nach Westen ab. Wir wandern auf einem maniotischen Steinpfad geradeaus durch Olivengärten in südliche Richtung weiter. Der Pfad beschreibt eine großzügige Rechtsschleife, passiert rechter Hand zwei einsame Häuser und linker Hand eine Hausruine. Er mündet in einen Schotterweg, der direkt auf Charoúdha zielt.

In der Ortschaft geht zuerst rechts eine Straße in westliche Richtung, dann nach 150 Metern die Betonstrasse nach Nikándrion ab, die zur Asphaltstraße Areópoli – Jeroliménas weiterführt.

Charoúdha scheint ein wohlhabendes Dorf zu sein. Die Wohntürme und Häuser wirken gut restauriert. Vielleicht sind diese Gebäude Sommerresidenzen reicher Griechen und Ausländer! Die Kirchenruine rechter Hand – erkenntlich an der Apside – scheint hohes Alter zu haben. Vielleicht stehen wir vor einer frühchristlichen Basilika.

Hält man sich an die Betonstraße, so kann man die Taxiarchenkirche nicht verfehlen. Feigenbäume und eine Zisterne neben der Kirche fordern zur Rast auf. Ein Kafenion wird man in Charoúdha vergeblich suchen.

Die Taxiarchenkirche in Charoúdha gehört zu den schönsten Kirchen der Máni. Zypressen und Zedern sowie die Stille des angrenzenden Friedhofs tragen dazu bei, daß diese Kirche Frieden und Würde ausstrahlt. Fremde verirren sich nur selten zu ihr.

Die viersäulige Kreuzkuppelkirche wird ins Ende des 11. Jahrhunderts datiert. Der Narthex kam erst drei Jahrhunderte später (1371/72) hinzu. Die regelmäßigen Quadersteine – zum Teil sicher aus antiker Zeit – sind mit Ziegelkanten eingefaßt. Ein Zahnschnittmuster umläuft das gesamte Bauwerk. Fayence-Teller sind ins Mauerwerk eingelassen.

Die zugemauerten Fenster des achteckigen Tambours werden von doppelbögigen Ziegelornamenten überwölbt. Schlanke Säulen mit Kapitellen trennen die Fenster voneinander. In den Wasserspeiern liefen vielleicht in früherer Zeit die Spitzen der ehedem halbkugelförmigen Kuppel aus. Die heutige Kuppel ist stark abgeflacht.

Die Kirche leistet sich zwei Glockentürme. Der westliche Glockenturm wirkt wie neu erbaut. Er könnte im 19. Jahrhundert hinzugekommen sein. Der zweite Glockenturm, nordwestlich der Kirche gelegen, ist aus Feldsteinen gemauert. Er ist sicherlich in Verbindung mit dem Friedhof zu sehen.

Der Türsturz über dem Narthexeingang fällt durch seine Verzierungen auf. Der Entlastungsbogen darüber ist aus Ziegelsteinen gemauert.

Die Kuppel ruht auf vier Säulen, die in Kämpferkapitellen auslaufen. In der Kuppel sind acht Nischen ausgespart.

Gut erhaltene Fresken zeigen Szenen aus dem Neuen Testament und der Heiligengeschichte. Wie in der Ájios Joánnis-Kirche in Areópoli werden Bildergeschichten erzählt. Ein Fries mit stilisierten Formen, Blumen und Blättern sorgt für Auflockerung. Sogar die gemauerte Ikonostase ist bemalt. Die Fresken zeigen deutlich Stilunterschiede. Vermutlich entstanden sie in verschiedenen Epochen. Die ältesten Werke könnten in das 14. Jahrhundert zurückgehen. Die Fresken mit den satteren Farben sind möglicherweise im 18. Jahrhundert entstanden.

Schade, daß die Kirchentür regelmäßig verschlossen ist! Aber allein das äußere, würdevolle Bild der Kirche ist eine Wanderung nach Charoúdha wert.

Charoúdha – Ájios Pétros-Kirche

Der Weg zur Hauptstraße Areópoli – Jeroliménas ist nicht zu verfehlen. In gleicher Weise nicht die Ájios Pétros-Kirche, die man weithin am ansteigenden Hang der Sangía-Berge ausmachen kann. Man wandert auf dem gleichen Weg zum Nordausgang von Charoúdha zurück und biegt dann nach Osten in die Straße nach Nikándrion ein.

Die Wanderlandschaft ist typisch maniotisch. Opuntienwälle – manchmal in Blüte, manchmal Früchte tragend – und Olivenbäume in Steingärten bilden den Vordergrund. Fahlgraue, kahle Bergkuppen türmen sich als Hintergrund auf.

In Nikándrion macht die Betonstraße bei der Ájios Jórjios-Kirche – über sie gibt es nichts interessantes zu berichten – einen Knick nach Norden. Die Straße mündet bei einem Kafenion (Haus aus Natursteinen, teilweise weiß getüncht, mit blauer Tür) in die Asphaltstraße.

Hier steht am Straßenrand neben einem Weinfaß ein Hinweisschild in lateinischer und griechischer Sprache »Nikándri 1 km, Charoúdha 2 km, Saint Taxiárchis«. Auf das Schild ist eine Kirche gemalt.

Notgedrungen muß man nun der Teerstraße 300 Meter nach Südosten (rechts) folgen. Am zweiten Masten hinter einer aufgehängten Trafostation verläßt man die Teerstraße nach Osten (links), steigt etwa 300 Meter auf, biegt dann in eine querverlaufende Schotterstraße nach Südosten (rechts) ein. 50 Meter nach der Abzweigung schlängelt sich ein Steinpfad in einer Linksschleife zur Ájios Pétros-Kirche hinaus.

Die Kirche wird ringsum von edlen Zypressen bewacht. Sie ist von einer Steinmauer umschlossen. Zwischen die Zypressen haben sich verkrüppelte Olivenbäume geschmuggelt. Schade, daß die Besucher ihren Abfall vergessen haben.

Die Ájios Pétros-Kirche geht auf das 11. Jahrhundert zurück. Das aus regelmäßigen, ziegelsteingefaßten Quadern errichtete Gotteshaus wirkt rustikal, erdverwurzelt, der Landschaft angepaßt. Dazu leistet auch der quadratische Grundriß seinen Beitrag. Der achteckige Tambour –

seine Quader werden ebenfalls von Ziegelsteinen eingerahmt – geht in eine außen oktogonale, innen runde Kuppel über. Über den Fenstern des Tambours wölben sich Ziegelbögen. Der Glockenturm zeigt, daß er schon fast tausend Jahre der Natur getrotzt hat.

Die Kirche ist außen wie innen in einem erbarmungswürdigen Zustand. Die Motive der Fresken – sie stammen vermutlich aus dem 14. Jahrhundert – sind kaum noch zu erkennen. In die marmorne Ikonostase sind Ornamente eingemeißelt.

Ob diese Kirche noch zu retten ist? Der Heilige Georg müßte schon ein Wunder vollbringen. Der Papás scheint nicht mehr daran zu glauben. Er läßt die Kirche unversperrt. Zu stehlen ist ohnehin nichts.

Neben der Ájios Pétros-Kirche ist eine zweite Kirche vor dem Verfall nicht mehr zu retten. Wären nicht die Quader von Ziegelsteinen umschlossen, hätte ich die Ruine für eine frühchristliche Basilika gehalten.

Der Hain mit den beiden Kirchen, den Zypressen und den Olivenbäumen ist ein Hort der Ruhe und der Besinnung. Der Autolärm von der Asphaltstraße dringt nicht bis hierher. Autofahrer müssen sich von der Schotterstraße eine Viertelstunde zur Ájios Pétros-Kirche hochbemühen. Aber es lohnt!

Ájios Pétros – Dhríalos

Auf dem Aufstiegsweg muß man sich wieder zur Schotterstraße hinunterbemühen. Auf dieser schlägt man die südostwärtige Richtung (links) ein. Zwei Schluchten werden überquert. Nach der alten Pétros- und Pávlos-Kapelle linker Hand – erkenntlich an den Natursteinen und dem Glockenstuhl (innen: vier Fresken) – folgt eine »moderne« Kapelle. Die Schotterstraße wird bald von einer aus nordwestlicher Richtung kommenden Betonstraße aufgenommen.

Ab der Ortschaft Fragoúlias wandert man aber wieder auf Schotter bis nach Dhríalos. Staubfahnen braucht man nicht zu fürchten. Obwohl die Schotterstraße die byzantinischen Kirchen von Dhríalos, Vámvaka und Bríkion erschließt, begegnen Marga und mir keine Fahrzeuge. Wer von den Touristen interessiert sich auch schon für byzantinische Kirchen?

In der Ortschaft Dhríalos erwarten uns ein wuchtiger Wohnturm und eine geschmeidige Zypresse. Sicher stehen sie schon Jahrzehnte, vielleicht Jahrhunderte einträchtig nebeneinander.

Dhríalos hat sich an einem Hang festgesetzt. Zwischen aufgelockert stehenden Häusern ragen vereinzelte Türme hervor. In der Dorfmitte, direkt am Weg, sind Zeichnungen an einer Mauer gleichzeitig Kunstwerk, Wegweiser und Reklame.

Zwei Kirchen sind sehenswert. Zur Taxiarchenkirche biegt man am »Mauerkunstwerk« nach Osten (links) ab. Dann steigt man etwa 150 Meter hangaufwärts.

Glocken im dreigeschossigen Glockenstuhl der Taxiarchenkirche lassen wissen, daß diese Kirche die »Gebrauchskirche« von Dhríalos ist. Das Gotteshaus – leider ist es verschlossen – besticht durch seine landschaftliche Lage mehr als durch Alter und Kunstfertigkeit.

Die Doppelkirche (Dhípli) des Ájios Jórjios und der Faneroméni (= Maria Verkündigung) liegt am Südausgang von Dhríalos hart ostwärts (links) der Straße. Der ältere Bau (15. Jahrhundert) ist die Südkirche. Der Nordteil ist im 19. Jahrhundert hinzugekommen. Beide Kirchen stehen im rechten Winkel zueinander. Probleme gab es bei dieser Konstellation natürlich mit dem Allerheiligsten, das ja immer im Osten der Kirche liegen muß.

Dem Glockenstuhl der älteren Kirche fehlt wohl der oberste Teil. Die massiven Steine sind durch Ziegelleisten gerahmt. Der Eingang wird durch eine Säule zweigeteilt. Eine Ziegelzierleiste umläuft die Kirche. Antike Spolien sind – wie bei so vielen kirchlichen Bauten – ins Mauerwerk integriert. Die Fresken in der älteren Kirche sind nur noch in Fragmenten erhalten.

Dhríalos – Vámvaka

Es geht auf der Schotterstraße, die in meiner Landkarte bereits als Asphaltstraße eingezeichnet ist, weiter. Wir schimpfen wieder einmal über das griechische Vermessungswesen. Straße tauchen manchmal in Karten auf, die es noch gar nicht gibt. Geisterstraßen!

Im nächsten Dorf wird fleißig gebaut. Türme werden restauriert. Die Griechen stecken ihr Geld in Immobilien, um der Inflation zu entgehen. Der Bau wächst solange, wie das Geld reicht. Dann liegt er brach. Steht wieder Geld zur Verfügung, wird weitergebaut. So kommt es, daß ganz Griechenland wie eine Baustelle wirkt.

Jeder Wohnturm ist auch heute noch ein Reich für sich. Er verkündet die Stellung in der Gesellschaft. Da die Griechen gerne »jemand« sind, suchen sie sich auch durch ihre Türme zu übertrumpfen. In Vámvaka ist dies sicher nicht anders.

Zur Ájii Theódhori-Kirche biegt man in Vámvaka beim aufgehängten Trafo – 50 Meter südlich des Wohnturms an der Straße – nach Osten (links) ab.

Sie gehört zu den wenigen byzantinischen Kirchen, deren Alter man genau bestimmen kann. Der Marmorbehauer Níkitas Mármaras hat sie – wie einer Inschrift auf dem westlichen Marmorbalken in der Vierung zu entnehmen ist – im Jahr 1075 erbaut. Der Name des Stifters »Theódhoros« wird in einer anderen Inschrift – kaum mehr zu entziffern – links über der Eingangstür genannt.

Das Gotteshaus ist eine zweisäulige Kreuzkuppelkirche, teils aus Feld-, teils aus Quadersteinen unterschiedlicher Größe (oben) gemauert. Zwischen den Steinen laufen vereinzelt Ziegelpaspelierungen.

Die Fenster des wuchtigen, achteckigen Tambours sind zugemauert. Über den Fenstern wölben sich Ziegelbögen. Die Ziegelabdeckung der Kuppel ist stark verwittert.

An der Westfront fällt eine antike Schrift auf, die auf dem Kopf steht. In eine Skulpturplatte ist ein Kreuz eingemeißelt. War diese einst Teil eines antiken Tempels, der kraft eines Edikts von Kaiser Theodhósios (435 n. Chr.) von seinen alten Göttern gereinigt und durch das Kreuzzeichen als äußeres Symbol an den Christengott übergeben worden war?

Die Nischen der dreiseitigen Apsiden werden von Ziegelbögen überspannt. Nur noch eine einzige Glocke ruft die Gläubigen zum Gebet.

Die Kirche zählt zu den Schmuckstücken der Inneren Máni. Und doch lassen sie die Griechen verfallen. Die Restaurierungsarbeiten müssen recht lieb- und phantasielos erfolgt sein. Der Unrat rings um die Kirche ist allerdings mehr den Fremden anzulasten.

Blickfang im Kircheninneren sind Abbildungen über der Tür. Vögel mit Trauben in den Schnäbeln flankieren das Kreuzzeichen über einem Marmorblock mit Ornamenten.

Die Kirche ist nicht verschlossen. Es lohnt wohl nicht mehr. Die Fresken sind ohnehin nicht mehr zu retten. Lediglich die Panajía in der Apsiskonche ist noch zu identifizieren. Schade! Bald wird die Ájii Theódhori-Kirche in Vámvaka einen Besuch nicht mehr wert sein.

Es gibt in Vámvaka kein Kafenion. Vielleicht ist man für Wasser aus dem Brunnen direkt unterhalb der Kirche dankbar.

Vámvaka – Bríkion

Bríkion kann man nicht verfehlen. Die Schotterstraße läuft in südliche Richtung weiter, direkt auf einen mächtigen Wohnturm in Bríkion zu. Hinter diesem verbirgt sich ein zweiter Wohnturm. 100 Meter südlich des Ortes hat die Ájios Nikólaos-Kirche inmitten eines Friedhofes ihren Platz.

Das sichtlich verfallene Kirchenschiff ist aus unbehauenem Naturstein gemauert. Für den achteckigen Tambour hingegen wurden behauene Steine verwendet. Diese wurden durch Ziegelkanten verziert. Über den Tambournischen spannen sich Ziegelbögen.

Ins Kircheninnere gelangt man nur geduckt. Das Fresko über der Tür ist völlig zerstört. Von den Fresken im Kircheninneren sind nur noch die Motive der Malereien im Allerheiligsten zu erkennen. Schade! Auch diese Kirche scheint dem Verfall preisgegeben zu sein.

Etwa 100 Meter südlich der Ájios Nikólaos-Kirche passiert man westlich (rechts) der Straße eine Kirchenruine. Daß es sich um eine ehemalige Kirche handelt, kann man aus der Apside schließen. Steinornamente und

Freskenfragmente sind die einzigen Überbleibsel ehemaliger Größe.

Bríkion – Érimos

Unmittelbar hinter der Kirchenruine zweigt eine Schotterstraße nach Westen zur Asphaltstraße Areópoli – Jeroliménas ab. Wir halten uns an die Schotterstraße, stehen bald vor einem gepflegten Kloster rechter Hand. Das Kloster ist sicher noch nicht aufgegeben. Aber kein Mönch öffnet auf unser Rufen und Klopfen. So können wir nur durch verschmutzte Scheiben ins Kircheninnere blicken.

Die Klosterkirche aus verputztem Naturstein scheint hohes Alter zu haben. Durch die vergitterten Fensterscheiben kann man Fresken erblicken. Nicht einmal den Namen des Klosters bringen wir in Erfahrung.

Wir überqueren die Asphaltstraße bei einem Friedhof mit riesigen »Grabhäusern«. Dem blauen Schild mit der weißen Aufschrift »Pros Koutréla« folgen wir. Die Schotterstraße macht um Koutréla (Wohntürme) eine Links-/Rechtsschleife.

Ein rotgrün koloriertes Haus aus Naturstein rechter Hand sagt uns, daß wir nun nach Süden (links) abbiegen müssen. Der Pfad – vorbei an einer Hausruine, die wieder aufgebaut wird – ist zuerst noch problemlos zu erkennen, verliert sich aber mehr und mehr. Wir müssen uns selbst unsere Spur suchen. Süden ist die allgemeine Richtung. Wo Steine in maniotischen Mauern heruntergerissen sind, treffen wir meist auch auf Wegspuren.

Die Spur wird wieder deutlicher. Aus südostwärtiger Richtung taucht ein maniotischer Steinpfad auf, bringt uns zu den wenigen Häusern von Érimos, mündet schließlich in eine Schotterstraße. Jetzt ist auch die Ajía Varvára-Kirche zu sehen.

Die Ajía Varvára-Kirche am Südwestrand von Érimos ist eine zweisäulige Kreuzkuppelkirche aus dem 12. Jahrhundert. Das harmonisch wirkende Gotteshaus ist leider sehr heruntergekommen. Die aus regelmäßigen Quadern gefügte Mauer hat Ziegeldekor. Zwei Zahnschnittmuster – eines etwa auf halber Höhe, das andere unterhalb der

Dachkante – umlaufen das Kirchenschiff. An vielen Stellen ist der Verlauf nur noch zu erahnen.

Süd- und Nordseite sind durch Nischen mit Doppelziegelbögen und Viertelkreise aus Ziegeln aufgelockert. Löcher im Mauerwerk zeigen die Stellen, wo früher Fayence-Teller eingebaut waren.

Die Südfront schmückt ein breites, aus quadratischen Ziegelplatten gebildes Zierband und ein Marmorrelief (Kreuz zwischen zwei Pfauen).

Die Nischen des oktogonalen Tambours werden durch Pilaster getrennt. Die Nischenbögen sind so in die Kuppel hineingezogen, daß der Kuppelrand wellenförmig wirkt. Irgendwann einmal muß die Kuppel mit Beton übergossen worden sein.

Auffallend ist, daß das Gewölbe des westlichen Kreuzarmes in den Narthex übergreift.

Schade, daß diese Kirche geschlossen ist. So bleibt die Innenausstattung unentdeckt.

Érimos – Mézapos – Ajía Vlachérna

Auf der weiteren Wanderung nach Mézapos kommt man an der 70 Meter westlich der Ajía Varvára gelegenen Kirchenruine vorbei, in der noch einige Freskenreste in den Apsiden zu erkennen sind. Von der Kirchenruine sieht man ein weißes Proskinitário. Bei diesem trifft man auf einen Steinpfad, der direkt Mézapos ansteuert. Die beiden rechts abgehenden Pfade läßt man unbeachtet. Der Steinweg senkt sich zuletzt in eine markante Schlucht hinunter. Die Gegenseite der Schlucht hält, unmittelbar am Meer, die Ortschaft Mézapos besetzt.

Mézapos ist ein einfaches Fischerdorf. Der Ort steht möglicherweise an der Stelle des antiken Messe. Sehenswert ist die nahe Ajía Vlachérna-Kirche, die allerdings nur zu Fuß in einer etwa 20minütigen Wanderung zu erreichen ist.

Drei Restaurants warten in Mézapos auf Fremde. Wenn die Fischer in der Nacht erfolgreich waren, steht frischer Fisch – nicht gerade billig – auf der Speisekarte. Nach Übernachtungsmöglichkeiten fragt man am besten in den Restaurants nach.

Ajía Vlachnéra-Kirche bei Mézapos

Bademöglichkeiten gibt es im winzigen Fischerhafen und in der Kiesbucht westlich des Ortes. Das Haus über der Hafenbucht steht so nahe am Abgrund, daß es nur noch eine Frage der Zeit zu sein scheint, wann es in die Bucht stürzt.

Zur Ajía Vlachérna-Kirche verläßt man Mézapos in südwestlicher Richtung. Ein Steinpfad hält sich parallel zur Küste, läuft ostwärts an der Kirche vorbei. Wenn man den Saumpfad, der direkt auf die Kirche zusteuert, verfehlt hat, kann man in Höhe der Kirche nach Westen in einen Trampelpfad einbiegen.

Die Ajía Vlachérna-Kirche – der Gottesgebärerin geweiht – steht am Rande der Küste inmitten einer

Steinwüste. Die viersäulige Kreuzkuppelkirche aus dem 12. Jahrhundert hat Ruhm und Fall des auf der gegenüberliegenden Halbinsel Tigáni liegenden Kastells miterlebt.

Auch diese Kirche wirkt sehr heruntergekommen. Die hochliegende Kuppel stützt sich nur noch auf einen Original- und einen aus Natursteinen notdürftig erstellten Ersatzpfeiler.

Das Kirchenschiff ist aus Quadern ohne Ziegelzwischenlagen gemauert. Eine Ziegelschnittkante ist das einzige Dekor. Der achteckige, wuchtige Tambour wird durch Nischen und Fenster untergliedert. Die Fenster wurden wohl in späterer Zeit in die Mauer gebrochen. Über Nischen und Fenster spannen sich Ziegelbögen.

Die sehr hohe Kuppel hat kegelförmige Gestalt. Sie ist in ihrem Grundriß kleiner als der Tambour.

Die Kirche ist nicht verschlossen. Von der reichlichen Freskenausstattung sind nur noch Reste sehenswert erhalten. Eine Restaurierung dürfte kaum erfolgversprechend sein. Ein Stück Geschichte ist für immer verloren.

Es schmerzt, immer wieder vor byzantinischen Kirchen zu stehen, deren Untergang besiegelt zu sein scheint. In zehn oder zwanzig Jahren wird die Wanderung vielleicht nicht mehr von Kirche zu Kirche, sondern von Ruine zu Ruine führen.

Prächtig ist der Blick von der Kirche auf Kap und Halbinsel Tigáni (Deutsch: Pfanne). Die Halbinsel treibt wirklich wie eine Pfanne im Meer. An der Südspitze sind Ruinenreste mehr zu ahnen als zu sehen. Sind es die Fragmente der sagenhaften Frankenburg Groß Maina, die Mitte des 13. Jahrhunderts erbaut worden ist, oder die Trümmer des byzantinischen Kastells Maines, das Kaiser Konstanthínos (913 – 959) in einem Buch erwähnt hat?

Tigánis günstige Lage hat sicher schon in der Antike zur Besiedlung herausgefordert. Vielleicht lag die antike Stadt Messe am Hals der Halbinsel.

Wer einen Abstecher zum Kap Tigáni unternehmen möchte – dies ist übrigens auch von Mézapos per Schiff möglich – wandert auf dem Steinpfad parallel zum Meer über Fokalotón hinaus weiter und biegt dann rechtwinklig nach Nordwesten in Richtung Halbinsel ab. Er kommt an der Ajía Kiriakí-Kirche vorbei. Am Hals der Halbinsel verläuft sich der Weg. Er muß sich dann selbst eine Spur zum Kap suchen. Vielleicht entdeckt er die Ruine der frühchristlichen Basilika aus dem 6. Jahrhundert, die auf Tigáni stehen soll.

Empfehlenswert ist ein Abstecher zur Episkopí-Kirche aus dem 12. Jahrhundert. Die Kirche ist von der Ajía Vlachérna-Kirche nicht zu sehen. Sie nistet in der Bodenfalte eines Abhangs knapp einen Kilometer südwestlich der Ajía Vlachérna-Kirche.

Ajía Vlachérna-Kirche – Káto Gardhenítsa

Nach Káto Gardhenítsa geht man einen Teil des Weges nach Mézapos zurück. An einem Proskinitário zweigt der Pfad zur Episkopí-Kirche ab. Diesen Weg geht man jedoch nicht. Man sucht sich seinen Pfad entlang der Steinmauer. Nach 50 Metern erreicht man einen Durchbruch. Durch diesen führt der Steinpfad nach Káto Gardhenitsa, etwa eine halbe Stunde immer bergauf.

Ein uralter Steinpfad! Die Steinwälle beiderseits des Weges konnten nicht alle Steine der Felder aufnehmen. Man könnte noch viele Wälle mit ihnen türmen.

Der Blick geht zurück auf die Bucht von Mézapos, die abweisenden Kalkfelsen und die Geländepfanne Tigáni. Großartige Máni, arme Máni, grausame Máni. Was die Máni charakterisiert, hat sie im Überfluß. Nichts ist Durchschnitt, alles extrem.

Káto Gardhenitsa ist ein adrettes Turmdorf. Die Häuser verbergen sich im Grün. Riesige, gut restaurierte Türme lassen nicht den Gedanken an Armut aufkommen. Ist Gardhenitsa ein Sommerdorf? Das würde erklären, warum es in diesem Ort kein Kafenion gibt. Die wenigen Wochen im Jahr, in denen die Griechen im Gardhenitsa leben, reichen nicht aus, sie zur Gemeinschaft zusammenzuschweißen. So brauchen sie auch kein Kafenion. Der Turm ist ihr Reich.

Der Steinpfad wird im Dorf von einer Teerstraße aufgenommen. An deren Gabel wählen wir die linke Abzweigung. Die Kirche ist nun bereits auszumachen.

Die Ájios Sotíros-Kirche (= Erlöserkirche), eine

zweisäulige Kreuzkuppelkirche, wurde in der Mitte des 11. Jahrhunderts errichtet. Die Kirche wirkt ausgewogen und harmonisch. Sie ist lange nicht so heruntergekommen wie die letzten byzantinischen Kirchen.

Im unteren Teil des Bauwerks wurden behauene Feldsteine, im oberen Teil regelmäßige, durch Ziegelzwischenlagen getrennte Quadersteine verwendet. Zwischen die Feldsteine haben sich antike Spolien geschmuggelt. Die Kirche ist reich geschmückt. Zahnschnittkanten umlaufen das Kirchenschiff hart unterhalb der Dachlinie. Zickzackbänder nehmen der Kirche die Kälte. Die acht teilweise zugemauerten Fenster der Tambours sind durch Pilaster voneinander getrennt. Die Ziegelbögen gehen in die Kuppel, die relativ flach wirkt, über.

Dem Kirchenbau ist eine Vorhalle mit durch Säulen getrennten Arkaden an beiden Seiten und einem Glockenstuhl – in späteren Jahren hinzugekommen – vorgelagert.

Den Schlüssel zur Kirche bekommt man im nahegelegenen Haus ausgehändigt. Hier kann man auch Wasser aus einem Brunnen schöpfen.

Rätsel gibt das Kreuz über dem Eingang mit der geometrischen Figur an der Spitze auf.

Die Fresken der Kirche entstammen wohl verschiedenen Epochen. Besonders reichhaltig ist die Ikonostase bemalt (Ájios Joánnis). An den Seitenwänden sind der heilige Georg und der heilige Dhimítrios noch in einem passablen Zustand. Die anderen Fresken scheint man bereits dem Verfall überlassen zu haben. Einige Bilder sind bereits übertüncht.

Káto Gardhenítsa – Tourlóti-Kirche

Die Tourlóti-Kirche gleicht einer Kanzel, die am Westhang des Ajía Pelajía-Berges hängt. Sie ist schon von weitem auszumachen.

Von der Ájios Sotíros-Kirche geht es zurück auf die Teerstraße. Diese mündet – südostwärts von Káto Gardhenítsa – in die Asphaltstraße Areópoli – Jeroliménas. Auf der Teerstraße wandert man notgedrungen 300 Meter in südliche Richtung, biegt bei einer größeren Ausbuchtung

Ájios Sotíros-Kirche in Kato Gardhenitsa

in einen Pfad ostwärts (links) der Straße ein. Der Pfad nähert sich in einem Linksbogen der Kirche. Autofahrer müssen ihr Fahrzeug an der Asphaltstraße abstellen.

Eigentlich heißt die Kirche Ájios Sérjios- und Ájios Váchos-Kirche. Aber die Einheimischen sprechen nur von der Tourlóti-Kirche, der »Kuppelüberwölbten«.

Den beiden Heiligen Sérjios und Váchos ist das Gotteshaus schon lange nicht mehr geweiht. Die Manioten werden wohl kein rechtes Verhältnis zu Heiligen des Ostens haben. So ist der Heilige Georg (Ájios Jórjios) Patron einer weiteren Kirche geworden.

Glaubt man einer Inschrift, so wurde die viersäulige Kreuzkuppelkirche von der Familie Marassiótes gestiftet. Das Bauwerk wurde weitgehend aus antiken Steinen und Platten errichtet, die durch Ziegelzwischenlagen voneinander getrennt wurden.

Die Kirche ist reichlich ausgeschmückt. Ziegelkanten umlaufen sie, breite Bänder mit auf der Spitze stehenden Ziegelquadraten lockern die Fläche auf, Fenster sind durch zwei Reihen Ziegelbögen und eine Zahnleiste dekoriert, die durch Viertelkreise aus Ziegeln und schachbrettartige Ziegelrechtecke ergänzt werden. Die Südfront gliedern zudem Marmorkreuze auf. In gleicher Weise sind die dreiseitigen Apsiden reich geschmückt.

Die Fenster des Tambours leisten sich Ziegelbögen und eine zusätzliche Zahnschnittleiste. Pilaster strecken den Tambour, der sich am oberen Rand wellenförmig wölbt.

Die Kirche ist nicht versperrt. Gottseidank! Und die Besichtigung lohnt sich. Vier mit Kämpferkapitellen verzierte Säulen tragen die Kuppel. Motive der Kapitelle sind Blumen, Früchte, geometrische Figuren. Das Gebälk ist von Blattverzierungen umrankt. Einige der Fresken sind noch recht gut erhalten.

Die Kirche ist in einem erstaunlich guten Zustand. Renovierungen wurden gekonnt durchgeführt. Der Besuch lohnt sich wegen der Schönheit der Kirche und wegen des reizvollen Ausblicks. Endlich eine noch gut erhaltene Kirche! Und doch ist auch bei der Tourlóti-Kirche der Verfall bereits zu spüren.

Tourlóti-Kirche – Áno Boulárii

Nächstes Ziel ist die Ortschaft Kíta. Der Pfad klettert von der Kirche zunächst den Hang hinauf. Ein Pfad, der nach 50 Metern hangabwärts zeigt, bleibt unbenützt. Nach weiteren 50 Metern mündet der eigene Weg in einen von Norden (links) kommenden Weg. Nach nochmals 50 Metern wählt man die linke, bergauf zeigende Gabel und nach abermals 50 Metern die rechte Gabel. Nun geht es immer geradeaus direkt auf Kíta zu.

Kíta gehört zu den größeren Ortschaften der Inneren Máni. Wuchtige Türme und großzügig angelegte Häuser bestimmen das Ortsbild.

Nach Kíta flüchteten die durch den byzantinischen Kaiser Andronikus II. Paläologos vertriebenen arkadischen Niklier im Jahr 1295. Später wurden die Angehörigen führender maniotischer Familien Niklier genannt.

In Kíta wendet man sich bei der Gedenkstätte in südliche Richtung. Die Taxiarchenkirche wird linker Hand passiert. Die Betonpiste geht an einem Friedhof mit kolossalen »Grabhäusern« in einen maniotischen Steinpfad über. Nach 500 Metern muß man sich entscheiden, ob man Jeroliménas direkt ansteuern oder noch einen Umweg über die Ájios Strategós-Kirche in Áno Boulárii machen will.

Wer Jeroliménas als nächstes Ziel anwandert, wählt die rechte Gabel. Er überquert bei einem Tümpel neben einer Betonmauer eine Teerstraße, hält sich auf einem Pfad in südostwärtige Richtung bis zu einer weiteren Teerstraße. Diese Straße verbindet Áno Boulárii mit Jeroliménas.

Zur Ájios Strategós-Kirche hingegen nutzt man die linke Gabel. Der Pfad kommt in Áno Boulárii heraus. Die Ájios Strategós-Kirche steht nördlich der Ortschaft.

Die dem Erzengel Michael, dem »Heiligen General«, geweihte Kirche gehört zu den ältesten byzantinischen Gotteshäusern der Máni. Sie wurde um das Jahr 1000 erbaut. Die Dächer sind mit Steinplatten belegt und passen sich der steinigen Umgebung an, die Wände aus Quadersteinen gemauert, zwischen denen Ziegellagen liegen. Dem Narthex ist eine Vorhalle vorgelagert. Mit Ausnahme des Doppelbogens der Vorhalle ist das Bauwerk schmucklos.

Das Kircheninnere ist rustikal und höhlenartig. Die Kuppel ruht auf zwei Säulen, deren ionische Kapitelle wie Fremdkörper wirken. Die schlecht erhaltenen Fresken entstammen verschiedenen Epochen. Die ältesten können nach einer Inschrift ins Jahr 1275 datiert werden.

Die Ájios Strategós-Kirche gehört vielleicht nicht zu den künstlerisch sehenswertesten, wohl aber zu den ältesten und ursprünglichsten Kirchen der byzantinischen Epoche.

Über die Teerstraße Áno Boulárii – Jeroliménas – alle anderen Wege sind Umwege und kosten Zeit – erreicht man Jeroliménas bequem in einer Dreiviertelstunde. Vielleicht noch ein Trost: die Teerstraße ist kaum befahren.

Jeroliménas

Jeroliménas, ein einfaches Fischerdorf, profitiert von den Fremden, die per Fahrzeug oder zu Fuß die Innere Máni durchstreifen und in diesem Ort endlich wieder einmal unter die Dusche kommen oder sich in einem Bett ausschlafen wollen. So riesengroß aber ist das Bettenangebot nicht. Wer also in Jeroliménas übernachten möchte, sollte beizeiten auf Zimmersuche gehen.

Die Bucht von Jeroliménas ist gleichzeitig der Hafen des Ortes. In der Antike wurde die geschützte Lage der Bucht nicht geschätzt. Sie wurde nicht besiedelt. Jeroliménas selbst ist etwa 100 Jahre alt.

Die Bucht wird im Westen durch die jähen Felsen des Kap Poúnda begrenzt. An ihrer Ostseite zieht sich ein steiniger Küstenstrich von einer Breite von 2 Kilometern hin. In ihn sind einige Buchten eingebettet, die aber erst ab Kipárissos zum Baden taugen.

Herz des Ortes ist die Uferstraße mit wenigen Hotels, den Restaurants und der Post. Hier kann man einkaufen, hier halten – vor dem Hotel »O Akrotenáritis« die Busse.

Die Ortschaft kennt keine Sehenswürdigkeiten. Sie liegt aber günstig für Ausflüge per Bus nach Kíparissos, Váthia und Pórto Kájo. Mit dem Boot kann man sich zum Kap Ténaro schippern lassen.

Den Abend läßt man in einem der Lokale am Hafen ausklingen, vielleicht im Restaurant »O Akrotenáritis«.

Vielleicht amüsiert dort das geschäftstüchtige Verhalten des Wirts, der den Preis von allem anderen, nur nicht von den Angaben der Speisekarte abhängig macht, vielleicht ärgert man sich auch darüber. Bei mir hatte er kein Verständnis dafür, daß ich meine Speisen warm wollte. Er trug sie mürrisch in die Küche zurück, um sie alsbald ebenso kalt wieder zu servieren. Vielleicht brummte er mir gar noch eine Strafsumme auf. Die Bitte um eine Rechnung empörte ihn zutiefst.

Marga und ich werden in einem anderen Lokal Zeuge eines Festes. Was gefeiert wird, bringen wir nicht heraus. Griechen und Fremde sind reichlich vertreten. Die Einheimischen tanzen und schwätzen, die Touristen trinken und essen.

Einen deutschen Festbesucher – mit einem Schnurrbart, der sich über das ganze Gesicht legt, und Hüftwülsten, die wie Schwimmreifen wirken – kennen wir bereits. In Areópoli hat er Gott und die Welt fotografiert. Wir haben ihn »Faßbender« getauft.

Der Fotoapparat liegt auch heute auf seinen Bauchringen auf. Er hat sich an den Tisch der griechischen Honoratioren geschmuggelt, unterhält sich angeregt mit dem Dorfpapás, hält seine Tischgäste mit Alkohol frei. Diesen ist dies offensichtlich peinlich. Aber was sollen sie schon dagegen unternehmen?

Faßbender steht auf, schreitet durch die Tischreihen, verneigt sich und winkt huldvoll nach allen Seiten. Jetzt geht er in sein Hotel, denken wir. Irrtum! Er muß nur die Toilette aufsuchen. Weitere Toilettenbesuche geraten ebenso zum Zeremoniell.

Faßbender wird müder und müder, nickt schließlich ein. Die Griechen feixen. Fremde, die weder Maß noch Ziel kennen, haben bei ihnen den Anspruch auf Achtung verloren.

Wir begegnen Faßbender noch einige Male auf der Peloponnés. Er ist immer auf der Suche nach der großen Sensation. Die kleinen Dinge, die die Poesie der Peloponnés ausmachen, erkennt er nicht.

Jeroliménas hat keine touristischen Sensationen. Aber es ist reich an kleinen Wundern. Man muß nur Augen dafür haben.

7. Zum Eingang der Unterwelt

Überblick

Die Südspitze der Máni ist ein kahles Kuppengelände, in das hie und da Turmdörfer – meist aufgegebene – eingestreut sind. Die Berge recken ihre Häupter im Norden knapp 700 Meter, im Süden etwas über 300 Meter in den Himmel. Felsen stürzen abrupt ins Meer. Sandstrände sind eine Seltenheit, einsame Badebuchten leider oft unzugänglich.

Sehenswürdigkeiten sind rar. Hier vielleicht eine frühbyzantinische Basilika – mehr Ruine als Kirche –, dort die Fundamente antiker Tempel oder Häuser. Die Natur gleicht das kulturelle Defizit jedoch mit landschaftlichen Schönheiten reichlich aus.

Eigentlich sollte die Wanderung von Jeroliménas nach Kap Ténaro und von da nach Pórto Kájo und wieder zurück gehen. Aber die Teerstraße, die Jeroliménas und Pórto Kájo durchgehend verbindet, hat diesen Plan zunichte gemacht. Wer will sich schon auf Asphalt gerne die Füße heißlaufen? So haben Marga und ich von Kipárissos bis zur Abzweigung nach Marmárion ein Taxi (Preis: 7 DM) benutzt und haben den Rückweg ab Váthia per öffentlichem Bus bewältigt. Von Marmárion zum Kap Ténaro und zurück nach Pórto Kájo sind wir gewandert. Für uns waren Steine, fahle Kuppen und Einsamkeit nicht langweilig, sondern ein beeindruckendes Erlebnis: die Máni in ihrer tiefsten Ursprünglichkeit.

Spätestens in Kipárissos muß man sich mit Lebensmitteln eindecken. Trinkwasser wird nur beim Leuchtturm auf Kap Ténaro zum Problem, wenn der Leuchtturmwärter Urlaub hat. Die Zisterne ist nämlich innerhalb des dann versperrten Leuchtturmes.

Ein Bett findet man zur Not in Álika, Kipárissos und in Váthia (in einem luxuriösen Wohnturm gegen gutes Geld).

Für den Rückweg ab Pórto Kájo oder Váthia kann man den öffentlichen Bus, Taxi oder die Hilfsbereitschaft anderer Autofahrer nutzen.

Praktische Hinweise

Vorschlag für Fußwanderung

1. *Tag:* Zu Fuß entlang der Küste bis Álika (ca. 4 km) oder Kipárissos (ca. 6 km); ab Kipárissos mit dem Taxi oder Bus zur Abzweigung nach Marmárion; ab hier Fußwanderung über Marmárion und Kokkinójio zum Kap Ténaro (ca. 8 km).
2. *Tag:* Kap Ténaro – Páliros – Pórto Kájo – u.U. Váthia (6 – 10 km); Rückfahrt mit Bus oder Taxi.

Fahrstrecke für Autofahrer
Jeroliménas – Álika – Kipárissos – Váthia – Marmárion; Fußwanderung zum Kap Ténaro und zurück; Fahrt nach Pórto Kájo – Álika – u.U. entlang der Ostküste nach Kótronas.

Bahnstationen
Keine

Busstationen
Álika mit Anschluß nach
– Jeroliménas
– Areópoli
– Kótronas
Jeroliménas
Kipárissos
Pórto Kájo
Váthia

Schiffsverbindungen
Keine offiziellen Schiffsverbindungen; in Jeroliménas und Pórto Kájo können Boote zum Kap Ténaro gemietet werden.

Unterkünfte
Hotels nur in Jeroliménas; Privatzimmer in Álika, Kipárissos und Váthia (Wohnturm).

Campingplatz
In Pórto Kájo Abstellen von Wohnwagen (wild) möglich.

Jugendherberge
Keine

Sehenswürdigkeiten

Reste der antiken Stadt Kainópolis (Akropolis?) bei Kipárissos
Öffnungszeiten: ganztägig
Eintritt: frei

Frühbyzantinische Kirchen (Ájios Pávlos, Ájios Sotíros) bei Kipárissos
Öffnungszeiten: ganztägig
Eintritt: frei

Reste der antiken Stadt Ténaron am Kap Ténaro
Öffnungszeiten: ganztägig
Eintritt: frei

Kloster der Panajía von Portokájo (aufgegeben)
Öffnungszeiten: ganztägig
Eintritt: frei

Mittelalterliche Festung an der Nordseite der Bucht von Pórto Kájo
Öffnungszeiten: ganztägig
Eintritt: frei

Turmdorf Váthia
Öffnungszeiten: ganztägig
Eintritt: frei

Jeroliménas – Kipárissos

Wir haben uns mit Lebensmitteln für die weitere Wanderung in Jeroliménas eingedeckt. Wir sind immer noch sauer auf den Restaurantwirt, der uns für unser armseliges Frühstück 12 DM abgenommen hat. Aber wir wissen ja, daß in Touristenorten die Fremden oft finanzielles Freiwild sind.

Die Teerstraße verläßt Jeroliménas in südostwärtiger Richtung, wird aber bald zur Schotterstraße, die der

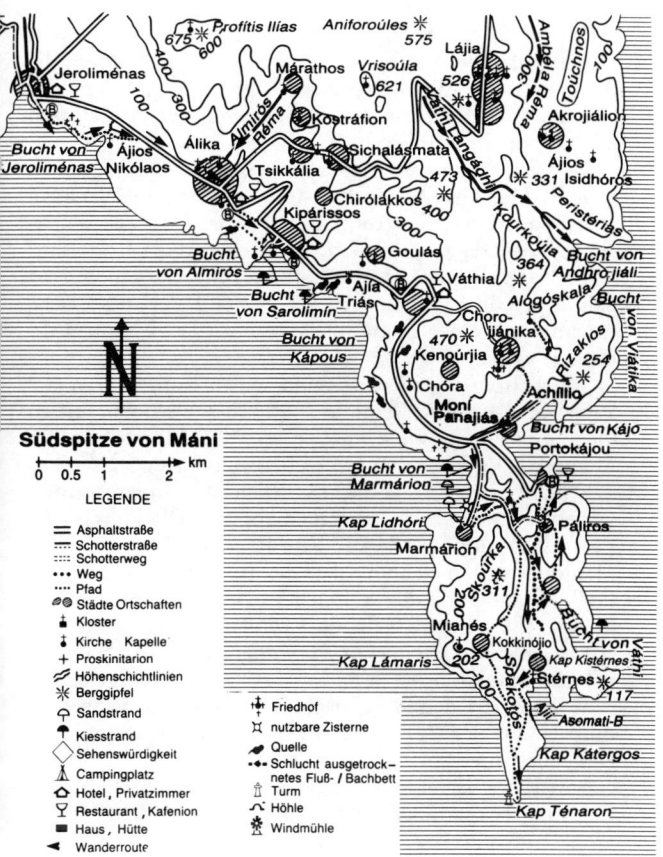

Küstenlinie der Bucht von Jeroliménas folgt. Nach einem Friedhof verläuft sich die Spur. Unser Ziel sind zwei Wohntürme am Nordufer einer kleinen Bucht. Am gegenüberliegenden Ufer lockt die Ájios Nikólaos-Kirche.

Wir halten uns an den Pfad, der von den Wohntürmen in nordostwärtige Richtung führt, biegen nach etwa 250 Metern in einen Steinpfad nach Südosten ein. Dieser trifft auf die Asphaltstraße nach Álika. So bleiben uns einige hundert Meter auf der Teerstraße nicht erspart.

Álika ist ein Straßendorf, das durch die Almirós-Schlucht in zwei Hälften geteilt wird. Hier gabelt sich die Asphaltstraße: nach Nordosten geht es entlang der Ostküste nach Kótronas, nach Südosten (geradeaus) nach Váthia und Pórto Kájo.

Der Dorfpapás ist gerade dabei, ein neues Haus zu bauen. Der zweite Stock steht bereits im Rohbau, allerdings ohne die Außenwände. Das hat den Papás jedoch nicht daran gehindert, sein Bett und die elektrische Waschmaschine »im Freien« aufzustellen. Auf seinem Bett hält er gerade, für jeden sichtbar, Siesta. Die Papáswäsche trocknet auf einer Leine, die zwischen den Eisenbewehrungen gespannt ist.

Wir kehren in einem schmuddeligen Kafenion an der Wegegabel ein. Ein Maniote setzt sich zu uns, will uns zu Ouzo verführen. Wir lehnen zu so früher Stunde ab. Der Maniote trägt Flinte und Patronengurt um die Hüfte.

»Nichts erwischt«, erklärt er ehrlich. Was anderes hätten wir uns auch gar nicht vorstellen können. Die Fluren sind von Wild und größeren Vögeln leergeschossen. Die Manioten gehen dennoch auf die Jagd. Sie knallen auch fleißig herum, wie die zahlreichen, vielfarbigen Patronenhülsen zeigen, die im Gelände herumliegen. Marga fürchtet sich ständig, angeschossen zu werden. Ich versichere ihr, daß die Manioten bei Wild ihrer Art anders vorgehen.

Wir kürzen den Weg nach Kipárissos ab. Fahrzeuge müssen auf der Teerstraße eine Riesenschleife um eine Schlucht fahren.

Kipárissos ist eine alte Siedlung. An der Stelle dieses Ortes lag die Stadt Kainópolis, nach Pausanias (III. 21) eine »freie, lakonische« Stadt am Ténarovorgebirge. Die Akropolis wird wahrscheinlich die Höhe westlich des Ortes besetzt gehalten haben, auf der heute ein Turm zu sehen ist.

Steigt man zu diesem Turm auf, so trifft man auf Zeugnisse frühesten Christentums. Professor N. Drandhákis vertritt die Auffassung, daß die Máni bereits im 5. – 7. Jahrhundert christianisiert worden sei. Die frühbyzantinischen Kirchen Ájios Pétros am Weg zum Turm und Ájios Sotíros neben dem Turm belegen diese These.

Die Türstützen der Ájios Petros-Kirche – erhalten ist

nur noch der Chor mit einem doppelten, durch eine Marmorsäule getrennten Rundbogenfenster – aus dem 7. Jahrhundert tragen Inschriften aus römischer Zeit ebenso die Türpfosten der nur noch als Ruine existierenden Ájios Sotíros-Kirche (7./8. Jahrhundert).

Älteste Kirche der Gegend ist wohl die frühchristliche Basilika aus dem 5. Jahrhundert, die in der Nähe der Kímisis tis Panajías-Kirche steht.

Wer ein erfrischendes Bad einer kulturellen Exkursion zu den Kirchen vorzieht, verläßt in Kipárissos die Asphaltstraße in westlicher Richtung. Ein Schotterweg läuft auf eine Kiesbucht zu.

Wer sich von Kipárissos einem Fahrzeug nicht anvertrauen will, ist leider auf die Teerstraße angewiesen. Eine andere Verbindung besteht bis zur Abzweigung nach Marmárion nicht.

Marmárion – Kap Ténaro

Unsere Schotterstraße, für Fahrzeuge befahrbar, hält sich etwa 100 Meter über dem Meer an die Ostküste der Bucht von Marmárion. Der Weg senkt sich leicht zum Meer hinunter. Bald zweigt nach Osten die Schotterstraße nach Páliros ab. Sie kann man auch als Weg zum Kap Ténaro wählen. Der Wanderweg, den wir gehen, trifft später wieder auf diese Straße.

Drei Strände – zuerst ein Kies-, dann zwei Sandstrände – verführen zum Baden. Am Sandstrand nördlich von Marmárion spendet ein Brunnen Wasser. Vermutlich ist das Wasser aber salzig.

Marmárion ist eine kleine Siedlung auf einer Kuppe, 100 Meter über dem Meer. Im Ort leben nur wenige Griechen. Ein Kafenion kann sich der Weiler nicht leisten. Südlich des Ortes versteckt sich noch einmal ein verführerischer Sandstrand.

In antiker Zeit war die Gegend von Marmárion besiedelt. Der Ort hieß Achílleios. Einen Ort gleichen Namens gibt es auf der Ostseite des Isthmos. Im Hafen von Achílleios suchten die Schiffe Zuflucht vor den widrigen Winden vor Kap Ténaro.

Wir wollen eigentlich über die Höhen südlich von Marmárion nach Kap Ténaro wandern. Aber die Einheimischen raten uns ab.

»Dhiskolo, dhiskolo« (»schwierig, schwierig«), meinen sie. Einfacher sei der Weg über Kokkinójio. Wir lassen uns schließlich überreden, zumal wir am Hang auch nicht den Hauch eines Pfades entdecken.

Wir steigen vom Dorf aus stetig nach Südosten auf, erreichen bei der Ajía Triás-Kirche wieder die Schotterstraße. Die Kirche hat einen herrlichen Blick auf die Bucht von Pórto Kájo und die Nordküste dieser Bucht. Wir sehen am Gegenhang das Turmdorf Achíllio, zu unseren Füßen den Ort Pórto Kájo.

Ein herrenloser Hund fühlt sich als Wächter der Kirche, kläfft sich heiser, um uns zu vertreiben und kann dennoch die Angst vor uns nicht verbergen. Diese vielen herrenlosen Hunde führen in Griechenland wahrhaftig ein Hundeleben. Sie ernähren sich von dem, was im Abfall endet oder von den Tischen der Kafenia fällt. Die ausgemergelten Köter haben kein Zuhause, werden von jedermann herumgestoßen, mit Fußtritten behandelt. Warum haben die Griechen eigentlich so wenig Herz für die Tiere?

Ab der Kirche nimmt die Schotterstraße südostwärtige Richtung, gabelt sich nach wenigen Minuten. Ein Wegweiser lenkt uns nach rechts: »Mianés 2.5 km, Kokkinójio 3 km, Ténaro 4.5 km«. Geradeaus führt die Schotterstraße nach Páliros.

Wir nehmen die rechte Abzweigung, steigen noch etwa 400 Meter auf, stehen auf dem höchsten Punkt der Wanderung. Vor uns liegt Kap Kistérnes, das viele Wanderer fälschlicherweise für Kap Ténaro halten. Kap Ténaro aber ist noch hinter dem Skoúrka-Berg (311 Meter) verborgen.

Auf dem höchsten Punkt zweigt – durch ein Hinweisschild verkündet – der Pfad nach Mianés ab. Über diesen Ort kann man auch – allerdings auf einem weniger deutlichen Weg – zum Kap Ténaro gelangen. Vom ostwärtigen Terrassenhang grüßt das Turmdorf Páliros herüber.

Die Schotterstraße fällt jetzt in südostwärtiger Richtung gegen Kap Kistérnes ab, endet nach einem Kilometer

Kap Kistérnes

abrupt. Der Pfad, der in südliche Richtung weiterläuft, ist aber gut auszumachen. Nach Osten entfernt sich bald ein schütterer Weg zur Bucht von Váthi. Die Kiesbucht ist eine ideale Bade- und Schlafstätte.

Die Wohntürme am Hang, ostwärts des Wanderweges, wirken wie kleine Festungen. Die Terrassen sind ärmliche Weiden für Kühe, Schafe und Ziegen, den Reichtum der Dörfer Mianés und Kokkinnójio. Die Tiere sehen ausgemergelt aus.

Einen Kilometer nach Ende der Schotterstraße können wir aus einem Brunnen bei einem Steiniglu Wasser schöpfen. Etwa 500 Meter nach dem Brunnen treffen wir auf einen Griechen. Später erfahren wir auch seinen Namen: Joánnis Th. Kássis. Er ist Bauer in Kokkinójio.

Seine Familie lädt uns spontan zu griechischem Kaffee. Sie staunt, als sie uns Wasserglas um Wasserglas leeren sieht.

Kokkinójio ist eine stachelige, grüne Oase, ringsum von Opuntien eingeschlossen. Zehn Menschen leben in diesem Ort. Neun haben sich zu unserer Besichtigung bei Joánnis eingefunden.

Die Kássis leben von ihren Kühen, Schafen und Ziegen und dem, was das Meer hergibt. War das Meer gnädig, fällt die nächste Mahlzeit reichlich aus.

Südlich von Kokkinójia hat sich jemand einen »modernen« Wohnturm hingebaut. Er paßt so gar nicht in die Landschaft.

Von Kokkinójio steigt man noch etwa 400 Meter zu den Ruinen der aufgegebenen Siedlung Stérnes ab. Sie stehen über dem antiken Taínaron. Taínaron hieß der Ort in der Mythologie und in der Antike, Stérnes wurde er im Mittelalter, Stérnes wird er in unserer Zeit genannt. Der Name Stérnes leitet sich von den zahlreichen Zisternen dieser Gegend ab.

In der Mythologie gilt Taíneron als einer der Zugänge zur Unterwelt. Hier drangen Théseus und Peiríthoos in das Totenreich ein, um von Hádes Perséphone als Gattin für Peiríthoos zu fordern. Hádes fesselte zur Strafe die beiden Frevler an feurige Stühle.

Aus dem Tártaros entführte Hérakles den Höllenhund Kérberos an die Oberwelt. So nebenbei befreite er auch noch Théseus und Peiríthoos von ihren Feuerstühlen. Die Befreiung des Peiríthoos stellt allerdings mancher Mythos in Zweifel.

Kérberos – je nach Mythos drei bis hundertköpfig – spie auf der Oberwelt Gift und Galle. Der Speichel des Kerberos verwandelte den Eisenhut in eine giftige Pflanze. Eisenhutgift schüttete die Ägeusgattin Medéa ihrem Stiefsohn Théseus in den Wein, um ihrem leiblichen Sohn das Athener Königreich zu sichern. Bis hierher klingt der Mythos recht plausibel. Nicht mehr allerdings, wenn man weiß, daß Hérakles den Kérberos erst nach dem Giftmordversuch an Theseus an die Oberwelt zerrte.

Selbst Pausánias schenkt dem Kérberos-Mythos keinen rechten Glauben. Einmal, meint er, führe kein Weg durch die Höhle bei Taínaron in die Unterwelt, zum anderen glaube er nicht, daß es eine unterirdische Wohnung der Götter gäbe, in der sich die Seelen (der Toten) versammeln. Pausanias (III.25) neigt der Meinung des Hekataíos aus Milét zu, der behauptet, der Höllenhund sei eine schreckliche Schlange gewesen, deren Biß tödliche Wirkung hatte.

Marga und ich suchen nach dem Hadeseingang, dem Poseidontempel und der Statue des Gottes »davor«. Wovor? Vor der Höhle oder vor dem Tempel?

Die Bronzestatue des Kitharasängers Árion auf einem Delphin konnten wir kaum zu entdecken hoffen. Die Geschichte des Árion erzählt Herodot (I.24). Den Sänger hatte ein Delphin vor dem Ertrinken gerettet und bei Taínaron an Land gesetzt. Der Gerettete opferte darauf Poseidon die Bronzestatue.

Vielleicht entdecken wir auch die Quelle, in der man fremde Häfen und Schiffe sehen konnte, bevor sie eine Frau durch ein beflecktes Gewand »blind« gemacht hatte. Vielleicht ist die Quelle inzwischen »seherisch« wieder in Betrieb!

Im Peloponnesischen Krieg – damit sind wir bei gesicherten Geschichtserkenntnissen – verfolgen nach Thukýdides (I.128) Spartaner Heloten bis in den Poseidontempel, trieben sie hinaus und ermordeten sie außerhalb des heiligen Bezirks. Im Tempel »erschlichen« sich die Spartaner nach Thukýdides (I.133) das Eingeständnis des Pausanias, Staatsverrat an Spárta begangen zu haben.

Im 4. Jahrhundert n. Chr. war Taínaron der Sammelplatz von Griechen, die ihre Söldnerdienste fremden Herren anboten. Taínaron muß in dieser Zeit ein riesiges Soldatenlager gewesen sein.

Vor Kap Ténaro siegte am 26. Mai 1941 die britische über die italienische Flotte.

Wir streunen durch die Gegend, auf der Suche nach Höhle, Tempel, Seherquelle. Nahe der Ájii Asómati-Bucht – sie ist nach der gleichnamigen Kirche zwischen den beiden Buchtarmen benannt – finden wir in einer Schlucht eine höhlenartige Einbuchtung. Ist dies die Pforte zum Hades? Wo aber stand dann der Tempel? In der Schlucht? Über der Schlucht?

Patrick Leigh Fermor zweifelt in seinem Buch »Máni«

(Otto Müller Verlag) nicht daran, daß der Eingang zum Hades an der Westküste des Kaps läge und vom Wasser zugänglich wäre. Wir suchen deshalb auch die Klippen der Westküste nach einer Höhle über dem Wasserspiegel ab. Wir finden auch einen Höhleneingang südostwärts von Kap Lámaris, können uns an dieser Stelle aber keinen Platz für den Poseidontempel vorstellen.

Wir geben schließlich die Suche nach des Rätsels Lösung auf, wandern durch Ruinen und über Häuserfundamente, deren Herkunft wir nicht mit Sicherheit feststellen können. Lediglich die beiden freigelegten Mosaike aus Ziegel- und Marmormaterial lassen sich mit hoher Sicherheit in die römische Epoche datieren. Das Rundmosaik wird wohl bald zerstört sein. Jeder Fremde bricht sich einen Stein aus dem Kunstwerk heraus: als Souvenir vom Kap Ténaro.

Zwischen den Ruinen treffen wir immer wieder auf Brunnenschächte. Nicht umsonst hat der Ort den Namen Stérnes. Und hier, in dieser Zisterne, spiegeln sich da nicht mythische Gestalten wieder? Ein muskulöser Held zerrt eine keifernde Bestie aus der Unterwelt ans Tageslicht. Nein, es ist nicht Hérakles. Es ist nur das Spiegelbild von Marga und mir.

Wenn wir doch nur die Quelle fänden. Sie könnte uns den kitharaschlagenden Arion zeigen, wütende, Heloten verfolgende Spartaner in ihrer Eisentracht, käufliche Söldner, umgeben von vielleicht noch käuflicheren Marketenderinnen.

Aber auch das Heute hat seinen Reiz. Joánnis gebrechliches Fischerboot schaukelt in der sicheren Bucht. Kokkinójio ist aus der Ferne ein grüner Klecks. Die Ruine der Ájii Ásomati-Kirche, die Kirche der geköpften Heiligen, verbindet antike Götterwelt mit Christentum. Aus antikem Baumaterial – vielleicht den Quadern des Poseidontempels – wurde eine christliche Basilika gemauert. Ist die Gottheit die gleiche geblieben? Hat sich lediglich ihr Symbol geändert?

Wir machen uns auf das letzte Wegestück zum Kap Ténaro. Ostwärts von uns fängt Kap Kistérnes die letzten Sonnenstrahlen auf. Der Weg ist nicht zu verfehlen. Wir brauchen nur den Leitungsmasten zu folgen. Diese klettern den Hang des Spakotós-Rückens hinauf. Bald ist auch der Leuchtturm des Kaps zu sehen. Wir sind am südlichsten Zipfel des griechischen Festlandes.

Die Wanderung empfinden wir nicht – wie ein anderer Peloponnesautor – als einen Gang ins Abseits. Nein, Kap Ténaro ist lebende Máni. Aus jedem Stein spricht Mythologie und Geschichte. Die Landschaft mit ihren betörenden Ausblicken vereint Ursprünglichkeit, ungebrochene Kraft und Drang nach Freiheit. Aus jedem Stein spricht das, was für die Máni seit eh und je charakteristisch ist.

Der Leuchtturm des Kap Ténaron ist nicht besetzt, das Gebäude abgeschlossen. So kommen wir nicht an das Wasser der Zisterne heran.

Eine betonierte Plattform umläuft den Turm. Wir suchen uns einen windgeschützten Schlafplatz. In der Dämmerung verzehren wir unser Abendbrot: Käse, Weißbrot, Wein.

Stolze und armselige Schiffe ziehen an Kap Ténaro vorbei. Der Leuchtturm beginnt, mit Blitzen um sich zu schlagen. Die Sterne treten klarer und klarer hervor. Ich wache nachts auf. Ein Fischer wirft unterhalb des Leuchtturmes seine Netze aus. Seine Lampe liegt grell über dem Wasser. Ist es Joánnis Kássis, der dem Meer eine Mahlzeit für seine Großfamilie abtrotzt?

Unser Frühstück fällt ärmlich aus. Ameisen haben von unserem Frühstücksbrot Besitz ergriffen. Aber vielleicht werden wir auf dem Rückweg in Kokkinójio zum Frühstückskaffee eingeladen.

Kap Ténaro – Pórto Kájo

Wir wandern auf dem gleichen Weg zurück. Den Pfad über Mianés finden wir nicht.

In Kokkinójio steht Joánnis am Grill. Fünf kleine Fische und drei größere – etwa 25 cm lang – sind die Ausbeute dieser Nacht. Es hat sich wieder einmal nicht gelohnt. Und doch wird Joánnis in der kommenden Nacht wieder aufs Meer hinausfahren, um seine Netze auszuwerfen.

Joánnis denkt gar nicht daran, uns zum Morgenkaffee oder zur Fischmahlzeit einzuladen. Hätten wir gestern für unseren Kaffee zahlen sollen? Es ist oft schwierig, sich gegenüber den Einheimischen richtig zu verhalten. Die einen fassen ein Geldgeschenk als Beleidigung auf, die anderen warten darauf. Joannis wäre sicher überfordert, wenn er alle Fremden, die an seinem Haus vorbeikommen, bewirten sollte.

Der Kiesstrand in der Bucht von Váthi lockt. Bäume sorgen für Schatten. Und wo Schafe ihren Kral haben, kann man sicher aus einer Zisterne Wasser schöpfen.

Wir steigen in die Senke ostwärts unseres Weges hinunter und am Gegenhang wieder empor, queren ein verlassenes Turmdorf, erreichen Páliros, ein anderes Turmdorf, das noch bewohnt ist.

Am Nordrand von Páliros nehmen wir bei einer »aufgehängten« Trafostation den Pfad durch eine Schlucht nach Pórto Kájo. Der Weg ist zuerst kaum auszumachen, einmal gefunden aber nicht mehr zu verfehlen. Er schlingt sich um den Berg südlich von Pórto Kájo, steuert dann – über Schiefergestein – den Küstenort an. Wir fragen uns zur einzigen Taverne durch. Es dauert ewig, bis wir unser verspätetes Frühstück serviert bekommen. In der Taverne kann man für etwa 85 DM ein Boot zur Fahrt zum Kap Ténaro (täglich zwischen 17.00 und 19.00 Uhr) mieten.

In der Antike hieß Pórto Kájo Psámanthus. Hier suchten die Schiffe Zuflucht, wenn widrige Winde das Meer um Kap Ténaro aufwühlten. Hier verluden auch im 4. Jahrhundert n. Chr. fremde Herren griechische Söldnertruppen.

Pórto Kájo leitet seinen Namen aus dem italienischen ab. Pórto delle Quáglie heißt Wachtelbucht. Hier machen die Wachteln letzte Station vor ihrem großen Flug nach Afrika. Hier fällt die Ausbeute griechischer Vogelfänger besonders üppig aus.

Die 1985 erbaute Asphaltstraße hat den Ort für den Fremdenverkehr erschlossen. Entlang des Kiesstrandes – das Wasser ist glasklar – reihen sich Wohnwagen und Wohnmobile. Auch eine Taverne hat sich angesiedelt. Zuweilen ankern in der Bucht von Kájo auch ahnsehnliche Jachten.

Unser Blick bleibt an dem wieder stärker bewohnten Dorf Achíllio an der Nordseite der Bucht von Kájo

Die malerische Bucht von Kájo

hängen. Das Kloster der Panajía von Portokájo (Moní Panajías tou Portokájou) ist längst aufgegeben.

Die Ruinen der von den Franken erbauten, 1263 an die Byzantiner abgetretenen Festung an der gegenüberliegenden Küste können wir nur erahnen.

Wer Dorf, Kloster oder Festung besuchen möchte, muß zunächst auf der Asphaltstraße in Richtung Váthia aufsteigen. Nach etwa zwei Kilometern zweigt nach Osten eine Schotterstraße zu den angesprochenen Zielen ab.

Von Achíllio führt ein Weg über die Höhen nach Váthia.

Pórto Kájo ist mit Jeroliménas durch eine Buslinie verbunden.

Váthia

Von Pórto Kájo nach Váthia wandert man 1 1/2 Stunden auf Asphalt. Reizvolle Ausblicke auf die Buchten von Kájo und Marmárion entschädigen für Schweiß und heißgelaufene Sohlen.

Váthia ist das bekannteste Turmdorf der Máni. Der Ort soll eine Gründung von Kretaflüchtlingen sein. Als die Türken die Insel den Venezianern entrissen, fanden viele Kreter auf der Máni eine neue Heimat.

Váthia ist in jedem Reiseführer abgebildet. Wohntürme wurden für die Fremden restauriert. Die Griechen wollten Váthia den Touristen als maniotisches Musterdorf präsentieren. Aber die Rechnung ging nicht auf. Die Fremden nahmen den Ort nicht an. Er hatte außer Wohntürmen nichts zu bieten. Die Touristen legten in Váthia lediglich einen Foto- oder Filmaufenthalt ein. Dann ging es weiter nach Pórto Kájo oder zurück nach Jeroliménas.

Heute sucht man in Váthia ein richtiges Kafenion vergeblich. Nach den ersten, gut restaurierten Wohntürmen ist die Welt für die Touristen zu Ende. Übernachten kann man – gegen teures Geld – in einem der ersten Wohntürme. Und das vielleicht auch bald nicht mehr.

Nach Jeroliménas kann man über Kipárissos und Álika mit Bus und Taxi gelangen.

Von Pórto Kájo, Váthia und Jeroliménas erreicht man Langádha, den Ausgangspunkt der nächsten Wanderung, mit dem Bus. Möglicherweise muß man in Areópoli und Ítilo umsteigen.

8. Byzantinische Kirchen, verlassene Klöster, idyllische Strände

Überblick

Die Wanderung führt durch die Äußere Máni (Éxo Máni). Hier ist in Küstennähe der Boden weniger abweisend wie in der Inneren Máni. Wo es allerdings ins Taïjetosgebirge geht, machen sich wieder Kargheit und Armut breit.

Das Land steigt von Westen nach Osten kontinuierlich an. Der Profítis Ilías (2407 m) ist der höchste Gipfel der Peloponnés.

Die majestätischen Häupter der Taïjetos-Gipfel haben die Gesichter der Manioten, die in ihrem Schatten leben, geprägt. Die Menschen sind stolz, verschlossen, zurückhaltend, freiheitsliebend. Es ist schwer, an sie heranzukommen.

Der Raum zwischen Langádha und Kardhamíli ist mit Kirchen überladen. Die abseits gelegenen Klöster sind meist verlassen. Sie verfallen immer mehr.

Um Stoúpa kommt allmählich das Geschäft mit den Touristen in Gang. Die Fremden erhoffen noch unberührte Strände oder folgen den Spuren des Schriftsteller Níkos Kazantzákis, der um Próstova das Bergwerk betrieben hatte, das er in seinem Roman »Aléxis Sorbás« – allerdings nach Kreta verlegt – schildert. Kazantzákis' Haus bewohnt heute ein Maler. Dieser fühlt sich gestört durch die Kazantzákis-Anhänger, die das ehemalige Domizil ihres Idols besichtigen wollen.

Die Wanderungen lassen sich gut mit einem Badeaufenthalt in Ájios Nikólaos, Stoúpa oder Kalógria verbinden. Von diesen Orten kann man kulturelle Exkursionen nach Lévktra oder eine Besichtigung der Katafýngi-Höhle südlich von Ájios Dhimítrios unternehmen. Man kann auch auf die Suche nach bisher noch nicht in Reiseführern beschriebenen byzantinischen Kirchen gehen und wird ganz sicher fündig werden. Bergwanderer können in einer Dreitagetour den Profítis Iliás-Berg, von Stoúpa oder Kardhamíli erstürmen.

Ab Langádha sind auch die drei Klöster Filiotrós (700 Meter), Profítis Iliás (1150 Meter) und Panajía (700 Meter) eine Tagestour wert.

Alle Orte der Küste und die Zentren der byzantinischen Kirchen Langádha, Thalámes, Nomitsís und Plátsa sind durch öffentliche Busse mehrmals am Tag zu erreichen.

Alles in allem ist der Raum Langádha – Kardhamíli – Profítis Iliás im Taïjetos ein Gebiet, das Kulturfreunde, Bergwanderer und Badeenthusiasten zufrieden stellt.

Praktische Hinweise

Vorschlag für Fußwanderung

1. *Tag:* Langádha – Thalámes – Nomitsís – Plátsa – Pijí – Ájios Joánnis-Kirche – Ájios Nikólaos – Lévktra – Stoúpa (ca. 15 km).
2. *Tag:* (Nur Kurzbeschreibung): Stoúpa – Saidhóna – Ájios Pandhelímon.
3. *Tag:* (Nur Kurzbeschreibung): Ájios Pandhelímon – Ájios Dhimítrios – Profítis Iliás (2407 Meter) – Hütte des griechischen Alpinvereins.
4. *Tag:* (Nur Kurzbeschreibung): Hütte des griechischen Alpinvereins – Ájios Dhimítrios – Exochóri – Kardhamíli.

Fahrstrecke für Autofahrer
Langádha – Fußwanderung zur Ajía Sofía-Kirche (10 Minuten) – Thalámes – Fußwanderung zur Profítis Iliás-Kirche (10 Minuten) – Nomitsís – Ájios Nikólaos-Kirche südlich von Plátsa – Plátsa – Ájios Dhimítrios (Höhle) – Ájios Nikólaos – Stoúpa – Kardhamíli.

Besteigung des Profitis Ilias: Auf sehr schlechter Schotterstraße Anfahrt über Saidhóna – Ájios Pandhelímon – Ájios Dhimítrios; Aufstieg zum Profítis Iliás; Rückfahrt über Ájios Dhimítrios – Exochóri – Kardhamíli.

Bahnstationen
Keine

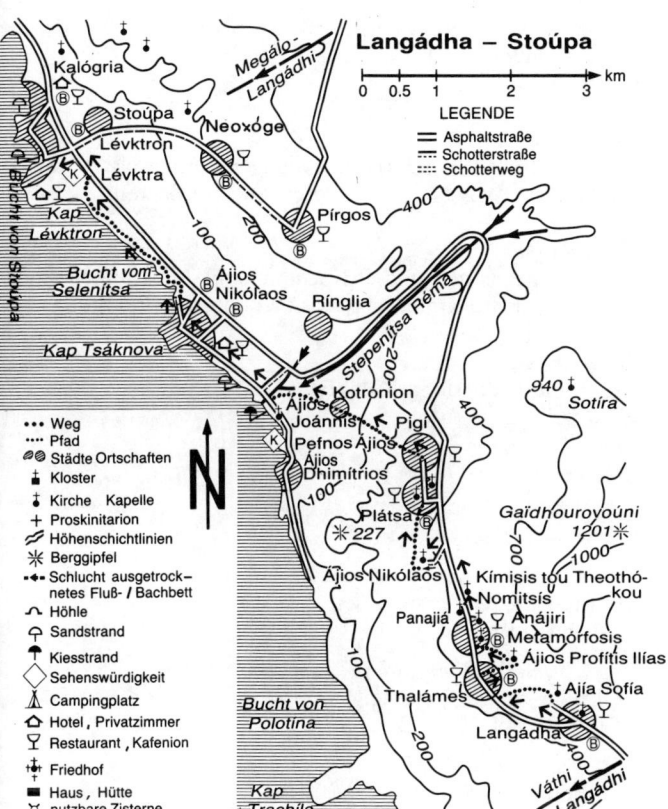

Busstationen
Ájios Dhimítrios
Ájios Nikólaos
Exochóri
Kalógria
Langádha
Nomitsís
Plátsa
Saidhóna

Stoúpa (Vorsicht! Manche Busse halten nur an der Hauptstraße)
Thalámes

Schiffsverbindungen
Keine offiziellen Schiffsverbindungen; Ankerplätze für Jachten in Ájios Nikólaos, Stoúpa und Kardhamíli.

Unterkünfte
Hotels, Pensionen und Privatzimmer in Ájios Nikólaos, Kalógria, Kardhamíli, Nomitsís (Wohnturm) und Stoúpa.

Campingplatz
Camping Kalógria in Kalógria

Jugendherberge
Keine

Sehenswürdigkeiten

Ájios Sotíros-Kirche in Langádha
Öffnungszeiten: geschlossen
Eintritt: frei

Ajía Sofía-Kirche nördlich von Langádha
Öffnungszeiten: ganztägig
Eintritt: frei

Mánimuseum in Thalámes
Öffnungszeiten: 8.00 – 20.00 Uhr
Eintritt: 150 Dra

Ájios Profítis Ilías-Kirche ostwärts von Thalámes
Öffnungszeiten: ganztägig
Eintritt: frei

Metamórfosis-Kirche in Nomitsís
Öffnungszeiten: ganztägig
Eintritt: frei

Anájiri-Kirche in Nomitsís
Öffnungszeiten: geschlossen
Eintritt: frei

Panajía-Kirche in Nomitsís
Öffnungszeiten: ganztägig
Eintritt: frei

Kímisis tis Theotókou-Kirche nördlich von Nomitsís
Öffnungszeiten: ganztägig
Eintritt: frei

Ájios Nikólaos-Kirche südlich von Plátsa
Öffnungszeiten: geschlossen
Eintritt: frei

Ajía Paraskeví-Kirche in Plátsa
Öffnungszeiten: ganztägig
Eintritt: frei

Ájios Joánnis-Kirche in Plátsa
Öffnungszeiten: ganztägig
Eintritt: frei

Katafýngi-Höhle südlich von Ájios Dhimítrios
Öffnungszeiten: ganztägig
Eintritt: frei

Leúktra, antike Siedlung
Öffnungszeiten: ganztägig
Eintritt: frei

Langádha

Die Wanderung führt durch eine Gegend, die mit Kirchen geradezu gepflastert ist. Ich habe auf der Landkarte im Raum Langádha – Stoúpa über 100 Kirchen gezählt. Da ist es manchmal gar nicht so einfach, das richtige Gotteshaus zu finden. Die Einheimischen können einem auch nicht immer helfen.

Langádha liegt 500 Meter über dem Meer, ist aber kein typisches Bergdorf. Saubere Häuser sind in frisches Grün gebettet. An der Durchgangsstraße, im Herzen des Ortes, steht am Dorfplatz die Ájios Sotíros-Kirche. Sie gehört nicht zu den »berühmten« Kirchen der Máni. Man sollte sie dennoch nicht übersehen.

Die Ájios Sotíros-Kirche, aus grob behauenen Natursteinen errichtet, sitzt auf einem Sockel, ähnlich wie die antiken Tempel. Zahnleisten und Ornamentbänder mit aneinandergereihten X schmücken vor allem die Längsseite des Schiffes. Fenster werden von doppelten Rundbögen überspannt und von doppelten Viertelkreisen flankiert. Den Tambour lockern Nischen auf.

Kirche und Brunnen daneben verleihen dem Dorfplatz Idylle.

Zur Ajía Sofía-Kirche wählt man die Straße, die beim weißen Haus mit den blauen Türen und Fenstern das Dorf nach Norden verläßt. Die Straße geht bald in einen alten, maniotischen Steinpfad über. Dieser läuft in einer Rechtsschleife auf die Kirche zu.

Die Kirche – inmitten eines Friedhofes gelegen – wird ins 13. Jahrhundert datiert. Sie wirkt ehrwürdig, aber auch sehr gebrechlich. Die orthodoxe Kirche hat das Gotteshaus sicher schon »ausgemustert«.

Das Schiff ist aus Natursteinen gemauert, der Glockenstuhl hingegen aus Quadern, die durch Ziegelkanten voneinander getrennt sind. Der obere Teil des Glockenstuhls ist heruntergebrochen. Über dem Eingang spannt sich eine bogenförmige Zahnleiste. Die Witterung hat das Fresko darunter völlig zerstört.

Im Kircheninneren lassen herumliegende Totenköpfe erschauern. Die zahlreichen Fresken sind leider nur noch in Fragmenten erhalten. Ajía Sofía ist eine Kirche inmitten eines Friedhofes, die keine Chance mehr hat, dem Verfall zu entgehen.

Folgt man dem maniotischen Steinpfad weiter, so bringt dieser den Wanderer in einer Linksschleife zur Asphaltstraße. In nördlicher Richtung strebt diese Straße Thalámes an.

Thalámes

Thalames ist eine alte Stadt. Bereits bei Pausanias (III.21) wird sie unter dem Namen »Thalamai« als »freie, lakonische« Stadt erwähnt.

In der Nähe einer wuchtigen Eiche wartet das Mánimuseum auf Besucher. In der Eiche hat sich die Pasók-Partei mit ihrem Monogramm manifestiert.

Das Manimuseum wird privat geführt. Der Eigentümer spricht recht gut deutsch, erklärt auch den Besuchern die wesentlichen Einrichtungen seines Museums. Ich hatte einen Abriß der Geschichte der Máni und einen Querschnitt durch das maniotische Leben erwartet. Diesem Anspruch wird das Museum nicht gerecht, kann es vielleicht aus räumlichen Gründen auch gar nicht werden. Aber ein wenig war ich schon von dem Gebotenen (Karten, Fotos, Teller u.ä.) enttäuscht. Ich fand keinen roten Faden durch die Sammlung.

Thalámes ist wie Langádha ein freundliches grünes Dorf. Es ist allerdings schwer, zu den Einheimischen Kontakt zu bekommen. Jeder lebt in seinem Reich. Die Wohnturmmentalität hindert die Menschen, zu einem sozialen Gebilde zusammenzufinden.

Gegenüber vom Mánimuseum zweigt ein Steinpfad nach Osten zur Ájios Profítis Ilías-Kirche ab. Das Kirchlein liegt 400 Meter oberhalb der Ortschaft inmitten eines Friedhofes, umgeben von fünf Zypressen.

Die Kirche geht auf das 11. Jahrhundert zurück. Der Bau wurde stilwidrig restauriert. Die Ziegelkanten wurden vielfach überputzt. Der gestreckte, runde Tambour ist mit einem kegelförmigen Ziegeldach gedeckt. Die Querarme des Kirchenschiffes sind nur angedeutet. Die Ikonostase ist gemauert. Von den Fresken ist noch der Pantokrator in der Kuppel im ansehnlichsten Zustand.

Nomitsís – Zentrum byzantinischer Kirchen

Nächstes Ziel ist die Ortschaft Nomitsís. Marga und ich folgen dem Steinpfad weiter, vorbei an der Kirche, in nördliche Richtung. 50 Meter nördlich der Kirche biegen wir an einer Gabel in den linken Weg, nach weiteren 70 Metern wiederum in den linken Weg ein und kommen so zurück an die Asphaltstraße. In 50 Metern Entfernung sehen wir in nördlicher Richtung – hart ostwärts der Straße – die Metamórfosis-Kirche inmitten eines Friedhofs. Sie ist an dem eisernen Glockenstuhl neben der Kirche zu erkennen.

Die viersäulige Kreuzkuppelkirche wurde im 11. Jahrhundert aus Quadersteinen errichtet. Diese wurden durch Ziegellagen voneinander getrennt. Bis zur Mannshöhe sind die Quader übertüncht. Der Giebel des Schiffes ist mit auffälligen Doppelbögen geschmückt. Die Kuppel geht wellenförmig in den Tambour über. Den Westeingang ziert ein Fresko des heiligen Sótis.

Die Ikonostase ist gemauert. In den Bogen über der »Schönen Pforte« sind feingliedrige Ornamente graviert. Die Kapitelle der vier Säulen sind einfach skulptiert. Tiermotive, etwa Vögel, die Trauben aufpicken, oder Hunde, die einen Pflug ziehen, überwiegen. Die Fresken scheinen verschiedenen Epochen zu entstammen.

Etwa 100 Meter nördlich der Metamórfosis-Kirche, unmittelbar neben der Asphaltstraße, erhofft sich die Anájiri-Kirche Besuch. Sie ist den beiden heiligen Ärzten Kosmas und Dhamian, den »Mittellosen« (=Anájiri) geweiht.

Das Kirchlein stammt aus dem 11. Jahrhundert. Es ist aus Naturstein gemauert. Ziegelkanten findet man nur im Tambour und im Glockenstuhl. Der achteckige Tambour ist mit Doppelbögen aufwendig verziert. Ziegelbänder lockern die ansonsten schmucklose Westfassade auf.

Vor Jahren fand ich in einer Nische über dem Westeingang noch ein Außenfresko. Heute klafft nur noch ein Loch in der Mauer.

Die Kreuzarme sind lediglich angedeutet. Die gemauerte Ikonostase ist teils mit Fresken bemalt, teils mit Skulpturen bedeckt. Die Fresken sind in einem traurigen Zustand.

In Nomitsís kann man sich das Vergnügen – gegen gutes Geld (65 DM je Etage) – leisten, einmal in einem Wohnturm zu übernachten.

Die Wanderung geht weiterhin – entlang der Asphaltstraße – gen Norden. Nach gut 100 Metern steht westlich der Straße, inmitten eines Friedhofes, die Panajía-Kirche. Sie macht einen sehr kompakten Eindruck. Der Tambour hat fast die Breite der Kirche. Bei der Restaurierung hat man ihn einzementiert. Die Ziegeldächer hätten an einigen Stellen Ausbesserungen notwendig. Die Querarme des Baus sind lediglich angedeutet.

Von den recht gut erhaltenen Fresken sind die des Allerheiligsten besonders hervorzuheben. Eselskot im Kircheninneren läßt wissen, daß die Panajía auch vierbeinige Verehrer hat.

Die noch weiter nördlich gelegene Kímisis tis Theothókou-Kirche ist interessant, weil bei ihren Fresken »die orthodoxe Bilderordnung« weitgehend eingehalten ist.

Wir folgen der Teerstraße weiter in nördliche Richtung. Nach etwa einem Kilometer treffen wir auf die neben einem Sportplatz gelegene Ájios Nikólaos-Kirche. Ein Zaun um den Sportplatz macht eine Abkürzung unmöglich.

Bei der Kirche kann man gut unter Pinien rasten. Wasser liefern ein Wasserhahn und eine Zisterne nahe der Kirche.

Ájios Nikólaos-Kirche

Die dreischiffige Basilika wird ins 9. Jahrhundert datiert. Der stilunkundig restaurierte, wuchtige, ungefähr quadratische Tambour ist jüngerer Herkunft. Seine ursprüngliche Gestalt ist unter dem Verputz verschwunden.

Im unteren Teil besteht die Kirche aus großen Quadern, im oberen Teil aus Natursteinen unterschiedlicher Größe. Die Quader könnten aus antiken Bauten stammen. Im oberen Mauerwerk sind Ziegeleinfassungen festzustellen.

Die drei massiven Apsiden haben gleichen Grundriß, aber unterschiedliche Höhe. Dem Bauwerk fehlen Fenster. Dies ist ein untrügliches Zeichen, daß es vor der Jahrtausendwende erbaut sein muß.

Mauern trennen die Kirchenschiffe voneinander. Schmale Durchlässe ermöglichen einen Durchgang.

Die Fresken dürften im 14. Jahrhundert entstanden sein. Vielleicht wurden sie bei der Renovierung im Jahr 1338 gemalt. Eine Inschrift läßt wissen, daß in diesem Jahr der Gouverneur Tsaoússios Konstanthínos Spanes, ein Regent slawischer Abstammung, die Kirche restaurieren ließ.

Der kürzeste Weg nach Plátsa ist die Asphaltstraße (ca. 1 Kilometer). Wer den Asphalt meiden will, kann auch auf einem Pfad Plátsa erreichen. Er wandert zuerst von der Kirche in südwestliche Richtung. Der Weg macht einen Rechtsbogen und läuft dann direkt auf Plátsa zu. Er mündet in den Dorfplatz mit der großen Kirche.

Plátsa

Plátsa ist ein adrettes, grünes Dorf. Blumen setzen Farbkleckse in Gärten und auf das Weiß der Häuser und Mauern.

Mauern bestimmen das Ortsbild. Mauern begrenzen die Gassen beiderseits. Durch Mauern grenzen die Dorfbewohner »ihr« Reich vom Nachbarreich ab. Dies fördert nicht gerade den Kontakt untereinander.

Marga und ich leisten uns einen Eiskaffee in einem der Kafenia des Dorfplatzes. Ein Maulbeerbaum verwöhnt uns mit Schatten. Mit den Einheimischen bekommen wir keinen Kontakt. Zwischen ihnen und uns stehen »Mauern«.

Die Ajía Paraskeví-Kirche liegt etwa 100 Meter ostwärts des Dorfplatzes. Eine enge Gasse führt vom Dorfzentrum zu ihr.

Die Kirche ist ein ehrwürdiges Bauwerk. Man sieht ihr die 700 Jahre Alter an. Der aus unbehauenen Natursteinen errichtete Bau ist in Bodennähe weiß gekalkt. Die Kirche kann sich nur wenige Ziegeleinfassungen leisten. Zwei Ziegelbänder (Quadrate, die auf der Spitze stehen) umlaufen die Kirche, das untere schon fast in Bodennähe.

Über dem Eingang im Westen spannen sich, flankiert von zwei Viertelkreisen, zwei Bögen.

Das Kircheninnere ist reich an Fresken. Auch die Kuppel zieren Gemälde. Die Fresken im Allerheiligsten sind weniger gut erhalten.

Die Ájios Dhimítrios-Kirche ist nur wegen ihrer Lage – sie thront über der Ortschaft – von Interesse.

Nach Pijí verläßt man den Ort vom Zentrum aus in nördliche Richtung. Die Schotterstraße geht an der Ájios Joánnis-Kirche vorbei.

Die Ájios Joánnis-Kirche ist jüngeren Datums. Die zweisäulige Kreuzkuppelkirche könnte aus dem 15. oder 16. Jahrhundert stammen. Ganze Seitenwände wurden übermörtelt. Die Ziegelsteinkanten sind nur noch an wenigen Stellen erhalten. Tambour und Apsiden werden durch Blendbögen aufgegliedert.

Der Glockenturm scheint noch jünger als die Kirche zu sein.

Die nachbyzantinischen Fresken auf der Ikonostase, im Allerheiligsten und in den Seitenapsiden sind in ansehnlichem Zustand.

Plátsa – Ájios Nikólaos

Folgt man der Straße, an der Ájios Joánnis-Kirche vorbei, weiter in nördliche Richtung, so gelangt man nach Pijí. Die Straße geht bald in einen maniotischen Steinpfad über.

Pijí leitet seinen Namen von einer Quelle (= Pijí) ab. Vielleicht ist es die Quelle am Kirchplatz. Der Quelle verdankt die Ortschaft saftiges Grün. Wie in Plátsa sind die Häuser von hohen Mauern umgeben. Beim Gang durch den Ort bewegen wir uns ständig zwischen Mauern.

Pijí ist ein alter, maniotischer Ort. In der letzten Zeit wurde er von Griechen, aber auch von Ausländern neu besiedelt. Auch einige Deutsche leben hier.

Wir verlassen Pijí auf einem Steinpfad in nordwestliche Richtung, kommen zuerst an einem Steindenkmal, anschließend an der Ruine eines Turmes und an einer Kapelle vorbei. Unser Pfad verliert sich in einer Schlucht. Ein Schotterweg taucht von links auf, entfernt sich nach rechts. Nach 50 Metern stoßen wir wiederum auf unseren Steinpfad, queren eine zweite Schlucht. Reißende Winterströme haben Teile des Pfades hinweggerissen.

Der Pfad am Ende der Schlucht verläuft sich bald. Geht man auf eine Bauruine zu, so trifft man bei ihr wieder auf einen Pfad. Dieser hält sich parallel zur Schlucht, senkt sich dann in sie hinein. Linker Hand wird ein Schafskral passiert. Jenseits der Schlucht stößt der Pfad auf eine Betonstraße, die in eine Teerstraße mündet. Folgt man der Teerstraße nach Norden, so gelangt man – entlang des

Meeres und vorbei an zwei Stränden – nach Ájios Nikólaos. Wandert man auf der Asphaltstraße in südliche Richtung, so kommt man hinter Ájios Dhimítrios zur Katafýngi-Höhle.

In der Nähe der Strände wird offensichtlich wildes Campieren geduldet.

Die Katafýngi-Höhle hat ihren Zugang in einer Felsbucht einen Kilometer südlich von Ájios Dhimítrios. Zum Eingang steigt man über Felsen bis fast auf Meereshöhe ab. Leider wird der Grottenzugang gerne als Toilette benutzt.

Die Höhle verdankt ihr Entstehen einem 1250 Meter langen, unterirdischen Fluß, der sich durch das Marmorgestein gefräst hat, um zum Messenischen Golf zu gelangen. Der Fluß hat seinen Lauf mehrere Male geändert und auf diese Weise ein Netz von Kanälen gegraben. Der Hauptarm ist heute wasserlos.

Knochen- und Tonscherbenfunde lassen vermuten, daß die Grotte in vorarchaischer Zeit Kult- und/oder Schutzstätte war. Der Name Katafýngi (= Zufluchtsort) deutet auf die Schutzfunktion hin. Die Einheimischen wollen wissen, daß die Höhle der Zufluchtsort des heiligen Dhimítrios gewesen sei.

Wenn man sich an den Hauptarm hält, kann man sich nicht verlaufen, sofern man nicht zu tief in die Höhle eindringt. Die gesamte Grotte überziehen Tropfsteingebilde unterschiedlichster Figurationen.

Das antike Pefnós nördlich von Ájios Dhimítrios fand nicht einmal Pausanias erwähnenswert.

Ájios Dhimítrios und Ájios Nikólaos sind – wie bereits beschrieben - durch eine Asphaltstraße miteinander verbunden. Das letzte Stück des Weges kann man im Schatten von Tamarisken zurücklegen.

Ájios Nikólaos ist ein bescheidenes Fischerdorf mit einem kleinen Hafen. Die Einheimischen haben den Trend der Zeit erkannt. Tavernen wurden eröffnet, alte Häuser in Pensionen umgebaut. Ab und zu ankern zwischen den Fischerbooten komfortable Jachten.

Ájios Nikólaos – Stoúpa

Nach Stoúpa folgt man der Betonstraße am Nordende von Ájios Nikólaos nach Nordosten, biegt noch innerhalb des Ortes in eine andere Straße nach Norden ein, hält sich nach den letzten Häusern an den Pfad, der zuerst eine Bucht umgeht, anschließend eine von einer Steinmauer begrenzte Küstenzunge durchstößt. Der Tafelberg von Levktra ist im Norden schon von weitem auszumachen. Auf ihn geht man zu, hält sich dabei möglichst dicht ans Meer.

Levktra beschreibt Pausanias (III.21) als eine »freie lakonische« Stadt. Die Akrópolis auf dem Tafelberg blickt einerseits auf die fruchtbare, grüne Landschaft entlang der Küste, andererseits auf die Armut und Kargheit der Taïjetos-Berge.

Die geschützte Lage des Tafelberges forderte geradezu zur Besiedlung heraus. Die Bucht von Stoúpa bot zudem flachen Schiffen sichere Ankerplätze. So konnte es nicht ausbleiben, daß sich hier Menschen in frühester Zeit niederließen. Ein Kammergrab am Nordfuß des Hügels beweist, daß der Ort in mykenischer Zeit bewohnt war.

Vergeblich sucht man nach Spuren aus antiker Zeit.

Die Mauerreste auf dem Tafelberg stammen aus der fränkischen Epoche von der Festung Beaufort (= schöne Festung). Die Ruinenreste lassen die Schönheit der Burg nur noch erahnen.

Der Eingang des ovalen Kastells (ca. 120 x 50 Meter) liegt auf der Ostseite, also der Teerstraße zu. Hier sichert ein Turm den Zugang. Die Hauptburg im Süden ist durch eine Ost-Westmauer von der Restburg getrennt.

Besucher des Hügels können – wie Mykener und Franken – die prächtige Aussicht auf den Messenischen Golf, Stoúpa und Taïjetos-Gebirge bewundern.

Zweckmäßigerweise umgeht man den Tafelberg – durch Olivengärten – an seiner Ostflanke. Nach einigen hundert Metern auf der Asphaltstraße biegt man bei einer Bushaltestelle – hier fahren in der Regel die Busse nach Kalamáta und Areópoli ab – und einer Bäckerei in eine nach Südwesten abgehende Teerstraße ein, die unmittelbar auf Strand und Hafen von Stoúpa zuläuft.

Stoúpa und noch mehr das angrenzende Kalógria haben sich dem Fremdenverkehr verschrieben. Neue Hotels und Restaurants entstehen. Dennoch ist der Ort nur in der Hauptsaison überlaufen.

Stoúpa durchströmt ein Bach, der auch im heißesten Sommer nicht versiegt. In seinem Mündungsbereich ist das Meerwasser herrlich kühl. Der Bach beschenkt den Ort mit immergrünen Üppigkeiten. Die Häuser stehen im Schatten von Bananenstauden und Zitrus- und Maulbeerbäumen. Der Bach hält die Nächte erfrischend kühl.

Die meisten Restaurants grenzen an die »Strandstraße«. In ihnen wird auch in der Hochsaison noch nicht »abgefüttert«.

Stoúpa scheint in der Vor- und Nachsaison der geeignete Ort zu sein, um sich einige Tage von den Wanderstrapazen zu erholen. Der Sandstrand ist direkt im Dorf. Vom Ort kann man auch Exkursionen ins nahe Taïjetos-Gebirge unternehmen oder auf die Suche nach noch nicht bekannten byzantinischen Kirchen gehen. Auch ein Tagesausflug ins nahe Kardhamíli ist möglich.

Auch Kalógria lockt mit einem 150 Meter breiten und 70 Meter tiefen Sandstrand. Zum komfortabel eingerichteten Campingplatz sind es nur wenige Schritte. Vom Restaurant »O Kazantzákis« übersieht man gut Strand und Taïjetos-Berge. Die Bedienung des Lokals kann mit dem Namen Kazantzákis nichts anfangen.

Marga und ich suchen die Gegend um Próstova nach dem Bergwerkstollen von Kazantzákis ab. Wir finden mehrere Stolleneingänge. Welcher der richtige ist, können uns auch die Einheimischen nicht sagen.

Irgendwo hier muß die Seilbahn die Baumstämme – nicht lange allerdings – zu Tal befördert haben. Nur Bäume können wir nirgends sehen. Es ist unwahrscheinlich, daß die Hänge im letzten Jahrhundert so kahlgeforstet wurden. Hat uns Kazantzákis einen dichterischen Bären aufgebunden?

Nach dem Wohnhaus von Kazantzákis suchen wir erst gar nicht. Wir verstehen, daß der Maler, der heute das Haus bewohnt, etwas dagegen hat, seinen Lebensraum in ein Museum umgewandelt zu sehen.

Bei der nachfolgenden Beschreibung einer Wanderung zum Profítis Ilías-Berg muß ich mich notgedrungen kurz fassen. Aufgrund der schlechten Witterung war eine genaue Orientierung unmöglich. Deswegen muß auch – bis auf den Aufstiegsweg zum Profítis Ilías – auf eine Skizze verzichtet werden. Der Weg von Stoúpa nach Ájios Dhimítrios und zurück oder nach Kardhamíli dürfte dennoch kaum zu verfehlen sein.

9. Zu Fuß auf das Dach der Peloponnés

Überblick

Für die Wanderung sollte man mindestens drei Tage ansetzen. Spätestens in Saidhóna sollte man sich mit Verpflegung eindecken. Man berührt auf der Wanderung zwar einige kleine Weiler, aber es ist unsicher, ob man dort Lebensmittel erstehen kann. Feste Schuhe und Schlafsack sind unverzichtbar.

Übernachten kann man in der Schutzhütte des Griechischen Alpin-Vereins knapp 800 Meter unter dem Gipfel. Der Schlüssel liegt in der Geschäftsstelle des Vereins in Spárti. Andere Übernachtungsmöglichkeiten gibt es in den Bergen des Taïjetos-Gebirges nicht.

Die Wandertour kann variiert werden. Der Rückweg ist auf dem gleichen Weg wie der Aufstieg möglich. Es kann aber auch eine nördlichere Route durch wildromantische Schluchten gewählt werden.

Interessant ist auch ein Abstieg nach Anójia. Von diesem Ort können Spárti und Mistrás gut erreicht werden. Von Spárti hat man Busanschluß nach Áthen, Árgos, Monemvasía, Jíthion und über den Langádhapaß nach Kalamáta.

Das Taïjetos-Gebirge leitet seinen Namen von der Pleiade Taýgete, einer Tochter des Atlas, ab. Vergeblich versuchte sich diese den Nachstellungen des Zeus zu entziehen. Der Göttervater trickste sie dennoch aus. Nach ihrem Sohn Lakedaímon ist die Landschaft Lakedaimonien benannt. Taýgete trug an der Schmach so schwer, daß sie sich auf dem Berg Amykleios erhängte. Der Berg wurde später Taýgetosberg genannt.

Praktische Hinweise

Siehe »Byzantinische Kirchen, verlassene Klöster, idyllische Strände«

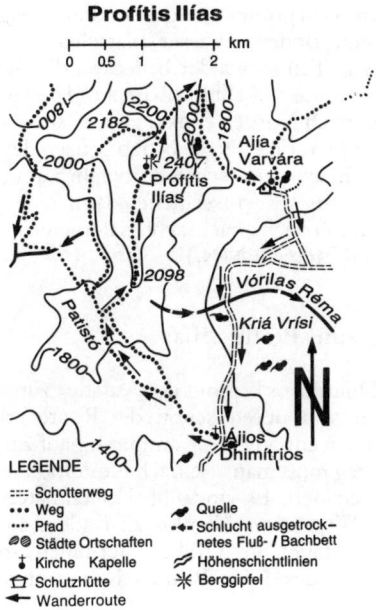

Übernachtung
In Schutzhütte des Griechischen Alpinvereins beschränkt möglich.

Stoúpa – Saidhóna – Ájios Dhimítrios

Von Stoúpa wandert man zunächst zur Ortschaft Levktron (1.5 km). Ein Weg verläßt diesen Ort in nördlicher Richtung, wird bald zu einem Pfad, der – stetig Höhe gewinnend – in nordwestlicher Richtung auf Saïdhóna (600 Meter ü.N.N.) zustrebt (6 km).

Von Saïdhóna umrundet eine schlechte Schotterstraße einen Berg. Sie trifft in der Nähe des aufgegebenen Klosters Vedhénitsa auf die Schotterstraße, die von Exochori kommt (2 km). Von hier geht es in endlosen Serpentinen etwa 12 Kilometer immer bergauf. Die

Landschaft wird grüner und grüner. Farne liegen über dem ausgelaugten Boden. Wasser plätschert talwärts. Sogar geschlossene Tannenwälder bedecken die Berghänge.

Bei einer grauen Wellblechbaracke (1600 Meter ü.N.N.) steigt man nach Norden (links) zum Weiler Ájios Pandélimon (1500 Meter ü.N.N.) – benannt nach der Kirche – ab. Von hier macht ein schlecht befahrbarer Schotterweg zuerst eine enge Rechtsschleife, dann eine weite Linksschleife und erreicht nach acht Kilometern Ájios Dhimítrios. (1500 Meter ü.N.N.)

Aufstieg zum Profítis Ilías

In Ájios Dhimítrios beginnt der Aufstieg zum Profítis Ilías. Man kann von unten schon die Route erkennen: fast ausschließlich entlang des Kammes hinauf zum Gipfel. Für den Aufstieg muß man – je nach Kondition – zwei bis drei Stunden rechnen. Es sind 900 Höhenmeter zu überwinden. Der Weg ist problemlos zu finden, auch wenn der Berg sein Haupt in Wolken verhüllen sollte. In der Gipfelkapelle des Ájios Profítis Ilías kann man zur Not übernachten.

Abstieg nach Ájios Dhimítrios

Wer kein Risiko eingehen will, kehrt auf dem gleichen Weg nach Ájios Dhimítrios zurück.

Wer in der Schutzhütte des griechischen Alpinvereins am Ostfuß des Profítis Ilías übernachten möchte, wandert auf dem Grat in nordostwärtige Richtung. Der Pfad trifft nach etwa 500 Metern auf einen anderen Pfad, der aus Südwesten kommt. Dieser Pfad macht zuerst einen engen Rechts-, dann einen weiten Linksbogen. Der Weg schlängelt sich durch die »Portes«, eine durch Felsen gebildete Engstelle, hindurch.

Eine Übernachtung in der Schutzhütte ist nur Mitgliedern des Griechischen Alpinvereins und Mitgliedern angeschlossener Vereine gestattet. Ich kann mir allerdings nicht vorstellen, daß Nichtmitglieder, die um Unterkunft bitten, ausgesperrt werden. Die Schutzhütte liegt 1625 Meter über dem Meer.

Abstieg zur Schutzhütte: knapp zwei Stunden.

Kehrt man von der Schutzhütte nach Ájios Dhimítrios zurück, so steigt man zunächst nach Osten ab. An einem Wegekreuz wählt man den Weg nach Süden (rechts), der sich auf eine Höhe von etwa 1300 Meter ü.N.N. senkt. An einem Wegekreuz biegt man in den Weg nach Südwesten (halbrechts) ein. Dieser Weg mündet nach etwa einem Kilometer in einen anderen Weg, der von Osten (links) kommt. Diesem Weg folgt man nach Westen, macht nach 500 Metern den Knick nach Süden mit. Der Weg klettert zuerst 300 Meter hoch und fällt anschließend 100 Meter nach Ájios Dhimítrios ab. Ab Knick werden etwa drei Kilometer zurückgelegt.

Abstieg ab der Schutzhütte: etwa 2 Stunden.

Ájios Dhimítrios – Kardhamíli

Von Ájios Dhimítrios soll eine befahrbare Schotterstraße nach Exochóri gehen. Ich kann diese Angabe nicht bestätigen, weil ich auf dem Anmarschweg nach Saidhóna zurückgekehrt bin. In der Karte ist diese Verbindung eingezeichnet. Aber vielleicht erhält man von anderen Bergwanderern oder von griechischen Bauern und Hirten, die ihr Vieh an den Taïjetoshängen weiden lassen, eine verbindliche Auskunft.

Ab Exochóri erreicht man Kardhamíli zuerst über eine Teer-, dann über eine Schotterstraße. Ich selbst bin von Saidhóna auf einem Schotterweg nach Kardhamíli abgestiegen.

Kardhamíli

Kardhamíli ist der größte Ort der Äußeren Máni. Er ist sehr alt. Pausanias erwähnt ihn jedoch nicht. Vermutlich war die Siedlung im 2. Jahrhundert n. Chr. nicht mehr sonderlich bedeutend. Nach Homer war Kardhamíli eine der sieben Städte, die Agamémnon dem Achílles anbot, um dessen Zorn zu besänftigen und um ihn zu bewegen, wieder am Kampf gegen Troja teilzunehmen.

Auf einer Insel südlich von Kardhamíli – war es Merópi? – wurden die Dioskuren Kástor und Polydeúkes und ihre Schwestern Klytemnéstra und Hélena geboren. Da ihre Mutter Léda ihr Bett in gleicher Nacht mit Zeus und ihrem Gatten Tyndaréos teilte, kamen zwei Männer als Väter in Betracht.

Römische Grabkammern oberhalb der Ájios Spirídon-Kirche werden als Gräber der unzertrennlichen Dioskurenzwillinge gezeigt. Relikte der antiken Zeit sind die Reste der Akrópolis.

In die venezianische Epoche wird die Festung vor Kardhamíli datiert.

Der Ort gliedert sich in Oberstadt und Ortsteil am kleinen Hafen. Die meisten Fremden kennen nur den Ortsteil am Meer (Unterstadt), den die Hauptstraße quert. Beiderseits der Straße warten Restaurants, Kafenia und Souvenirgeschäfte auf Fremde. Vor dem Supermarkt »Spiréa« fahren die Busse ab.

Im Restaurant »To Péfko« nahe der Bushaltestelle kann man sich in der Küche ein schmackhaftes Menü selbst zusammenstellen. Die Gerichte werden nicht aufgeschrieben, bezahlt wird später. Ich bin nicht dahintergekommen, wie abgerechnet wird. Vermutlich vertraut die Wirtin den Angaben der Fremden, rechnet stillschweigend einen Sicherheitszuschlag hinzu. Ich hatte nicht das Gefühl, zuviel bezahlt zu haben.

Wir sind ausgezeichnet untergekommen bei der Familie Dhimitréa in einem stattlichen Haus am Südeingang von Kardhamíli (Tel. 73235). Ich kann das Haus weiterempfehlen.

In die Oberstadt verirren sich nur selten Touristen. Das macht den Ort so reizvoll. Die Häuser sind meist aus Natursteinen gemauert. An abgeschiedenen Plätzen – etwa unter Eukalyptusbäumen – kann man träumen. Und Sehenswürdigkeiten hat Kardhamíli auch noch anzubieten: die Ruinen der antiken Akrópolis mit der nahen Ajía Sofía-Kreuzkuppelkirche, die schon erwähnten Dioskurengräber und die spätbyzantinische Ájios Spirídon-Kirche.

Die aus Quadersteinen gemauerte Ajía Sofía-Kirche ist bis auf Fenster und Türen, die mit Schmuckkanten, Rosetten, Vögel- und Blumenornamenten verziert sind, schmucklos. Der vierstöckige Glockenturm, gekrönt mit einer Pyramide, überragt den achteckigen Tambour.

Die Kirche konkurriert mit maniotischen Wohntürmen, deren bedeutendster, der Turm der Familie Mourtsínos, unmittelbar neben der Kirche steht. Michaelbey Mourtsínos, Bey der Máni von 1779 bis 1782, wurde von den Türken enthauptet.

Bademöglichkeiten findet man vorwiegend in den Buchten südlich von Kardhamíli. An einer dieser Buchten lebt auch der greise Griechenlandfreund und -autor Patrick Leigh Fermor (»Máni« und »Ruméli«, Otto Müller Verlag, Salzburg). Fermor verkündet seine Anwesenheit durch eine gehißte Flagge. Dies heißt aber nicht, daß er Autogrammstunde hält.

Von Stoúpa oder Kardhamíli erreicht man Koróni, den Ausgangspunkt der nächsten Wanderung, mit dem öffentlichen Bus über Kalamáta (umsteigen!). Für die Fahrt muß man einen halben Tag veranschlagen.

10. Die Augen Venedigs

Überblick

Der westlichste Finger der Peloponnés ist stärker plattgedrückt als die restlichen Finger. Die Berge steigen nur bis zu Höhen von 500 Metern an. In sie sind immer wieder fruchtbare Landstriche eingebettet. Langgestreckte Sandstrände laden zum Baden ein.

Dieses Wandergebiet ist von Fremden ganz gewiß nicht überlaufen. Lediglich in die Eckpunkte Koróni und Methóni und neuerdings in den Strandort Finikoúnda zieht es die Touristen. In den abgelegenen Dörfern und an den Badebuchten abseits der Verbindungsstraße Koróni – Methóni ist der Wanderer noch weitgehend ungestört.

Die Wanderung ist so angelegt, daß man am ersten Tag Finikoúnda, am zweiten Methóni, am dritten Pílos erreicht. In den genannten Orten warten Betten auf die müden Wanderer. Versorgen braucht man sich nur für die Tageswanderung.

An den Eckpunkten sind mittelalterliche Kastelle zu besichtigen. Ansonsten beeindruckt während der Wanderung nur die Natur und vielleicht die Freundlichkeit der Einheimischen, die einem Trauben reichen oder zu einer Tasse griechischen Kaffee einladen.

Obwohl ein Teil der Wanderung auf Schotterstraße erfolgt, muß man keine Sorge haben, eingestaubt zu werden.

Die letzte Wanderetappe eignet sich hervorragend, einen Badeurlaub – als Belohnung für die überstandenen Strapazen – einzulegen. Endlose Sandstrände findet man südwestlich von Koróni, westlich von Finikoúnda, zwischen Finikoúnda und Methóni und in Methóni.

Im Wandergebiet hängt im Spätsommer die Landschaft voller Feigen und Weintrauben. Wenn das kein Anreiz ist!

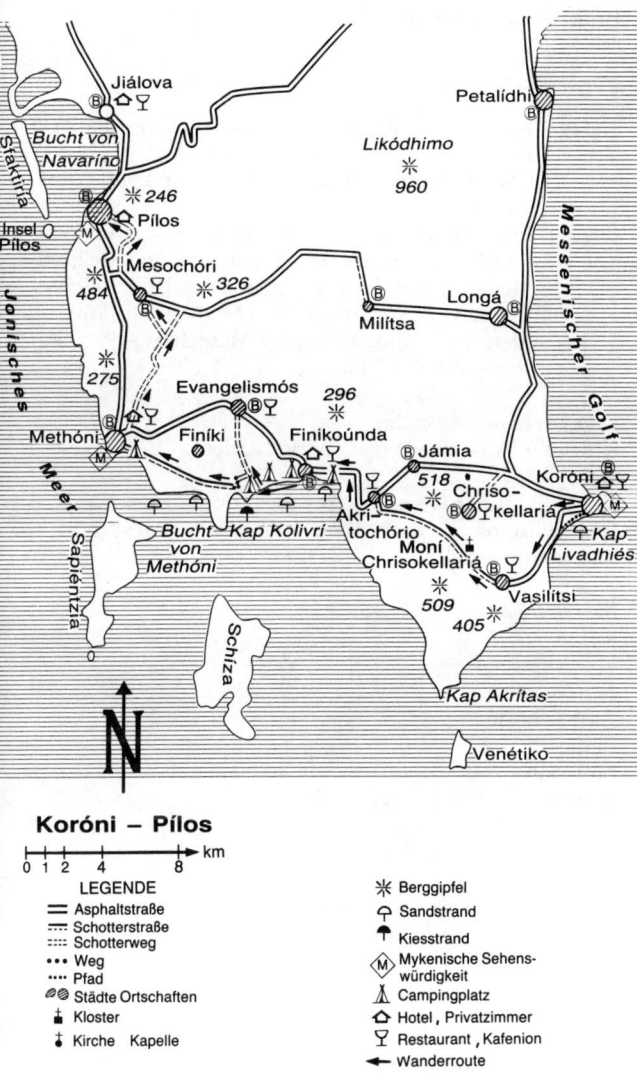

Praktische Hinweise

Vorschlag für Fußwanderung

1. Tag: Koróni – entlang des Strandes südwestlich von Koróni – Teerstraße bis Vasilítsi – Kloster Chrisokellariá – Akritochório – Finikoúnda (ca. 23 km).
2. Tag: Finikoúnda – entlang des Strandes westlich von Finikoúnda – abseits der Küste in Richtung Methóni, zum Teil auf einer neuerbauten Schotterstraße (kein Verkehr!) – Methóni (15 km).
3. Tag: Methóni – Ájios Vasílios – Mesochóri – Paleóneron – Pílos (17 km).

Fahrstrecke für Autofahrer
Koróni – Vasilítsi – Akritochório (schlechte Wegstrecke!)
oder:
Koróni – Charokopió – Akritochório – Finikoúnda – Evangelismós – Methóni – Pídhasos – Mesochóri – Paleóneron – Pílos.

Bahnstationen
Keine

Busstationen
Akritochório
Finíki
Finikoúnda
Koróni mit Anschlüssen nach
    – Kalamáta
    – Methóni
Mesochóri
Methóni mit Anschlüssen nach
    – Kalamáta
    – Koróni
    – Pílos
Pílos mit Anschlüssen nach
    – Athen
    – Finikoúnda
    – Kalamáta

- Kiparissía
- Methóni

Schiffsverbindungen
Keine offiziellen Schiffsverbindungen; Anlegemöglichkeiten für Jachten in Koróni, Finikoúnda, Methóni und Pílos. Kleinboote in Methóni zu Inseln Sapiéntza und Schíza, in Pílos zur Insel Sfaktíria.

Unterkünfte
Hotels, Pensionen und Privatzimmer in Koróni, Karapatás, Finikoúnda, Methóni und Pílos.

Campingplätze
In Finikoúnda und Methóni.
Wildes Campieren wird an einer Sandbucht zwischen Finikoúnda und Methóni toleriert.

Jugendherbergen
Keine

Sehenswürdigkeiten

Festung Koróni mit Frauenkloster
Öffnungszeiten: ganztägig
Eintritt: frei

Festung Methóni
Öffnungszeiten: werktags von 8.00 – 19.00 Uhr
sonn- und feiertags von 9.00 bis 19.00 Uhr
Eintritt: frei

Festung Pílos
Öffnungszeiten: werktags von 9.15 bis 15.30 Uhr
sonn- und feiertags von 10.00 bis 15.00 Uhr
Eintritt: frei

Koróni, das linke Auge Venedigs

Koróni könnte auf den Kykladen liegen. Die Einwohner der Stadt kolorieren jedes Jahr ihre Häuser in bunten Farben frisch. Um die Häuser legen sie vornehmlich ockerfarbene Sockel. Sattes Grün und Blumenorgien tragen zu einer lichten, freundlichen Atmosphäre bei.

Die Stadt zieht sich einen Hügel hinauf. Jenseits der Festung fällt sie wieder zum Meer ab. In den engen Gassen kommen Fahrzeuge nicht aneinander vorbei. Einer der Fahrer muß immer nachgeben, den Rückwärtsgang einlegen.

Am intimen Hafen gruppieren sich um den großen Platz klassizistische Häuser. Hier treffen sich Fremde und Einheimische in den Restaurants und Kafenia.

Korónis zweites Zentrum ist der Ájios Dhimítrios-Platz (Platía Ajíou Dhimítriou), erkenntlich an der Ájios Dhimítrios-Kirche. An diesem Platz fahren die Busse nach Athen und Kalamáta ab. Nach Methóni besteht seltsamerweise keine direkte Verbindung.

Korónis Stadtbild ist einhundert Jahre alt. 1886 wurde der Ort durch ein Erdbeben vollkommen zerstört. Er mußte neu aufgebaut werden. Einzige Sehenswürdigkeit der Stadt ist die Festung, die Kap Livadhiés – hoch über dem Ort – besetzt hält. Man sieht das Kastell jedoch erst, wenn man am Nordeingang von Koróni ankommt.

Abends sitzt man gemütlich in den Lokalen rund um den Hafen. Für empfehlenswert halte ich die Taverne »Panórama« an der Westseite des Kastells. Der Eigentümer Michael Marjiánis verwöhnt seine Gäste mit guten, preiswerten Gerichten. Der romantische Blick auf Kap Livadhiés und Kap Akrítas ist im Preis inbegriffen.

Wenige Meter neben der Taverne bewirtschaftet Miachaels Vater Christós ein uriges Kafenion. Hier treffen sich dessen griechische Freunde und wenn sie besonders gut aufgelegt sind, greift einer von ihnen zur Mundharmonika. Griechische Volkslieder erklingen.

In der Nähe von Christós findet man gut eingerichtete Privatzimmer. Man braucht Christós nur nach »Margaréta« zu fragen.

Kap Livadhiés' günstige strategische Lage provoziert geradezu zur Besiedlung. Der Küstenvorsprung schützt vor Angriffen und ermöglicht gleichzeitig die Kontrolle des Messenischen Golfes. So konnte es nicht ausbleiben, daß der Platz des heutigen Koróni schon frühzeitig besiedelt wurde: durch Flüchtlinge aus der argolischen Stadt Asíne. Die Flüchtlinge nannten ihre neue Siedlung ebenfalls Asíne.

Nach Pausanias waren die Asiner »Dryoper«. Einst hatten sie am Parnaß gelebt. Hérakles hatte sie von dort auf die Peloponnés verschleppt. Die Argiver hatten sie jedoch bald aus ihrer neuen Heimat Asíne bei Hermióne – dem heutigen Ermióni – vertrieben. Die Spartaner hatten ihnen daraufhin das Gebiet des heutigen Koróni als Wohnsitz zugestanden.

Die Asiner waren stolz auf ihre Abstammung. Sie pflegten den alten Dryopskult weiter und errichteten ihrem Stammvater einen Tempel. Pausanias hat den Dryopstempel – mit seinem »alten« Kultbild – und den Tempel seines mutmaßlichen Vaters Apóllo noch gesehen.

Im 9. Jahrhundert n. Chr. besiedelten die seeräuberischen Einwohner der Stadt Koróne – sie lag an der Stelle des heutigen Petalídhi – Kap Livadhiés neu. Sie befestigten die Akropolis stärker. Auch die nachfolgenden Byzantiner bauten sie aus. 1205 eroberten die Franken das Kastell, mußten es aber bereits 1209 an die Venezianer abtreten.

Unter venezianischer Herrschaft war Koróni eine wichtige Handels- und Militärbasis auf dem Weg ins Heilige Land und nach Kreta.

Als im Jahr 1500 die Griechen gegen ihre venezianischen Herren revoltierten, nutzten die Türken die Gunst der Stunde und bemächtigten sich der Festung. Genueser (Admiral Andrea Doria – 1531), Spanier (im 17. Jahrhundert) und noch einmal die Venezianer (1685 – 1715) waren in der Folgezeit die Herren der Stadt.

Türkische Truppen trotzten 1770 in der Festung den Angriffen der Orloff'schen Truppen.

Rundgang durch die Festung

Wer das Frauenkloster innerhalb der Burg besuchen will, sollte sich bereits vorher durch seine Garderobe darauf einstellen. Frauen werden nur in langem Rock und langärmeliger Oberbekleidung, Männer nur in langen Hosen in das Vorkloster eingelassen. Der innere Klosterbereich ist nicht zugänglich.

Eine Rampe ermöglicht den Eintritt in die Festung an der Nordseite. Der Nordturm mit seinem spitzbögigen Portal (1) und ein Teil der Festungsmauer sind aus antikem Material errichtet.

Das Taïjetos-Gebirge – durch das Nordportal fotografiert – ist ein beliebtes Motiv.

Auf einem Trampelpfad gelangt man durch eine Bresche ostwärts des Nordportals in den äußeren Festungsteil (2), der auf die Venezianer zurückgeht. Die Venezianer erbauten auch auf steilen Klippen die Nordbastionen (3). Mit ihrer Hilfe kontrollierten sie die Einfahrt in den Messenischen Golf und den Hafen von Koróni.

Eine schmale nach Südwesten verlaufende Spur mündet in einen Schotterweg, der seinerseits in ostwärtige Richtung auf die von den Türken erbauten Ost- (4) und Südostbastion (5) zuführt. Beide Bastionen beherrschen das Terrain bis zur Kapspitze.

Venezianische Außenfestung und byzantinische Innenburg (7) werden durch die byzantinische Mauer getrennt. Die Mauer – in sie sind antike Spolien integriert – ist gleichzeitig Außengrenze des Klosters des Heiligen Johannes Pródhromos (Ájios Joánnis Pródhromos).

Im Gelände südlich des Zugangsweges zum Kloster liegen antike Trümmer herum. Hier stand einst eine frühchristliche Basilika (6). Die Fundamente und Apsidenteile sind noch zu erkennen. An die byzantinische Mauer lehnt sich eine dreischiffige Kapelle.

Das Kloster betritt man durch ein kapellenartiges Eingangsgebäude, das durch fünf Kuppeln geschmückt ist. In diesem Bauwerk liegen für ungeziemend gekleidete Besucher Hosen und Röcke aus. Eine Klosterfrau im Vorkloster kontrolliert geflissentlich die Anzugsordnung.

Der Bereich des Vorklosters wird durch die Klosterkir-

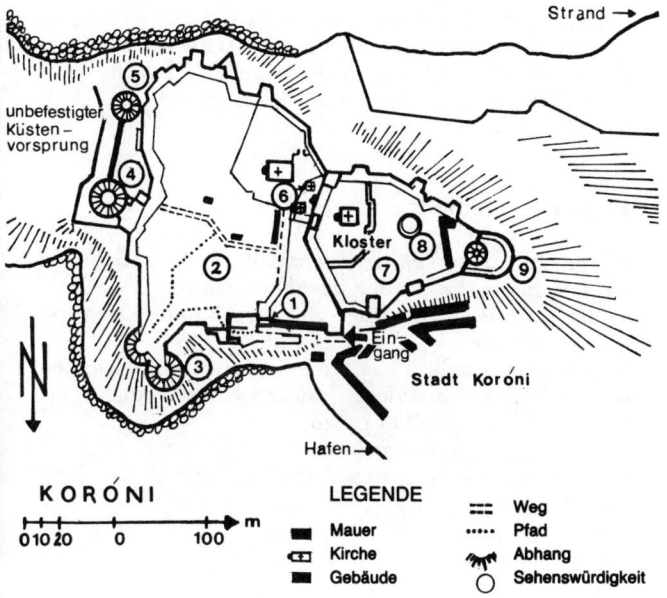

KORÓNI

0 10 20   0   100 m

LEGENDE

- ▬ Mauer
- ⊞ Kirche
- ▬ Gebäude
- == Weg
- ..... Pfad
- 👁 Abhang
- ○ Sehenswürdigkeit

Sehenswürdigkeiten
1 Nordportal
2 Äußere (venezianische) Festung
3 Nordbastionen
4 Ostbastion
5 Südostbastion
6 Frühchristliche Basilika (Ruine)
7 (Byzantinische) Innenburg
8 Zisterne
9 Westbastion

che beherrscht. Auch dieses Bauwerk protzt mit vielen Kuppeln. Das ganze Kloster ist eine einzige Kuppelorgie.

Eine neuzeitliche Mauer trennt den äußeren vom inneren Klosterbereich. Steigt man über eine Treppe auf die byzantinische Mauer, so kann man in den inneren Bereich hineinschauen. Er ist ein Garten Eden. Die 1463 von den Venezianern errichtete Westbastion (9) verliert durch die Lieblichkeit des Klostergartens ihren militärischen Schrecken.

Man kann die Festung auch – vorbei an der Kirche, die

inmitten eines Friedhofes steht – nach Süden verlassen. Unterhalb der Burg liegt die Wallfahrtsstätte der barmherzigen Gottesmutter (Ierón Proskínima Panajías Eleístrias«). Nach Süden kann man anschließend zum Sandstrand von Koróni absteigen.

Koróni – Finikoúnda

Marga und ich wollen die Teerstraße meiden. So mühen wir uns zuerst zur Festung hinauf, anschließend – vorbei an der Taverne »Panórama« – zum Strand südwestlich von Koróni hinunter.

Am Hang nördlich des Strandes haben sich Griechen und Ausländer luxuriöse Häuser gebaut. Auch eine deutsche Kolonie soll es geben.

Alle Wege führen zum Strand hinunter, keiner folgt der Küstenlinie. So müssen wir mühsam durch den Sand stampfen.

In der Bucht von Némi ankert ein dicker Frachter. Der Hafen von Koróni ist vermutlich für große Schiffe zu seicht.

Den Strand säumen Weingärten und Schilf. Einzelne Tamarisken spenden Schatten.

Nach einer Dreiviertelstunde endet der Strand. Wir müssen notgedrungen auf die Teerstraße ausweichen, durchqueren den Ort Karapatás, der sich immer mehr auf die Touristen einrichtet.

Wir rasten auf einer Bank bei der Ájios Jórjios-Kirche, treffen eine Deutsche, die – mit einem Griechen verheiratet – auf einem Arbeitsurlaub in Karapatás ist. Ihr Mann muß die diesjährige Weinernte einbringen. Die Deutsche reitet auf einem Schimmel auf der Teerstraße bis Vasilítsi neben uns her. Generationen verschiedener Transportmittel begegnen einander: Pferde, Esel, Motorräder, Autos.

Es lohnt nicht, bei der Ájios Nikólaos-Kirche den Abkürzungsweg einzuschlagen. Er mündet bald wieder in die Teerstraße.

Von Karapatás sind etwa 200 Höhenmeter bis Vasilítsi auf Teer zu überwinden (4 km). Vielleicht sollte man dieses Wegstück mit dem Bus oder einem Taxi zurücklegen.

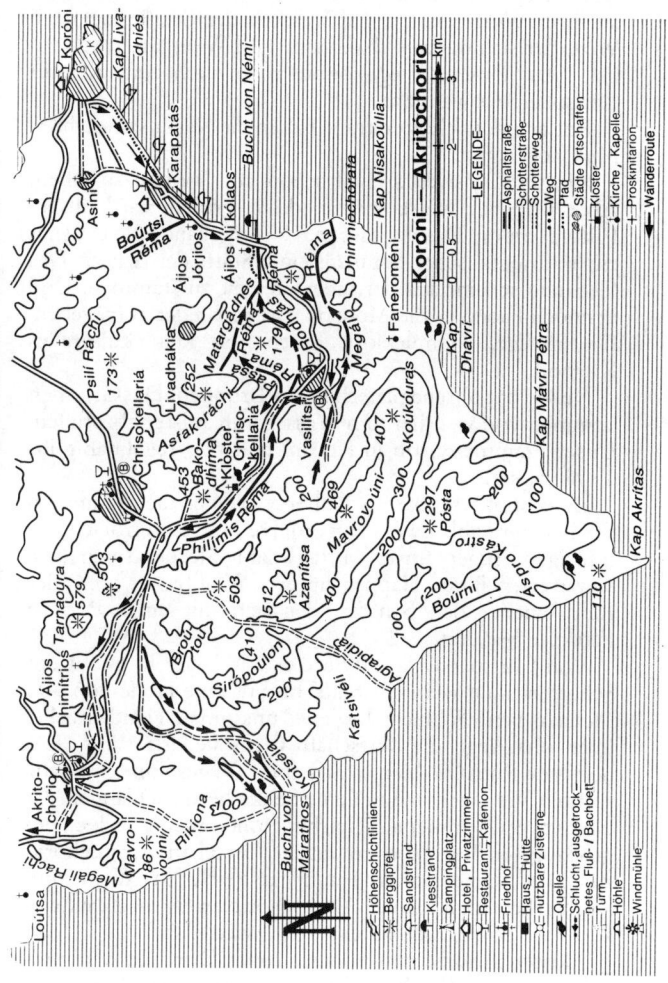

In Vasilítsi wird der Asphalt durch Schotter abgelöst. Die Straße umgeht die auf einer Höhe sitzende Ortschaft an ihrer Westseite. Im Tal westlich der Straße lockt ein Weg, der sich durch Olivenhaine und Weingärten schlängelt. Auf diesem Weg könnte man auch zum Kloster Chrisokellaría wandern.

Entlang der Schotterstraße haben die Vasilitsianer ihren Müll abgelagert.

Kloster Chrisokellariá ist schon von weitem zu sehen. Aber je näher wir kommen, desto größer wird unsere Enttäuschung. Das verlassene Klostergebäude gleicht eher einem orientalischen Serail als einer Stätte der Askese. Das Gebäude scheint aus der jüngsten Zeit zu stammen. Und dennoch haben es die Mönche bereits wieder aufgegeben. Die riesige, schmucklose Kirche ist kein kulturelles Kleinod.

Neben der Kirche plätschert ein Brunnen. Die Griechen kommen von weit her, um Wasser in Kanister abzufüllen. Unsere Zimmerwirtin in Koróni holt hier regelmäßig ihr Trinkwasser.

Eine unübersehbare Schafherde weidet die Hänge um das Kloster kahl. Zwei klapperdürre Hunde verfolgen mit traurigen Augen unser Mittagsmahl. Sie erbarmen uns. Wir werfen ihnen Happen unseres Weißbrotes hin. Dies rührt wieder den Schäfer, der sich mit einer Portion Fétakäse bedankt.

Von Chrisokellariá (300 Meter ü.N.N.) geht es auf der Schotterstraße weiter bergauf bis auf eine Höhe von 400 Metern. Eine Schlucht begleitet uns linker Hand. Rechts über uns liegt die Ortschaft Chrisokellariá. Auf dem höchsten Punkt wählen wir an einer Wegespinne den ganz rechten Weg, der sich um eine Senke herumschlängelt. Er bleibt in etwa immer auf gleicher Höhe, steuert nach einem großzügigen Rechtsbogen auf die Ortschaft Akritochório zu. Die Senke linker Hand ist reich an Wein und Zitrusfrüchten. Kurz vor Akritochório zweigt nach Südwesten eine Stichstraße zu einer Teerstraße ab.

Akritochório ist ein großes, grünes Dorf. Es wird von einer riesigen Kirche überragt. Bäume (Äpfel, Feigen) hüllen den Ort in Grün. Akritochório ist so wasserreich, daß an einigen Stellen sogar Schilf wächst.

Wir kommen an einem anmutigen Kafenion vorbei. Dessen winzige Terrasse erhält Schatten von Weingirlanden. Nach einer Tasse Kaffee in einem größeren Kafenion an der Hauptstraße folgen wir der Asphaltstraße talwärts. Wir kürzen die erste Schleife der Straße ab, landen in einem Schilffeld. Bei der zweiten Schleife haben wir mehr Erfolg. Vergeblich versuchen wir, den Megáli Ráchi-Berg westlich zu umgehen. Wir müssen zurück auf die Teerstraße. Diese senkt sich nach einer Linkskehre zum Meer hinunter.

Noch vor (ostwärts von) Finikoúnda liegt der Campingplatz »Loútsa«.

Badeort Finikoúnda

Finikoúnda ist in einen grünen Küstenstrich gebettet. In der Gegend gedeihen trefflich Zitrusfrüchte, Pfirsiche, Wein, Tomaten, Paprika und Auberginen. Gerade wird auf Plastikplanen die Traubenernte getrocknet. Wehe, wenn jetzt ein Regenguß niedergeht. Er vernichtet mit einem Schlag die Ernte eines Jahres. Für ein Jahr kehrt dann Armut bei den Weinbauern ein.

Welch ein Gegensatz zur kargen Landschaft der Máni: hier üppige Fruchtbarkeit, dort karge Armut; hier grüne Flächen, dort blaugrauer Fels und Steinwüste.

Wir biegen am Ostrand von Finikoúnda nach Süden in Richtung Strand ab, wandern auf der Teerstraße, die den Strand begleitet, in den Ortskern. Beiderseits der Straße warten Hotels und Restaurants auf Gäste. Nach Westen geht der Strand in einen kleinen Hafen über.

Finikoúnda hat sich in den letzten Jahren touristisch gemausert. Hotels wurden gebaut, in Privathäusern Zimmer eingerichtet. Westlich des Ortes grenzen drei Campingplätze an einen langgestreckten Sandstrand.

Vom überhöht liegenden Restaurant am Westrand des Ortes überblickt man Dorf, Hafen und Strand. Abends spiegeln sich im Hafen die Lichter des Ortes.

Selbst in der Hochsaison ist Finikoúnda nicht so sehr überlaufen, daß man vergeblich auf Zimmersuche geht. Es ist also schon eine Überlegung wert, ob man in Finikoúnda

zum Abschluß der Wanderstrapazen nicht einige Tage
Badeurlaub einlegt.

Finikoúnda – Methóni

Die nächste Etappe nach Methóni ist mit 15 Kilometern
relativ kurz. Es bleibt genug Zeit, am Sandstrand vor
Methóni einige Stunden zu faulenzen und zu baden.

Wir klettern beim Restaurant an der Westkante von
Finikoúnda über einen Küstenvorsprung, überblicken von
der Kuppe einen endlos langen Sandstrand, der erst weit
im Westen an einem Felsvorsprung endet. Direkt unter
unserer Höhe breitet sich der schattige Campingplatz
»Anemómilos« aus. Ein Restaurant und ein Supermarkt
sorgen für das Wohl der Campinggäste. Außerhalb des
offiziellen Campinggeländes kann man auch wild seinen
Wohnwagen aufstellen.

Wir wandern – parallel zum Strand – auf einer
Schotterstraße nach Westen, kommen an einem schilfumstandenen Bach vorbei, der auch im Hochsommer noch
Wasser führt. Am Bach biegt die Schotterstraße nach
Nordwesten (rechts) ab. Nun müssen wir mühsam durch
den Sand stampfen. Unsere Beine werden immer schwerer.
Wir passieren einen zweiten, weniger schattigen Campingplatz.

Die Klippen vor uns kommen nur langsam näher. Sie
sind nicht zu überklettern. Wir weichen auf einem
Schotterweg nach Nordwesten (rechts) aus, gehen auf ein
stattliches Haus mit einem roten Ziegeldach zu. Nach 400
Metern stehen wir unerwartet vor einem Restaurant. Der
Wirt läßt Fremde ihre Wohnwagen unter seinen Olivenbäumen abstellen. Ein halboffizieller Campingplatz also!

An der Grundstücksmauer des Hauses mit dem roten
Ziegeldach biegen wir in eine Fahrspur nach Westen ein.
Wir kommen an einigen Zelten vorbei, schinden uns dann
einen Hügel hoch. Olivenbäume schützen uns vor den
Stichen der Sonne.

An der nächsten Wegekreuzung wenden wir uns nach
Süden. Bald stoßen wir auf eine gerade im Bau befindliche
Schotterstraße. Die Schotterstraße ist unser Wegweiser bis

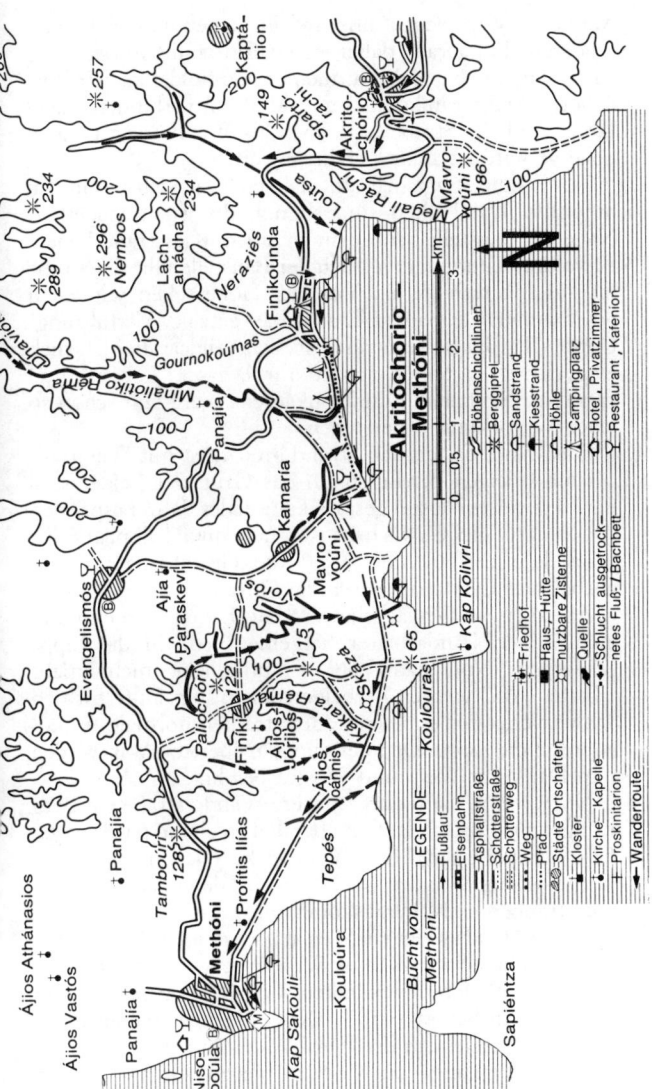

Methóni. Wir plagen uns auf ihr einen Hügel hinauf. Soldaten sind gerade dabei, einen Einschnitt in den Berg zu fräsen. In zehn Jahren, meinen die Soldaten, wird die Schotterstraße Finikoúnda und Methóni verbinden. Zehn Jahre wird die Straße also noch als Wanderweg taugen. Solange wird sie nicht befahren werden.

Die Straße steigt mal an, mal senkt sie sich in ein Tal hinunter. Die Höhen sind steinig, die Täler fruchtbar. Nahe der Baustelle kann man an einem Kiesstrand baden. Etwa drei Kilometer westlich der Baustelle fällt die Straße bis auf Meereshöhe ab. Von der Höhe sehen wir einen geschwungenen Sandstrand. Eine einzige Verführung! Unter schattigen Bäumen haben sich Wildcamper häuslich eingerichtet. Brunnen sorgen für Wasser. Lebensmittel kann man im nahen Finíki einkaufen. Wer kann schon so einer Verlockung widerstehen?

Das Land, das an den Strand grenzt, ist mit Weintrauben und Feigen behangen. In das Grün der Felder sind Plastikgewächshäuser gesprenkelt. Jedes Jahr bespannen die Bauern die Gewächshäuser neu mit Cellophanfolie. Jedes Jahr zerfetzt der Wind die Gewächshäuser und wirbelt das Cellophan durch die Fluren.

An so einem Gewächshaus stehen Landarbeiter zusammen. Einen Landarbeiter hat eine Biene in die Lippe gestochen. Nun kann der Empfindliche nicht mehr arbeiten. Wir werden herbeigewunken, um Hilfe für den Schwerverletzten gebeten. Marga träufelt normale Wundsalbe auf die Lippe. Der Verwundete überlebt. Wir werden zum Dank mit Wein und Wasser belohnt.

Noch einmal wird durch unsere Wanderstraße ein Berg zweigeteilt. Danach läuft sie parallel zu einem fruchtbaren Tal (Wein, Feigen). Die Weinstöcke reichen bis an die Straße. Kein Wunder, daß wir aus dem Naschen von Weintrauben nicht herauskommen.

Linker Hand zweigt ein Weg ab, quert das Tal. Nach 300 Metern nehmen wir an einer Wegegabel den rechten, nach weiteren 150 Metern den linken Weg. Bald sind wir wieder auf der alten Schotterstraße. Nach einem erneuten Bergdurchbruch taucht in der Ferne Methóni auf.

Am Osteingang von Methóni biegen wir nach Süden (links) ein, gelangen ans Meer. Auf einer Teerstraße geht es nun – am Strand entlang – auf Methóni zu. Am Ostrand des Ortes hat der Campingplatz Strandanschluß, aber auch die Nachbarschaft von zwei Diskotheken.

Methónis Strand ist noch nicht überlaufen. Wenn also kein Badeurlaub in Finikoúnda eingelegt wurde, so kann er in Methóni nachgeholt werden. Von Methóni kann man direkt nach Athen zum Flugplatz zurückkehren.

Methóni, das rechte Auge Venedigs

Methóni ist eine junge Stadt inmitten einer lieblichen, abwechslungsreichen Landschaft. Nach Süden grenzt der Ort an einen geschwungenen Sandstrand, nach Norden schließen sich Weingärten und Zitrushaine an.

Die Häuser sind sauber und hellfarbig getönt, Blumen schmücken Straßen und Gärten. Die »Hibiskusallee« – so nenne ich die Bischof Grigórios von Methóni-Straße (Odós Episkópou Grigoríou Methónis) wegen ihrer zahlreichen Hibiskusbäume – ist die Hauptstraße des Ortes. Folgt man ihr vom Hotelzentrum landeinwärts, so gelangt man zwangsläufig zum Dorfplatz mit seinen zahlreichen Kafenia. Hier treffen sich abendlich die Einheimischen, von den Fremden kaum beachtet. Hier erlebt man griechische Atmosphäre und kann obendrein noch preisgünstig einkehren. Marga und ich haben im Restaurant »Iónio« beispielsweise hervorragend gefrühstückt.

Einzige Sehenswürdigkeit des Ortes ist die gut erhaltene Festung. Innerhalb ihrer Mauern stand die »alte« Stadt Methóni. Sie wurde 1828 von den Franzosen zerstört; die Einwohner wurden vertrieben. Diese bauten sich außerhalb des Kastells eine neue Stadt: das heutige Methóni.

Der Ort ist zwar touristisch noch nicht überlaufen, aber doch durch den Tourismus geprägt. Der Stadtteil nahe des Strandes hat sich ganz auf die Fremden spezialisiert. Hier stehen einige nicht gerade billige Hotels, hier warten Restaurants auf freigebige Touristen. Im Restaurant »To Akrópoli« zahlt man für Strandblick, Strandnähe und das Gefühl, zum Jet-Set von Methóni zu gehören, den doppelten Preis. Wer obendrein keinen Hunger verspürt, läuft Gefahr, an einen schlechten Tisch komplimentiert zu werden.

Ganz anders im vielleicht 200 Meter entfernten Restaurant des Nikólaos Sardhélis. Hier darf man vor einem Glas Wein oder Bier noch stundenlang vor sich hinträumen. Und die Küche ist auch gar nicht so übel.

Wer einmal besonders nobel essen – und zahlen – möchte, dem sei die Taverne »Klimatíria« des Manóleas empfohlen. Die Atmosphäre ist gehoben. Das Trinkgeld wird auch gehoben erwartet.

Vom Hotelzentrum spaziert man knapp fünf Minuten zur Festung.

Kap Sakoúli wurde vermutlich bereits in mykenischer Zeit besiedelt. Homer zählt in seiner Ilias (IX.152 ff) den Ort, der zu seiner Zeit Pédasos genannt wurde, zu den sieben Städten, die Agamémnon dem Achílles schenken wollte, um ihn zu bewegen, wieder am Kampf gegen Troja teilzunehmen:

»Sieben wohlbevölkerte Städte will ich (= Agamémnon) *ihm*
(= Achílles) *schenken,*
Híra, die grünende, und Enópe sowie Kardamýle,
Phérai, das heilige, auch und mit Wiesengründen Antheía.
Und das schöne Aipeía und Pédasos, rebengesegnet.
Alle nahe am Meer, am Rande des sandigen Pýlos.
Und darin wohnen Männer, die reich an Schafen und Rindern«.

Rebengesegnet ist die Gegend auch heute noch, sicherlich auch noch reich an Schafen. Die Rinderherden wird man allerdings vergeblich suchen.

Vermutlich in archaischer Zeit wurde Pédasos nach der Oineustochter Mothóne umbenannt. Pausánias ist allerdings der Meinung, daß sich der Name von dem Felsen ableitet, der den Hafeneingang der Stadt sperrt. Auf diesem Felsen steht heute die Vorburg Boúrtzi.

Von Pausánias (IV.35) wissen wir auch, daß die Spartaner diesen Ort Flüchtlingen aus Naúplia als Siedlungsraum überlassen haben. Und da die Nauplianer – nach Pausánias – Ägypter waren, müssen die Mothóner ebenfalls ägyptischer Abstammung gewesen sein.

Von den Heiligtümern, einem Athéna Anemótis- und einem Ártemistempel auf der Südspitze des Kaps Sakoúli, ist heute nichts mehr zu sehen. Wind und Wellen haben das Mauerwerk hinweggefegt und hinweggespült.

In römischer Zeit muß Mothóne eine bedeutende Stadt gewesen sein. Kaiser Trajan sicherte dem Ort Freiheit und Autonomie zu.

Im 11. und 12. Jahrhundert wurde Mothóne Stützpunkt der Seeräuber. Die Venezianer zerstörten daraufhin 1125 die Stadt, um ihre Seewege zu sichern. Von Mothóne traten die Franken 1204 ihren Siegeszug durch die Peloponnés an, mußten allerdings wenige Jahre später die Stadt an die Venezianer abtreten.

Unter Venedig wurde der Ort – jetzt Modon genannt – eine wohlhabende Handelsstadt (Wein, Seide) und eine wichtige Militärbasis. Modon war das rechte Auge Venedigs.

Vor Modon wurde Venedigs Flotte 1354 von den Spaniern geschlagen, siegte aber 1403 gegen die genuesische Flotte.

In Modons Gefängnis soll Cervantes den Stoff für seine Gefängnisszenen in »Don Quichotte« gesammelt haben.

Ab 1500 waren die Türken über dreihundert Jahre Herren der Stadt. Lediglich 1685 bis 1715 konnte Francésco Morosíni den Ort für Venedig zurückgewinnen.

1825 brach von Methóni Ibrahim Pascha mit einem ägyptischen Heer zum Rachefeldzug durch die Peloponnés auf.

Einziges Zeugnis der Geschichte ist Methónis Kastell. Hier haben sich Venezianer und Türken ein Denkmal gesetzt.

Rundgang durch die Festung

Die Festung wird an drei Seiten vom Meer geschützt. An der Landfront übernimmt eine starke Bastion den Schutz. Eine vierzehnbögige Brücke verbindet Neu-Methóni mit dem Kastell. Der Burggraben ist heute trocken.

Das Kastell unterteilt eine venezianische Mauer in einen nördlichen und einen südlichen Kastellbereich. Im Norden – also rechter Hand der Brücke – liegt die Bembobastion, die die Venezianer 1480 erbauten. Die südlich gelegene

Loredanbastion errichteten die Venezianer kurz vor dem Ende ihrer Herrschaft über Methóni (1714). Überall im Mauerwerk wurde antikes Baumaterial verwendet. So ist es erklärlich, daß von der antiken Siedlung so gar nichts mehr übrig geblieben ist.

Wendet man sich nach dem im Jahr 1700 von den Venezianern erbauten, imposanten Haupteingang nach Süden (links), so blickt man in einen unendlich langen, durch ein Tor mit Geschützständen zweigeteilten Zwinger. Hier wurden antike Quadersteine und Natursteine unterschiedlicher Größe verarbeitet. Nahe dem Mitteltor ist eine Zisterne mit Kugeln verstopft. Bereits der Zwinger vermittelt den Eindruck einer schwer einnehmbaren Festungsanlage. Venedigs rechtes Auge war wahrlich trefflich befestigt.

Durch das innere Haupttor gelangt man in den ehemaligen Stadtbereich. Kaum vorstellbar, daß sich hier bis zur Zerstörung im Jahr 1828 eine ganze Stadt ausbreitete. Erhalten sind nur noch zwei Moscheen, eine christliche Kirche und ein türkisches Bad. Der Rest sind Ruinen und Fundamente.

Der erste Blick durch das Haupttor fällt auf die antike Säule mit dem byzantinischen Kapitell (»Morosínisäule«). Sie geht auf das 13. Jahrhundert zurück. Nördlich der Morosínisäule trennt die venezianische Mauer den Nord- vom Südbereich. In die Mauer sind beiderseits einer Kanonenkugel Reliefs mit Markuslöwen eingelassen.

Zweckmäßigerweise wendet man sich auf der Ostmauer – sie zeigt zu Strand und Hafen – nach Süden. In der Nähe der Morosínisäule stehen in Eintracht die Symbole zweier Religionen, die sich einst erbittert bekämpft hatten: eine doppelkuppige Moschee und eine christliche Kirche.

Die von den Türken verstärkte Ostmauer sichern zusätzlich fünf Türme. Wind und Meer haben Breschen in das Mauerwerk gerissen, Türme zerstört. Am besten ist noch der Südturm mit seinen hohen Gewölben und den Spitzbögen erhalten. Einer der Türme nimmt ein Nebentor der Festung auf.

Die Südfront der Festung schützen zwei imposante Türme. An dieser Stelle standen sicherlich bereits in der Antike Befestigungsanlagen.

Die Vorburg Boúrtzi – durch Fenster und Portal beliebtes Fotomotiv – ist durch eine Brücke mit dem Kastell verbunden. Sie wurde zum Schutz der Hafeneinfahrt im 16. Jahrhundert von den Türken erbaut. Der achteckige, zweistöckige, zinnenbewehrte, überkuppelte Turm steht auf einer achteckigen Terrasse. Hinter der Vorburg bauen sich die Berge der Insel Sapiéntza auf.

Nördlich der Südbastion haben sich die Türken mit einer zweiten Moschee und einem Bad (Haman) ein Denkmal gesetzt.

Die Westmauer – schutzloser als die Ostmauer den Angriffen des Meeres ausgesetzt – weist viele Breschen auf. Die Türme sind bis auf den nördlichsten eingefallen. Letzterer ist noch etwa vier Meter hoch.

Die venezianische Zwischenmauer bei der Morosínisäule bewehren zusätzlich fünf Türme unterschiedlichster Form. Der Tordurchgang geht auf die Türken zurück. Rechter Hand, etwa 20 Meter neben dem Tor, führt eine Treppe zu einer mit einem Lattenrost abgedeckten Zisterne hinunter. In der Nordostecke erkennt man das ehemalige Pulvermagazin.

Die Nordfront der Festung sicherte die Bembobastion. Zahlreiche Gänge verbinden Kasematten, Vorratsräume und Batteriestellungen.

Entlang der Ostmauer findet man den Weg zurück zum Haupteingang.

Schade, daß das Kastell bereits um 19.00 Uhr geschlossen wird. Es ist am idyllischsten in Alt-Methóni, wenn die Abendsonne im Meer versinkt. Aber der Aufpasser auf seinem Motorrad spürt die säumigen Besucher auf und schimpft sie mit böser Stimme aus der Festung hinaus. Auch er will pünktlich seinen Feierabend haben.

Methóni – Pílos – ein Abbild der Peloponnés

Der letzte Wandertag! Die letzte Wanderung! Eine kurze Wanderung, in einem halben Tag problemlos zu schaffen.

Für die erste Teilstrecke bieten sich zwei Wanderwege an. Wen die Ájios Vasílios-Kirche nördlich von Methóni nicht reizt – sie gehört nicht zu den Prunkstücken byzantinischer Kirchenkunst – verläßt Methóni auf der Asphaltstraße nach Koróni. Am Nordwestausgang der Stadt biegt er in eine Schotterstraße ein, die fast schnurgerade in nordnordostwärtige Richtung auf Pídhasos zuläuft. Bei einer Zisterne trifft die Schotterstraße auf den Weg, den Marga und ich gewählt haben.

Wir wandern zunächst etwa zwei Kilometer auf der Asphaltstraße Methóni – Pílos in nördliche Richtung. 200 Meter nördlich eines »Stelzenhauses« mit blauen Fenstern und rotem Dach biegen wir nach Nordosten in eine Schotterstraße ein. 400 Meter nach der Teerstraße läuft ein Schotterweg – die Schotterstraße hält sich rechts – geradewegs auf eine Kirche zu.

Die Benennung der Kirche wird zum Problem. Der Karte nach müßte es die Ájios Athanásios-Kirche sein. Der Titelheilige auf der Ikonostase ist aber der Ájios Vasílios. Dessen Kirche wiederum müßte laut Karte 300 Meter südwestlich liegen.

Der Titelheilige auf der Ikonostase ist für mich entscheidend. Für mich ist dies die Ájios Vasílios-Kirche.

Das Gotteshaus ist aus Naturstein gemauert. Der Tambour gleicht einem Windmühlenstumpf. Der Glockenstuhl an der Nordseite – auch nicht alltäglich – scheint in späterer Zeit hinzugekommen zu sein.

Das Kircheninnere ist in blauen und grünen Farben geschmacklos ausgemalt.

Nach der Kirche verengt sich der Schotterweg zu einem Pfad, läuft zunächst nach Osten (rechts), macht dann eine Wendung nach Norden (links). Anfangs säumen Olivenbäume den Weg. Bald kommen Weingärten hinzu. Der Pfad knickt nach Osten (rechts) ab, verbreitet sich zur Fahrspur, die für Wirtschaftsfahrzeuge nutzbar ist, mündet schließlich in eine Schotterstraße. 50 Meter südlich der

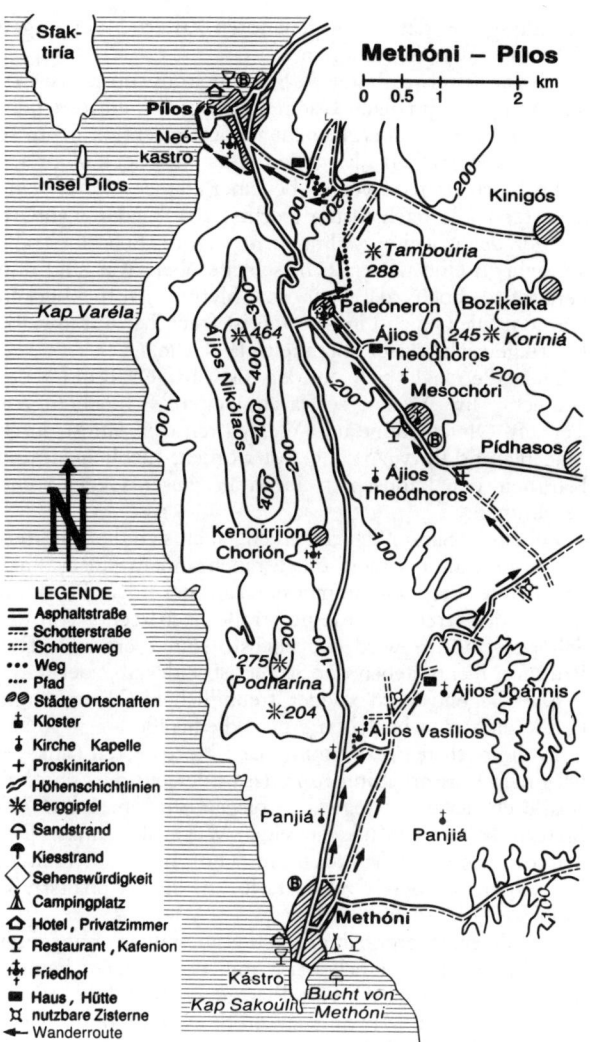

Mündung, bei der schon genannten Zisterne, vereinigen sich beide Wandervarianten.

Ab der Zisterne nimmt die Schotterstraße nordostwärtigen Verlauf. Ein nach Osten (rechts) sich entfernender Weg bleibt unbeachtet. Es geht auf eine mächtige Zypresse links des Weges zu, die neben einer kugeligen Zypresse steht. Noch einmal zweigt – bei einer kleinen Hütte – eine Schotterstraße nach Osten (rechts) ab. Wieder wandern wir geradeaus weiter. Allmählich steigt die Schotterstraße an, geht in eine weite Rechtsschleife über. Wir sind nun bereits so hoch, daß wir auf Methóni zurückblicken können. Die Gegend im Westen ist fruchtbar. Grauweiße Plastikgewächshäuser sprenkeln das Grün.

Der Weg hält sich an den ostwärtigen Rand einer Schlucht. Im Westen zerfräsen weitere Schluchten das Terrain. Olivenbäume und Weingärten sind längst durch Macchia und Phrygana abgelöst worden. Lieblichkeit und Kargheit der Landschaft liegen in dieser Gegend eng beisammen.

Bei einem Sand-/Schieferbruch gabelt sich die Schotterstraße. Abfall markiert die Straßenränder. Unser links abgehende Weg steigt immer noch an. Bei einem Proskinitario – dort trennt sich eine Straße nach rechts von der Schotterstraße – wird der höchste Punkt erreicht. Der Brunnen rechts neben der Straße ist leider abgedeckt.

Die Gegend wird wieder freundlicher. Olivenbäume und Weingärten begleiten erneut die Straße.

In die nächste Abzweigung nach Nordwesten (links) – bei einem Wasserleitungsrohr, das beiderseits der Schotterstraße ebenerdig verlegt ist – biegen wir ein. Nach 700 Metern halten wir uns an einer Wegegabel links. Der Schotterweg senkt sich nach Mesochóri hinunter, mündet bei einem weißen Proskinitario in die Asphaltstraße Pídhasos – Mesochóri.

Ein Treckerfahrer hält neben uns an, will uns unbedingt mitnehmen. Der Trecker ist mit der ganzen Familie beladen. Für uns wird bereits Platz geschaffen. Die Familie rückt zusammen. Wir müssen ein Stück mitfahren, wenn wir sie nicht beleidigen wollen.

Auf Teer geht es mit Maschinenkraft in Richtung Mesochóri. Vor dem Dorfkafenion setzt uns unser

Chauffeur ab. Hier ist man glücklich über die Abwechslung. Wann kommen Fremde schon nach Mesochóri?

Die Griechen sind aufgeschlossen. »Apó pou iste?« (»Woher seid ihr?«), wird uns zugerufen. »Apó Jermanía« (»Aus Deutschland«), antworten wir. Wir werden eingeladen, können uns nur mit Mühe wieder von den Griechen lösen. Die Deutschen haben – trotz der Leiden, die sie im letzten Krieg über die Griechen gebracht haben – einen guten Ruf auf der Peloponnés.

Mesochóri ist ein wohlhabendes Dorf. Die Häuser sind geräumig und sauber. Über dem Ort wacht die Ájios Theódhoros-Kirche auf einer Höhe.

Wir folgen der Teerstraße in nordwestliche Richtung. Nach einem Kilometer macht diese eine Linksschleife bei Ställen und einem stattlichen weißen Haus mit einem roten Dach. Wir wählen die rechts abgehende Schotterstraße, bei einer Gabel 200 Meter nach der Teerstraße die nach Norden (links) laufende Schotterstraße, die direkt auf den Ort Paleóneron zustrebt.

Paleóneron ist ein verfallenes Dorf, in dem sicher nur mehr wenige Menschen wohnen. Der Ort ist vorwiegend aus Natursteinen gebaut. Ein ehrwürdiger Jäger – Bild eines Griechen – zeigt uns den Abstiegsweg nach Pílos, begleitet uns noch eine ganze Weile, damit wir uns ja nicht verlaufen. Auf meine Frage nach der heutigen Jagdbeute antwortet er treuherzig »Típote« (»Nichts«).

Eine schwarzgekleidete Alte stürzt uns entgegen, schreit uns an, reckt uns die Faust entgegen. Dann öffnet sie die Faust, hält uns zwei reife Feigen entgegen. Eine Geste der Gastfreundschaft, wie man sie immer noch in Gegenden trifft, die der Tourismus noch nicht verdorben hat.

Der Pfad nimmt zunächst Richtung nach Osten (rechts), dreht dann bei einer Steingrube nach Norden (links) ab, steigt nun nur ganz wenig an, wird auf dem höchsten Punkt zum Schotterweg. Wir blicken zurück nach Paleóneron. Der Jäger verfolgt immer noch unseren Weg. Er will sichergehen, daß wir den rechten Weg gehen.

Unser Schotterweg nimmt nun nordostwärtige Richtung, trifft auf eine Schotterstraße, die ihrerseits nach Westen (links) auf Pílos zusteuert. Eine Abkürzung quer durchs Gelände bringt aber keinen Zeitgewinn.

Der Schotterweg fällt nach Pílos ab, wendet sich in einer großzügigen Schleife nach Norden. Hier kann man über einen Pfad, der sich den Berg hinunterschlängelt, beträchtlich abkürzen. Ziel ist ein komfortables weißes Haus mit Turm und zwei roten Dächern.

Tief unter uns grenzt die Insel Sfaktiría die Bucht von Navaríno nach Westen ab. In der Bucht entschied sich im Jahr 1827 das Schicksal Griechenlands, aber auch das Schicksal Europas. Eine britisch-französisch-russische Flotte schlug damals eine türkisch-ägyptische Flotte entscheidend. Der letzte Schritt zur Befreiung Griechenlands ward damit getan, freilich auch der Grundstein zum russisch-türkischen Krieg gelegt.

Die Insel Sfaktiría ist ein Naturdenkmal dieser die europäische Kräftekonstellation ändernden Seeschlacht.

Unser Akürzungspfad bringt uns wieder auf die Schotterstraße. Diese mündet in eine Teerstraße, die ins Herz der Stadt Pílos führt.

Wir sind am letzten Ziel. Leider! Wir haben heute noch einmal einen landschaftlichen Querschnitt der Peloponnés erlebt: freundliche Fluren, mit Feigen und Weintrauben dekoriert und silbrige Olivenhaine, kahle Bergkuppen, allenfalls mit Macchia und Phrygana verkleidet, tief ins Land gefräste Schluchten, die nur noch selten Wasser führen. Der letzte Eindruck sitzt besonders tief. Auch der Eindruck von den Einheimischen, die uns freundlich aufgenommen, das Letzte mit uns geteilt haben. Uns bleibt die Erinnerung an die Peloponnés als ein armes, reiches, gastfreundliches – und wenn ich an manche Geschäftsleute und Taxifahrer denke – gastfeindliches Land.

Die Peloponnés ist keine Durchschnittsregion. Hier liegen die Extreme dicht beisammen. Das Gute wohnt im gleichen Haus wie das Böse.

Marga hat die Tour bravourös überstanden. Sie ist noch brauner und attraktiver geworden. Die griechischen Männer blicken sich nach ihr um.

Marga hat den Beweis erbracht, daß die Wanderung problemlos auch von Frauen zu meistern ist.

Pílos

Der Ort ist nicht das sandige Pýlos, das Homer in seiner Ílias besingt. Dieser Ort lag am Kap Korifásion. »Unser« Pílos ist erst 400 Jahre alt.

Die Stadt Pílos und die Bucht von Navaríno werden vom Kastell »Néo Kástro« – auch Navaríno genannt – beherrscht. Die Stadt zieht sich am Nordhang des Ájios Nikólaos-Berges hinauf.

Die Bucht ist ein riesiger Naturhafen, den die Inseln Sfaktiría und Pílos vor den Brechern des Ionischen Meeres schützen. In die Bucht flüchten sich bei widrigem Seegang zuweilen Ozeanriesen.

An der Mole von Pílos ankern Fischerboote und manchmal auch Luxusjachten.

Zentrum der Stadt ist der Platz der drei Admirale (Platía tríon Navárchon). Arkaden mit Geschäften, Hotels, Restaurants und Kafenia säumen den Platz. Rund um das Denkmal der drei Admirale stehen unter Palmen und Platanen die Tische der Kafenia. Vom Platz der drei Admirale fahren die öffentlichen Busse ab.

Entlang der Promenade, die an den Platz der drei Admirale grenzt, bummeln am Abend die Einheimischen. Tavernen mit Fischspezialitäten verwöhnen die Fremden. Am Hafen fahren die kleinen Boote zu den Inseln Sfaktiría und Pílos ab.

Da ein Strand von Pílos aus zu Fuß nicht zu erreichen ist, muß man sich mit einem Bad im offiziellen Schwimmbad der Stadt zufrieden geben.

Pílos ist nicht reich an Sehenswürdigkeiten. Auf dem Weg zur Festung kommt man am Museum vorbei, das vorwiegend Funde aus Kuppelgräbern der mykenischen Zeit und Reminiszenzen aus der Zeit der Türken und der Befreiungskriege ausstellt (Odós Fillelínon).

Die Festung wird von einem Piniengürtel umgeben. Die Mauer ist an Land- wie Seeseite gleichermaßen stark. Die ostwärtige Front wird durch eine Zitadelle mit sechs Bastionen besonders geschützt. Gegen das Meer hin sind im Westen und Südwesten Bastionen vorgeschoben. Die Festungsmauer ist durch einzelne Rundtürme zusätzlich bewehrt.

Die Kastellmauern bestehen zum Teil aus antikem Material. Die Schießschneisen sind so angelegt, daß das Festungsvorgelände lückenlos beherrscht werden kann. Der Trockengraben bot schon zur Türkenzeit keinen Schutz.

Kern der Festung ist die Zitadelle an der Westfront der Mauer. Wegen Bauarbeiten kann sie zur Zeit nicht betreten werden. Mit etwas Geschick kann man jedoch von einem der Türme in ihr Areal blicken.

Die Türken haben sich im Kastell mit einer Moschee ein Denkmal gesetzt. Nach der Befreiung Griechenlands wurde die Moschee flugs in eine orthodoxe Kirche umgewandelt. Ein Glockenturm kam hinzu. Das Gotteshaus ist heute ein Mittelding zwischen Moschee und christlicher Kirche.

Eine eingefallene Apside an anderer Stelle deutet auf eine frühchristliche Kirche hin.

Die Festungsanlage aus massiven, insgesamt noch gut erhaltenen Mauern wirkt steril. Wege und Schilder sorgen für Ordnung. Atmosphäre kommt allenfalls in der Südwestbastion, an der Seeseite auf, wo der Blick auf die Bucht von Navaríno und die Inselbarrieren Sfaktiría und Pílos betört und in der Bucht ankernde Ozeanriesen an die Schlachtordnung der im Jahr 1827 zur Seeschlacht von Navaríno aufgefahrenen gegnerischen Flotten erinnern. In das ruhige Wasser pflügen Schiffstaxis weiße Spuren.

Kap Korifásion im Norden der Bucht von Navaríno ist seit der mykenischen Zeit besiedelt. Das Kap kontrolliert die Nordzufahrt der Bucht. So konnte es nicht ausbleiben, daß die Kapspitze durch eine Akropolis befestigt wurde. Die Spartaner setzten sich später hier fest, nannten ihre Siedlung Pýlos. Diesen Ort hat Homer als »sandig« besungen. Die Bucht von Voidhokilía nutzten die Spartaner als Hafen.

Im Peloponnesischen Krieg besetzten die Athener die Festung an der Kapspitze und bauten sie weiter aus. Vergeblich versuchten sie die Spartaner – diese hielten eine Akrópolis auf der Insel Sfaktiría besetzt – zu vertreiben. Im Gegenzug belagerten die Athener die Spartaner auf Sfaktiría, zwangen sie schließlich zur Aufgabe. Die siegesgewohnten Spartaner traf die Schmach der Gefangennahme hart.

Nach den Avaren, die im 6. Jahrhundert das Kastell eroberten, nannten es die Byzantiner fortan »Ton Aváron« (»Von den Avaren«). Aus dieser Bezeichnung leitet sich der Name Navaríno ab.

Im 13. Jahrhundert erbauten die Franken auf den Grundmauern der antiken Akropolis auf Kap Korifásion eine neue Festung, die sie Port de Jonc nannten. Der heutige Name des Kastells ist Paleókastro. Die Festung beherrschten in Folge Venezianer und Türken. Nach der Versandung der Durchfahrt vor Kap Korifásion wurde das Kastell bedeutungslos.

Zum Schutz der Südeinfahrt der Bucht von Navaríno legten die Türken im Jahr 1573 am Nordhang des Ájios Nikólaos-Berges über dem heutigen Pílos ein neues Kastell (Néo Kástro) an. Die Venezianer eroberten 1686 die Festung, konnten sie jedoch nur bis 1715 gegen die Türken behaupten.

In der Seeschlacht von Navaríno vermochte die Festung das Kriegsglück zu Gunsten der Türken nicht zu wenden. Die britische-französisch-russische Flotte unter ihren Admiralen Codrington, de Rigney und von Heyden versenkte 1827 55 von 82 Schiffen der türkisch-ägyptischen Flotte. Man sagt, daß man auf dem Grund der Bucht von Navaríno bei klarer See noch heute die versenkten Schiffe sehen könne.

Die Seeschlacht von Navaríno entwickelte sich durch die Nervosität der führenden Admirale eher zufällig. Wir wissen heute, daß sie der entscheidende Schritt zur Befreiung Griechenlands und zur Veränderung der Machtkonstellation in Europa war. Das heutige Pílos hat die Seeschlacht von Navaríno miterlebt.

Pílos ist ein Provinzstädtchen, das im Hafenviertel Hafenatmosphäre, abseits des Meeres Landatmosphäre verstrahlt. Der Ort liegt günstig für Ausflüge nach Methóni und Epáno Engliáno sowie zum Kap Korifásion. Als Badeort hat Pílos keine Bedeutung.

Von Pílos erreicht man in etwa zwei Stunden mit dem Bus Kalamáta. Von diesem Ort kann man mit Bahn oder Bus in sechs Stunden nach Athen weiterfahren.

TIPS FÜR DIE PRAXIS

Nachfolgende Tips sollen dazu beitragen, Wanderungen durch die Peloponnés bereits im Heimatland vorbereiten zu können. Sie sollen auch eine Hilfe sein, sich finanziell auf der Peloponnés zurechtzufinden.

Offizielle Unterlagen über die Peloponnés

Offizielle Unterlagen können bei den Vertretungen der Griechischen Zentrale für Fremdenverkehr im deutschsprachigen Raum oder in Griechenland kostenfrei angefordert werden.

Deutschland:
Griechische Zentrale für Fremdenverkehr
Neue Mainzer Str. 22, 6000 Frankfurt/Main, Tel. 069/236562/63
Griechische Zentrale für Fremdenverkehr
Pacelli Str. 2, 8000 München 2, Tel. 089/222035/36
Griechische Zentrale für Fremdenverkehr
Neuer Wall 35, 2000 Hamburg 2, Tel. 040/366973/10

Österreich:
Griechische Zentrale für Fremdenverkehr
Kärntner Ring 5, 1015 Wien, Tel. 0222/525317/18

Schweiz:
Griechische Zentrale für Fremdenverkehr
Gottfried Keller Str. 7, 8001 Zürich, Tel. 2518487/88/89

Griechenland:
EOT, Odós Ameríki 2, Athen, Tel. 01/3223111/19

Folgende offizielle Unterlagen können zur Verfügung gestellt werden:
– Prospekte über Olympía
                   Korínth, Argolís
                   Pórto-Héli, Ermióni
                   Spárta, Mystrás

                Pátras, Westpeloponnés
                Athen, Attika (An- und Rückreise)
- Jahrbuch Griechenland
- Griechenland Hotels
- Wegweiser für Autotouristen und allgemeine Informationen
- Allgemeine Informationen über Griechenland
- Mit wem wohin in Griechenland
- Urlaub in Griechenland
- Landkarten Griechenland
- Campingplätze in Griechenland
- Jugendherbergen in Griechenland
- Griechenland durch die Jahrhunderte

Sehr hilfreich für die praktische Planung sind zwei Monatsbroschüren mit Angaben über Hotels, Verkehrsverbindungen, Öffnungszeiten und Eintrittspreisen von Sehenswürdigkeiten, die gegen Gebühr zugeschickt werden.
- Key Travel Guide
  (zu beziehen über Hellas-Orient Reisen, Kaiser Str. 11, 6000 Frankfurt/Main, Tel. 069/29809
- Greek Travel Pages
  (zu beziehen über IKON Reisen, Schwanthaler Str. 31, 8000 München 2, Tel. 089/595985

Landkarten

Die im Handel erhältlichen Landkarten reichen als Straßenkarten, nicht jedoch als Wanderkarten aus.
Als Straßenkarte sind zu empfehlen:
- 1 : 300 000 »Peloponnés«, freytag & berndt (mit Ortsnamen auch in griechischer Schrift); Die Karte ist inhaltlich identisch mit der Karte 1 : 300 000 der Efstathiádis Group, die in Griechenland auf dem Markt ist.
- 1 : 200 000 des griechischen Kartenwerks »Ethnikí Statistikí Iperisía tis Elládos« (leider nur in griechischer Sprache); Die Karte ist in Spezialbuchhandlungen in Deutschland und in Griechenland erhältlich.

Karten im Maßstab größer als 1 : 200 000 sind weder in
Deutschland noch in Griechenland im Handel zu erhalten.

Bekleidung und Ausrüstung

Als Grundsatz sollte immer gelten: »So wenig wie möglich,
so viel wie notwendig«. Da der Stauraum im Rucksack
beschränkt ist – mit dem Koffer wird hoffentlich keiner
durch die Peloponnés wandern – sollte man sein Gepäck
sorgfältig zusammenstellen.
Einige Empfehlungen:

- Nur das einpacken, was man wirklich braucht!
- Nur das mitnehmen, was vielseitig verwendbar ist!
- Nur Bekleidung mit sich führen, die bequem ist und die sich leicht waschen läßt (Baumwollsachen!)!
- Nur die Zusatzausrüstung mitnehmen, die in Griechenland teures Geld kostet (Foto- und Filmmaterial, Sonnenschutzmittel)!
- Einen Packzettel erstellen und ihn griffbereit halten!

Den Packzettel sollte man auf dem aktuellen Stand halten.
Man sollte sich auch aufschreiben, was man vergessen hat.
Empfehlenswert ist es, sich wichtige Adressen in ein
Notizbuch zu notieren.
Neben der unverzichtbaren persönlichen Bekleidung sollte
man mitführen:

- dicke Socken (für lange Wanderungen),
- Pullover und Anorak (für kühle Nächte),
- Kopftuch oder Hut (gegen die stechende Sonne),
- Taschenmesser mit Korkenzieher und Flaschenöffner,
- Nähzeug,
- Reiseapotheke, bestehend aus
  + Hansaplast,
  + Mullbinden,
  + Kopfschmerztabletten,
  + Salztabletten,
  + Mittel gegen Durchfall,
  + Mittel gegen Sonnenbrand,
  + Insektenschutzmittel,

- Plastikwasserflasche mit Leine (auch als Wäscheleine zu verwenden)
- Besteck
- Sonnenbrille,
- Sonnenschutzmittel,
- Papier und Schreibzeug (handliches Notizbuch)
- Taschenlampe,
- Reiseführer,
- belletristische Literatur,
- Landkarte(n),
- Ausweispapiere (persönliche, KFZ),
- Auslandsanspruchsschein (Krankenversicherung),
- Schutzbrief,
- Versicherungspolicen,
- Buchungsunterlagen,
- flüssiges Waschmittel,
- einige Plastikwäscheklammern,
- etwas Schnur, die als Wäscheleine zu verwenden ist.

Wer empfindliches optisches oder elektrisches Gerät und Filmmaterial mit sich führt, sollte dieses in Plastiktüten gegen Sonne, Sand und Meerwasser schützen.
Zusätzliche Ausrüstung für Hochgebirgswanderungen:

- Daunenschlafsack,
- dicker Anorak,
- Bergschuhe,
- Ersatzschuhbänder,
- Mütze,
- Handschuhe,
- großer, faltbarer Wasserbehälter (mindestens drei Liter),
- Kompaß.

Zurechtfinden im Gelände

Kartenzeichen
Die Kartenskizzen dieses Buches sind durch die Legende erklärt. Hier noch wenige allgemeine Ergänzungen:
- Bei Schluchten, Fluß- und Bachläufen gibt der Pfeil die Richtung talwärts an.

– Bei Höhenangaben von Schichtlinien zeigt der Oberteil der Schrift immer bergaufwärts.

Feststellen der Himmelsrichtung

Bei Wegebeschreibungen werden häufig Himmelsrichtungen angegeben. Diese können mit Hilfe eines Kompasses oder nachfolgender einfacher Verfahren ermittelt werden.

a) mit Hilfe des Sonnenstandes

Generell steht die Sonne
– bei Sonnenaufgang im Osten (6.00 Uhr),
– in der Mitte des Vormittags im Südosten,
– mittags im Süden (Basiszeit),
– in der Mitte des Nachmittags im Südwesten,
– bei Sonnenuntergang im Westen (18.00 Uhr).

Mit Hilfe eines Stäbchens – z.B. eines Bleistifts – kann man auch bei bedecktem Himmel die Himmelsrichtung ermitteln. Der Schatten fällt in die entgegengesetzte Himmelsrichtung.

Die Sonnenstandszeiten lassen sich wie folgt errechnen:
– Ostzeit: Sonnenaufgangszeit,
– Südzeit: (Sonnenaufgangszeit + Sonnenuntergangszeit) : 2,
– Westzeit: Sonnenuntergangszeit,
– Südostzeit: (Ostzeit + Südzeit) : 2
– Südwestzeit: (Südzeit + Westzeit) : 2

Beispiel:

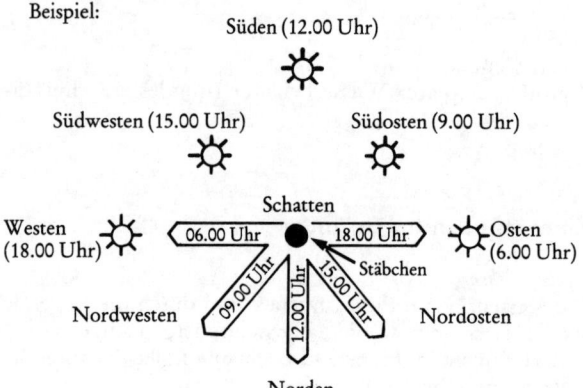

b) mit Hilfe des Sonnenstandes und einer Uhr
Die Uhr ist in waagrechter Lage so zu drehen, daß der Stundenzeiger auf die Sonne zeigt. Die Winkelhalbierende zwischen Stundenzeiger und der Ziffer Zwölf gibt die Südrichtung an.
Achtung: Vormittags ist die Winkelhalbierende vorwärts des Stundenzeigers, nachmittags rückwärts des Stundenzeigers zu bilden.

Beispiel:

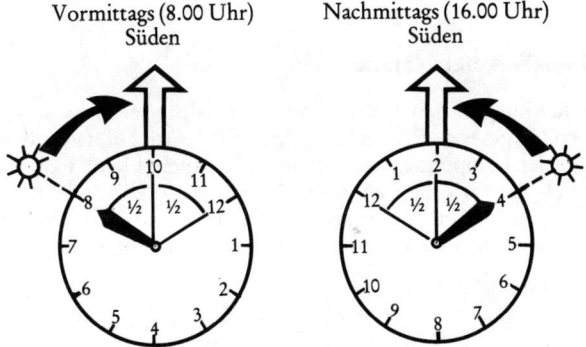

c) mit Hilfe von orthodoxen Kirchen
Bei orthodoxen Kirchen zeigen die Apsidenseiten immer nach Osten.

d) mit Hilfe des Mondes
Der Vollmond steht genau der Sonne entgegengesetzt, also beispielsweise um Mitternacht genau im Süden.

e) mit Hilfe des Polarsternes
Der Polarstern – vorderster Stern im Kleinen Bären (= Kleiner Wagen) – steht fast genau im Norden. Man findet ihn, indem man den Abstand der hintersten Sterne des Großen Bären (= Großer Wagen) um gut das Fünffache verlängert.

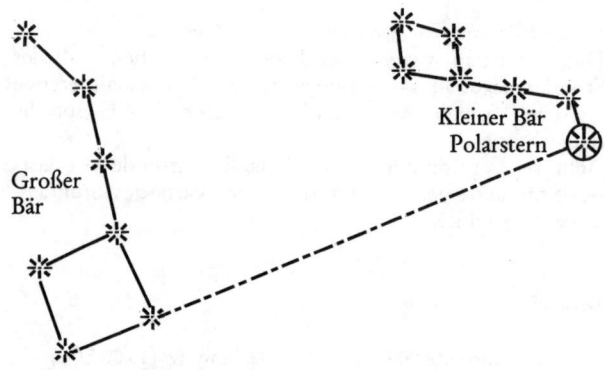

Preisbeispiele (Stand 1986)

Die angegebenen Preise sind »Normalpreise« bzw. staatlich festgesetzte Preise. Sie sollen helfen, sich auf das Leben auf der Peloponnes einzustellen, aber auch, kleine Gaunereien der Griechen zu verhindern.
Bei überhöhten Taxipreisen sollte man sofort die Polizei einschalten. Die Taxipreise sind staatlich vorgegeben.

Lebensmittel:
- 1/2 Pfund Butter: 1.25 DM
- Pfund Weißbrot: 1.– DM
- 1 Jýros in die Hand: 1.70 DM

Restaurantpreise:
- 1 Teller Bauernsala (Choriátiki): 2 DM
- 1 Portion Mousaká: 3.50 DM
- 1 Flasche Retsína: 1.25 DM
- 1 Flasche Bier: 1.35 DM
- 1 Tasse Neskaffee: 1 DM
- 1 Tasse griechischer Kaffee: –.65 DM
- 1 Coca Cola: –.65 DM

Buspreise:
1 Kilometer ungefähr 7 Pfennige

Eisenbahnpreise:
1 Kilometer, abhängig von der Entfernung, zwischen 4 und 5 Pfennige

Taxipreise:
- Mindestpreis: 2.– DM
- Kilometerpreis ohne Rückfahrt: etwa 35 Pfennige
- Kilometerpreis mit Rückfahrt: etwa 60 Pfennige
- Gepäck: 25 Pfennig je Gepäckstück
- 1 Stunde Wartezeit: 4.– DM

Innergriechische Inflation und Abwertung der griechischen Währung halten sich in etwa die Waage, sodaß die Preise in Griechenland – in ausländischer Währung ermittelt – Jahr für Jahr ungefähr das gleiche Niveau haben.

NACHWORT

Sie haben die Peloponnés hoffentlich nicht nur gesehen, sondern auch erlebt.

Sie haben vielleicht Fehler im Buch entdeckt. Ich würde mich freuen, wenn sie mich diese wissen ließen. Es kann natürlich auch etwas Positives sein, das sie mir mitteilen.

Bitte richten Sie Ihr Schreiben an den Otto Müller Verlag, Postfach 167, A-5021 Salzburg.

Für die Resonanz dankt Ihnen im voraus

Dr. Carl A. Berndt